迁徙的力量：
人口流动对中国经济社会的
多维影响效应研究

曾永明 / 著

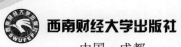
西南财经大学出版社

中国·成都

图书在版编目（CIP）数据

迁徙的力量：人口流动对中国经济社会的多维影响效应研究/曾永明著.——
成都：西南财经大学出版社，2023.5
ISBN 978-7-5504-5783-6

Ⅰ.①迁…　Ⅱ.①曾…　Ⅲ.①人口流动—影响—中国—经济—经济发展—
研究　Ⅳ.①F124

中国国家版本馆 CIP 数据核字（2023）第 088445 号

迁徙的力量：人口流动对中国经济社会的多维影响效应研究
QIANXI DE LILIANG：RENKOU LIUDONG DUI ZHONGGUO JINGJI SHEHUI DE DUOWEI YINGXIANG XIAOYING YANJIU
曾永明　著

责任编辑：李思嘉
责任校对：李琼
封面设计：墨创文化
责任印制：朱曼丽

出版发行	西南财经大学出版社（四川省成都市光华村街 55 号）
网　　址	http://cbs.swufe.edu.cn
电子邮件	bookcj@swufe.edu.cn
邮政编码	610074
电　　话	028-87353785
照　　排	四川胜翔数码印务设计有限公司
印　　刷	成都市火炬印务有限公司
成品尺寸	170mm×240mm
印　　张	13
字　　数	237 千字
版　　次	2023 年 5 月第 1 版
印　　次	2023 年 5 月第 1 次印刷
书　　号	ISBN 978-7-5504-5783-6
定　　价	78.00 元

前言

衣冠南渡，湖广填川，闯关东、走西口、下南洋，人口迁徙自古以来便是塑造历史发展格局的关键要素之一，展现出无声而巨大的"迁徙力量"。在中国人口规模增长的同时，流动人口数量也持续增加。第七次人口普查公报显示，中国流动人口规模达到 3.76 亿人，即每 3 人就有 1 人在流动；其中跨省流动规模达到 1.25 亿人，即每 3 个流动人口中有 1 人跨省流动。为了美好生活而外出奋斗的庞大流动人口，拼凑出复杂动态而颇具规律的"流动中国"网络图景，不断重塑中国人口分布版图，并深刻影响经济社会发展格局。可以认为，人口流动成为区域间相互联系和相互作用的重要纽带。事实上，改革开放以来，人口跨区域流动频率增加已使得流动人口成为促进区域经济社会发展的主要驱动因素。充分的证据显示，人口红利是中国经济高速发展的主要因素，其中劳动力迁移与流动人口发挥了重要作用。

显然，人口空间流动与再分布的剧烈变动及影响成为中国人口发展形势中最引人注目的特点之一，尤其在人口负增长的背景下，与持续低下的生育率和相对稳定的死亡率相比，人口迁移流动表现出"异常的热度"。改革开放以来，中国已经从户籍制度下的定居型社会转变成劳动自由流动下的迁居型社会，完成"乡土中国"向"迁徙中国"的转变。当前，中国进入新发展阶段，探索建立区域新发展机制、构建发展新格局成为中国区域经济社会发展的新内容，而流动人口在其中扮演何种角色、流动人口带来何种经济社会效应、如何量化和阐释这种驱动效应的实现过程等都是流动人口研究领域需要回应的问题。

为此，本书尝试对上述问题进行回答。在学术界，许多学者从多个维度对流动人口的经济社会影响进行了研究，但以分散的局部研究为主，相关集成研究不多，笔者对近年流动人口研究领域所关注的热点问题进行了一定的总结并凝练成书。本书研究内容着重于区域性人口流动的空间格局变迁及其驱动机制，重点讨论了区域性的人口流动规模、数量和质量的差异所带来的经济社会效应，主要包括经济收敛、经济差距、城市创新、外商直接投资选择等方面。本书的视角包括空间人口统计、地缘效应、空间溢出等，采用的方法包括人口统计学、"流"分析、空间计量经济学等，试图将人口、空间和经济社会三个基本要素融合，综合多学科的优势和特点，力争做到学科的大交叉研究，将研究议题系统化、综合化。本书也期待在实践上有所意义，尝试为流动人口治理寻找路径，推动中国人口流动格局更加合理，增加流动人口福祉。当然，人口流动的经济社会效应涉及范围甚广，本书不能覆盖所有维度，且由于笔者能力限制，书中内容难免有瑕疵，敬请读者批评指正并提出宝贵意见，以共同推进流动人口研究的完善和深入。

曾永明

2023 年 5 月

目录

迁徙的力量：人口流动对中国经济社会的多维影响效应研究

第一章　绪论

本章概要：本章依据对人口普查等主要数据的观察，尤其是流动人口大幅度增长的事实，阐释了本书的背景、意义与目的，简要梳理了关于人口流动和流动人口研究的重要性。本章介绍了本书的基本内容和框架，重点围绕人口流动的统计表达、人口流动的经济影响和人口流动的社会影响展开研究。本章总结了本书的在选题、研究方法和政策启示上的创新与边际贡献。本章最后对研究思路和主要研究方法进行了阐释和介绍。

第一节　研究背景与意义

2021 年 5 月 11 日，第七次全国人口普查（以下简称"七普"）主要数据发布，引发全国广泛关注。"七普"公报显示，2020 年中国流动人口规模达到 3.76 亿人，与 2010 年的 2.21 亿人相比，流动人口增长高达 69.73%。其中，跨省流动人口为 1.25 亿人。国家统计局原局长宁吉喆（2021）在"七普"发布会上表示，我国经济社会持续发展，为人口的迁移流动创造了条件，人口流动趋势更加明显，流动人口规模进一步扩大。奔忙在全国各个角落的流动人口，已在时代大潮和日新月异的发展中拼凑出一幅生动的"流动中国"图景，不断改变着中国人口的分布版图，也深刻影响着个体的社会生活。近年来，城市经济迅速腾飞，城市化进程进一步加快，人口流动日趋活跃，不仅满足了流入地劳动力短缺的需求，还带动了流出地劳动力就业，人口流动成为区域间相互联系和相互作用的重要纽带。流动人口规模急剧增长、空间结构日益复杂、跨区域交互流动剧增，人口空间分布的剧烈变动已成为我国人口形势中最引人注目的特点之一。

改革开放以来，人口跨区域流动频率增加已使得流动人口成为促进区域经济发展的因素之一。中国经济取得的成就表明，人口红利是中国高速发展的主要驱动因素，其中劳动力迁移与流动人口发挥了重要作用（蔡昉，2013）。在经济高质量发展阶段，探索建立区域新发展机制、构建梯度发展新格局成为中国区域经济发展的新内容。其中，流动人口在区域发展中扮演何种角色，流动人口带来何种经济社会效应，流动人口如何驱动区域发展、如何量化和阐释这种驱动机制的实现过程等问题成为流动人口研究领域的新课题。

事实上，人口迁移流动作为人口学基本过程之一和人口转变的重要部分（Stillwell et al.，2014；Shen，2016），因其特殊的空间属性，显著区别于生育、死亡过程。甚至于，年龄结构可以是人口学的中心概念（central concept），但人口的空间结构（比如人口迁移流）并不是（Rogers et al.，2002）。事实上，人口迁移流动是规范人口学（formal demography）研究的基本组成部分，然而在中国生育制度的政策影响、老龄化及健康中国建设背景下，对于生育、死亡（健康）的研究比人口迁移的影响要更深远。不同于生育、死亡过程一般仅影响独立的某区域，人口迁移流发生在一个多区域系统内：每个区域迁出人口均迁往多个其他区域，形成一个交互的空间"流结构"和系统（Stillwell et al.，2014），因此对于人口迁移流动的研究还需要学界付出更大的努力。尤其在"流动中国"背景下，人口流动对中国宏观经济社会的影响效应研究需要更加全面的总结，以更加深入理解流动人口全体在中国经济社会变迁中所扮演的角色。

从国家治理角度来看，回顾中国对人口迁徙流动的认知和治理历程，是从限制到自由的变迁过程，尽管当前人口流动在空间上是自由的，但身份并没有实现"自由转换"，户籍制度仍然是制约流动人口完全自由迁徙的要件。尽管如此，不可否认的是，人口流动有利于经济可持续发展的事实得到普遍的理论和实证认可，在地方政府竞争的实践中也有所表现。对于流入地或发达地区来说，不具有本地户籍的外来人口是发达地区维持较低劳动成本、减少社会保障支出的基本保证，有利于保持地方经济的竞争优势和增长；对于流出地或欠发达地区来说，流出人口的户籍保留在本地，有利于继续享受上级政府的财政转移支付，同时流出人口的务工收入因为"候鸟式"流动有利于拉动当地消费，从而有利于当地经济增长。这仅是人口流动对中国宏观经济影响的一个切面而已。事实上，人口流动在经济增长、经济差距、区域创新、投资消费、疫情防控、社会治理等方面均能产生重要作用（曹晓玲，2020；张利国 等，2020；张车伟 等，2013；段平忠，2008；周少甫 等，2020；曾永明 等，2020；黄晓星 等，2021；汪建华 等，2018）。

人口流动是当前社会运行的基本过程，合理引导并促进人口在区域间流动、进一步加强流动人口治理是有益的，也是历史的趋势。从空间角度来看，大城市在一定时期内将持续保持高比例的流入人口，而中小城市或落后城市则可能继续保持一定比例的输出人口，这是自然规律的反映。在新冠病毒感染的冲击下，对于城市发展路径和治理挑战的问题引发广泛讨论。诚然，流动人口较多的特大城市对其治理存在一定的挑战，除了常规性城市病等问题，新冠病毒感染也表明人口流动和疾病传播的风险有着正相关性，人口规模和密度大的城市，传染病的蔓延一般都比人口规模小而稀疏的农村更为严重，因此大城市面临的风险更大。但是大城市人口的聚集过程所产生的财富效应、溢出效应和技术集中优势增加了其抵御风险的能力，不能将人口规模与风险简单相关（任远，2020）。因此，中国应该走大城市集聚的路线还是中小城市扩散的路线引起公众的重新思考。如何引导流动人口在全国有序分布并合理配置劳动资源成为新的议题。

鉴于"七普"更加精准的数据和以上背景分析，中国可以被认为处于大流动、大迁移时代，流动人口规模比以往任何时候都更加庞大。"流动的中国"已经并将持续重塑中国人口空间版图，也推动着中国经济社会变迁，其带来的影响已覆盖经济社会多个领域，当前比以往更需要对人口流动的经济社会效应进行梳理、总结和研究，为接下来的宏观人口政策、流动人口"人才化""市民化"和"红利化"策略、流动人口长效治理机制等做出恰当研判，推动中国人口流动格局更加合理、增加流动人口福祉。

第二节　研究内容与框架

人口迁移流动作为人口学基本过程之一，涉及的内容非常广泛，本书聚焦宏观视角，研究人口流动对中国宏观经济社会的影响效应。本书研究着重于区域性人口流动的格局变迁，尤其是区域性的人口流动规模、数量和质量的差异所带来的经济社会效应，主要包括经济收敛、经济差距、城市创新、外商直接投资选择等方面。具体研究包括以下章节的内容：

第一章，绪论。本章简要梳理了关于人口流动和流动人口研究体系的背景和重要意义，提出了本书的基本内容和框架、研究创新与贡献、研究思路与方法。

第二章，文献综述。尽管流动人口身份问题一直处于边缘状态，但不妨碍对人口流动的研究，学界对于人口流动的规模分布、群体特征、城市落户意愿或市民化意愿、经济效应、社会效应等方面都有大量成果，本章对人口流动和流动人口研究的基本体系进行简要综述和梳理总结，以了解该议题的基本脉络。本章重点梳理当前关于人口流动与流动人口及其外部效应的重要研究领域，围绕人口流动的统计和量化研究、人口流动的空间过程和空间效应研究、人口流动的经济社会影响和人口回流的影响研究几个方面进行述评。

第三章，中国人口流动与流动人口的基本描述。本章以 1995—2020 年的人口普查数据和人口抽样调查的省际宏观数据和全国流动人口动态监测调查的微观数据，对中国流动人口空间分布、时序分布和时空演变和放射性分布以及流动人口群体的基本微观人口—经济—社会特征进行描述，以全景刻画人口流动与流动人口基本情况。

第四章，人口流动空间结构的统计与表达。本章梳理和总结了国际上关于人口迁移流空间结构研究的一般框架：描述、模型化表达与预测，国内对该框架的体系化理论和实证研究还不足。本章采用乘法分量模型、对数线性模型和双边比例调整法分别来描述、模型化表达和预测中国人口迁移流空间结构特征。实证过程着眼于人口统计学的视角，基于人口迁移流矩阵的内生规律和数据自我生成过程来全景式刻画中国跨区域人口迁移流空间结构。其主要目的是尝试引入和搭建国内人口迁移流空间结构研究的体系框架或基本程式，推进中国人口空间统计或空间人口学的研究与应用。

第五章，人口流动的地缘效应与驱动机制。重视社会关系和社会网络的中国，人口流动和迁移表现出典型的"亲缘""地缘"特征。其中"地缘"即迁出地和迁入地的空间邻近效应，中国人口迁移流可能内含显著的空间依赖。本章基于空间 OD 模型和中国人口省际迁移流数据，研究了中国人口省际迁移流的地缘效应、驱动机制与性别差异。

第六章，人口流动的区域经济收敛效应。本章考虑到区域经济增长与人口流动均具有典型的空间属性，纳入空间效应后研究了区域人口流动与经济收敛关系。研究发现人口流动对长江经济带城市经济增长具有显著的阻尼效应，但这限于直接效应，而间接效应、杜宾效应及综合效应均为促进作用。基于区域流动人口规模与人均产出水平的高度相关性，人口流动对于促进经济增长和缩小区域差异起双重作用。

第七章，人口流动的区域经济差距效应。人口流动对区域或城市经济差距是扩大效应还是缩小效应的争论一直存在，对于该议题，本章通过长江经济带城市空间面板数据再做分析。研究发现对于全域城市经济差距来说，人口流动与城市经济差距存在倒"U"形的非线性关系，这与中国梯度发展战略和"先富带动后富，最终实现共同富裕"的阶段发展理念吻合；对于省内城市经济差距来说，表现为扩大效应而无收敛效应。空间效应分解显示，人口流动最终是利于区域均衡发展的。

第八章，人口流动的城市创新效应。城市创新、溢出效应、人口流动、地理距离四维是密切联系的要素，传统文献要么是研究人口流入对城市创新空间溢出效应的影响，忽略地理距离的作用，要么是结合地理距离讨论城市创新的空间溢出效应，忽略人口流入在其中的作用，表现出明显的"割裂性"。本章结合四维要素，在丰富既有研究基础之上，进一步讨论人口流入叠加地理距离后对城市创新及其空间溢出效应的影响，从更加全面立体的角度切入，推进深化理解人口流入、地理距离与城市创新及其溢出效应之间的关系研究。

第九章，人口流动的外商直接投资效应。本章提出了"人口流动是否对外商直接投资区域选择有影响及影响的空间差异"的研究议题，考察了中国省际人口流动和外商直接投资的时空演变轨迹和耦合关系。研究发现中国外商直接投资和流动人口存在显著的空间自相关，外商直接投资和流动人口重心位于中国华中核心地区，证实了人口流动尤其是跨省流动对中国外商直接投资的区域差异和空间选择具有重大影响。

第十章，人口流动的转变：人口回流的经济效应。基于中国人口流动的新转变——人口回流带来的影响做了理论和实证探讨。研究发现：人口回流能够有效地带动回流地经济增长并推动地区全要素生产率提高；人口回流对经济增长的拉动作用存在地区差异性；资本存量在对人口回流对经济增长的拉动中表现出门限效应，资本存量较高时，人口回流对经济增长的影响较强；人口回流的经济增长效应主要来自直接效应，空间溢出与虹吸效应不显著。

第十一章，结论与启示。本章对本书进行研究总结，以整体综合理念概述本书研究主要结论，针对各实证结果提出政策启示，为实践层面的制度设计提供方向。

第三节　研究创新与贡献

一、选题视角

相较于人口生育中的"少子化"、人口结构中的"老龄化"等问题，人口流动及其结果的重要性似乎被"淹没"。而事实上，在当前人口总量达峰并出现负增长的背景下，人口流动的重要性越发凸显。在既有研究中，关于人口流动的研究重在发达地区或流入地的分析，而对欠发达地区人口"外流化"及影响的研究并未予以足够的重视。人口流动的核心特征是链接了流入地和流出地双重空间，更需要"跨空间"的思维进行分析。

同时，人口作为核心生产要素之一，人口流动不可避免影响区域经济社会发展格局，而对这种影响效应的估计还有待全面、多维和深入分析。人口迁移流动作为人口学基本过程之一，涉及的内容非常广泛，本书聚焦宏观视角，研究人口流动对中国宏观经济社会的影响效应。本书着重于区域性人口流动的格局变迁，尤其是区域性的流动人口规模、数量和质量的差异所带来的经济社会效应，主要包括经济收敛、经济差距、城市创新、外商直接投资选择等方面，从多维视角阐释人口流动在经济社会发展过程中的重要性。

二、研究方法

本书将人口经济学与空间理论结合起来介入该议题的研究，这对目前国内人口流动同类研究是一种研究范式的转变和创新努力。人口经济学研究基本以经济学者为主，空间理论研究基本以地理学者为主，两者还存在一定的割裂性。本书综合两者的优势和特点，将人口、经济和空间三个基本要素融合，试图做到学科的大交叉研究，跨越多个学科，将研究议题综合化、全面化和立体化。本书有效结合不同学科的研究工具及研究方法进行创新性研究。比如对中国人口迁移流的空间结构研究在国内几乎是空白的状态。本书将人口迁移流空间结构的描述、模型化表达和预测的"标准程式"整合：采用乘法分量模型、对数线性模型和双边比例调整法分别描述、模型化表达和预测中国人口迁移流空间结构特征。另外，基于人口迁移流的典型的双重空间属性，本书应用了空间 OD 模型进行创新性研究，弥补了传统研究在双重空间自相关上的处理不足。

三、政策应用

本书重在阐释人口流动和流动人口在经济社会生活中的重要性，最终目标是强化国家宏观政策在相关问题上的倾斜和落实，研究从新的角度探讨提高中国人口流动红利效率的制度设计和模式选择。本书通过对中国人口流动空间演变格局问题的详细分析，探讨中国人口流动的经济社会效应问题，印证中国应进一步完善包括人口政策、经济制度、社会制度、文化制度在内的制度体系，既要引导人口有序流动，又要充分发挥人口流动的资源配置效应。

从本书实证结果来看，在经济层面，总体上人口流动和人口迁移最终均具有均衡化经济效应，人口流动像"看不见的手"对中国区域经济均衡发展产生了推动作用。现实情况是，地方政府对于流动人口的服务并未等同于本地人口，以覆盖流动人口的公共服务彻底福利化的改革还未形成。在社会层面，在以锦标赛竞争为基础的制度设计中，区域间"弱肉强食"是理性的存在，当前市场化的人口流动行为，"搭配"地方政府之间的人口争夺战，其实可能是"看不见"的"不公平"手段：优势区域除通过人口争夺战获得人口红利从而促进经济发展外，还能获得"意外的收获"，即强化国家资源的本地配置和落地，造成对资源输出区的不平等。这些证据均表明中央政府需要从顶层设计上调控人口有序流动，协调东、中、西部之间及发达区域、欠发达区域之间的人才布局，增强对当前人口争夺战的正面回应，促进区域均衡发展。

第四节　研究思路与方法

一、研究思路

依据前文阐释的基本框架，本书的基本逻辑遵循提出问题、分析问题和解决问题的研究思路和范式，从人口流动的宏观空间过程及流动人口的微观人口学、社会经济学特征等入手，深入研究导致人口流动的驱动机制及人口流动对区域经济社会的发展造成的影响，深层次地探讨流出地—流入地空间网络特征、区域人口流动时空格局演变、迁移的异质性及其与经济社会发展的空间耦合机制及影响后果，最后针对目前所面临的困境，提出解决问题的办法，有针对性地引导人口有序流动，有效推进流动人口治理，深挖人口流动红利，在区域均衡发展和共同富裕的背景下实现流出地—流入地协调发展。

二、研究方法

基于以上思路，为达到研究目标，本书结合了多种研究方法：

从方法论来说，本书主要是运用理论与实证相结合的方法，定性与定量相结合的方法，经济学、人口学与地理学理论交叉方法，整个研究过程是一个"综合工程"，方法多元。首先是理论与实证研究的结合，典型的例子是运用人口统计理论、空间人口学理论对相关议题的论证，是多种理论模型依次推进论证的，遵循理论逻辑推演过程，得到基本的理论框架，为实证提供理论基础；而实证分析是对理论论证的检验，综合现实数据，经过多种计量模型进行检验，为理论提供实证数据支撑。其次在定性分析方面，先从多个方面分析人口流动的区域特征，从而归纳总结出一般性结论。再通过建立空间计量模型，从人口流动统计和测量、空间效应及其经济社会效应三个角度进行定量分析，从而进一步揭示人口流动的客观规律和影响后果，为引导人口有序流动、挖掘人口流动红利的现实问题提供参考。最后本书不仅局限于从人口流动空间网络的宏观地域分布特征去探析人口流动的原因及对人口迁出地、迁入地发展的双重影响，还从流动人口微观群体特征去探析人口流动影响的异质性特征。

实证过程采用的具体方法有：时间序列分析方法、人口统计方法、空间"流"分析、网络分析、空间自相关分析、GIS 空间分析和统计方法、空间计量经济学模型等。研究本着一种具体方法解决一个实际问题的原则进行方法选择，最后协同解决课题所要达到的目标。实证研究中，自始至终抓住"流动"的核心要义，全书贯穿空间和空间效应的思想，所以应用了多种关于空间分析的理论和方法。具体来说主要包括：GIS 地图分析，全局空自相关 Global-Moran'I 和局部空间自相关 Local-Moran'I，空间常系数回归模型（包含空间滞后模型和空间误差模型）、空间面板数据模型（包含空间面板滞后模型和空间面板误差模型），空间经济学理论等。另外，还有其他一些方法，比如普通最小二乘回归、普通面板模型、概率统计分布理论等，这里不再依次罗列，具体实证模型方法见各章节。其中空间计量模型在解决空间效应方面有特别效果，该方法的关键是"空间自相关"原理：空间位置越邻近，属性越趋同，空间现象越相似，空间计量方法基本衍生于它。这里介绍了本书应用的几种主要空间计量方法的基本原理，本书很多实证模型是在基本模型基础上进行拓展分析，详见各章节模型构建部分。

（一）空间重心演变模型

假设一个区域由 n 个亚区组成，第 i 个亚区的中心坐标为 (x_i, y_i)，M_i 为第 i 亚区某一属性的量值，则该区域某一属性的重心坐标 (x_g, y_g) 可表示如下（黄建山，2006）：

$$x_g = \sum_{i=1}^{n} M_i x_i / \sum_{i=1}^{n} M_i, \qquad y_g = \sum_{i=1}^{n} M_i y_i / \sum_{i=1}^{n} M_i \qquad (1-1)$$

如果亚区的中心（如区域几何中心）坐标固定不变，则重心坐标决定于属性的量值；而且一般研究中也假定亚区的中心坐标在研究时间段内固定不变。在属性方面，产业结构调整、经济政策、政治环境、规模经济等内外部因素的变化，会导致某一属性重心的此消彼长，重心也就随之影响而重新分布，即导致重心点的不断变化。如果将这些不断变化的重心点联结起来，就形成了一段时期内某一属性重心的演变路径和轨迹。

（二）空间自相关模型

空间自相关是指一些变量在同一个分布区内的观测数据之间潜在的相互依赖性；空间位置越邻近，属性越趋同，空间现象越相似，通常把这种相关性叫作空间依赖。观察数据由于受空间依赖性影响，彼此之间可能不再相互独立，而是具有相关性。空间自相关的统计量常用的是全局空间自相关和局域空间自相关统计量 Moran's I。空间自相关统计量与传统地理统计量的关键区别就是引入了空间权重矩阵。权重是其区别于非空间模型的主要特征，包括邻接权重、地理权重、经济权重等。其中全域 Moran's I 的定义为

$$I = \sum_{i}^{n} \sum_{j \neq i}^{n} w_{ij}(X_i - \bar{X})(X_j - \bar{X}) / S^2 \sum_{i}^{n} \sum_{j \neq i}^{n} w_{ij} \qquad (1-2)$$

其中，n 是样本区域数，$S^2 = \sum_{i=1}^{n}(x_i - \bar{x})^2 / n$，$X_i$ 是第 i 区域的属性值，$\bar{X}$ 是所有属性值的平均，w_{ij} 是空间权重矩阵，其一般以行和进行归一化。全局 Moran's I 的值介于-1~1，大于 0 为正相关，且越接近 1，正相关性越强，即邻接空间单元之间具有很强的相似性；小于 0 为负相关，且越接近-1，负相关性越强，即邻接空间单元之间具有很强的差异性；接近 0 则表示邻接空间单元不相关。

局域空间自相关一般用统计量局域 Moran's I 表示。局域空间自相关主要有两个优良分析方法：空间联系的局部指标（local indicators of spatial association，LISA）和 Moran 聚集图。局域空间自相关的 Moran's I（LISA）的定义是

$$I_i = Z_i \sum_{j \neq i}^{n} w_{ij}' Z_j \qquad (1-3)$$

其中，$Z_i = (x_i - \bar{x}) / s^2$ 是研究属性 x_i 的标准化量值；Z_j 是与第 i 区域相邻接的属性标准化值。空间自相关的目的是揭示空间特征，其中 Moran 散点图用于研究局部空间的异质性，Moran 散点图绘制于一个笛卡尔坐标系统中，横坐标为 Z_i，即为中心研究属性的标准化值；纵坐标为 $\sum W_{ij}' Z_j$，即与 i 相邻的所有空间单元数据的加权平均（标准化后），也称为空间滞后值。因此将出现四种类型局部空间关系：

$$\begin{cases} Z_i > 0, \ \sum w_{ij}' Z_j > 0(+, \ +)，第一象限，高高集聚（HH） \\ Z_i < 0, \ \sum w_{ij}' Z_j > 0(-, \ +)，第二象限，低高集聚（LH） \\ Z_i < 0, \ \sum w_{ij}' Z_j < 0(-, \ -)，第三象限，低低集聚（LL） \\ Z_i > 0, \ \sum w_{ij}' Z_j < 0(+, \ -)，第四象限，高低集聚（HL） \end{cases}$$

以上四种局部空间关系的含义是（以城市为空间尺度举例）："高—高"表示i城市与邻接区域的某属性都较高，"低—低"表示i城市与邻接区域的某属性都较低，这两个象限的某属性存在空间同质性；"高—低"表示i区域某属性较高，而其邻接区域的某属性都较低，"低—高"表示i区域某属性较低，而其邻接区域的某属性都较高，这两个象限的某属性存在空间异质性。

（三）空间常系数回归模型

空间常系数回归模型是空间计量模型的重要方法，它主要是纳入了空间效应（空间相关和空间异质性），考虑了空间依赖性和空间权重。按照空间依赖性体现的不同方式，空间常系数回归模型可分为空间滞后模型（spatial lag model，SLM）和空间误差模型（spatial error model，SEM）两种（Anselin et al.，2004）。

1. 空间滞后模型（SLM）

它是探讨变量在某地区是否有溢出效应。模型为

$$y = \rho Wy + \beta X + \varepsilon \tag{1-4}$$

其中，y 为因变量，X 为 $n \times k$ 的自变量矩阵（n 为区域个数，k 为自变量个数），w 为 $n \times n$ 空间权重矩阵，权重是其区别于非空间模型的主要特征，包括邻接权重、地理权重、经济权重等（Yang et al.，2020；Adukia et al.，2020），ρ 为空间滞后系数，β 为自变量回归系数，ε 为随即误差项。

2. 空间误差模型（SEM）

它是探讨误差项之间是否存在序列相关。模型为

$$y = \beta X + \varepsilon$$
$$\varepsilon = \lambda W\varepsilon + \mu \tag{1-5}$$

其中，λ 为空间误差系数，μ 为服从正态分布的随机误差项，其他参数与 SLM 中的含义相同。

（四）空间面板数据模型

空间面板数据模型是在普通面板模型的基础上纳入了空间效应，即考虑了空间依赖性。按照空间依赖性体现的不同方式，空间面板数据模型可分为空间面板滞后模型（spatial panel lag model，SPLM）和空间面板误差模型（spatial panel error model，SPEM）两种（季民河，2011）。

1. 空间面板滞后模型（SPLM）

它是假定因变量存在空间依赖性。模型为

$$y_{it} = \rho \sum_{j=1}^{n} w_{ij}y_{jt} + \beta X_{it} + \mu_i + \varepsilon_{it} \tag{1-6}$$

其中，n 为区域个数，w_{ij} 为空间权重矩阵的元素，μ_i 为空间个体效应，ρ 为空间

滞后系数，β 为自变量回归系数，ε_{it} 为独立同分布随即误差项。SPLM 模型描述空间相互作用的均衡结果，即某一因变量的观测值，由相邻区域联合决定。

2. 空间面板误差模型（SPEM）

它是假定因变量依赖于个体自身特征，假设误差存在空间依赖性。模型为

$$y_{it} = \beta X_{it} + \mu_i + \varphi_{it}$$

$$\varphi_{it} = \lambda \sum_{j=1}^{n} w_{ij}\varphi_{it} + \varepsilon_{it}$$

（1-7）

其中，λ 为空间误差系数，φ_{it} 为空间自相关误差项，其他参数与 SLM 中的含义相同。

两个模型的选择和空间效应检验如下。第一是 SPLM 和 SPEM 模型选择。Anselin 等（1988）提出了如下判别准则：如果空间依赖性检验发现，拉格朗日乘数（lagrange multiplier，LM）及其稳健（robus-lagrange multiplier，R-LM）形式下的 LMLAG 较之 LMERR 在统计上更加显著，且 R-LMLAG 显著而 R-LMERR 不显著，则可以断定适合的模型是空间滞后模型；相反，如果 LMERR 比 LMLAG 在统计上更加显著，且 R-LMERR 显著而 R-LMLAG 不显著，则可以断定空间误差模型是恰当的模型。第二是固定效应和随机效应的选择，即空间豪斯曼检验（LeSage，2008）。

（五）空间 OD 模型

空间 OD 模型是一种在传统 OD 模型的基础上考虑人口迁移流空间自相关效应的模型，传统的 OD 模型一般以重力模型为基础，并使用距离变量来解释影响人口迁移流在地域空间上的衰减效应，其形式如式（1-8）所示（此模型与标准引力模型的对数转换形式是一样的）：

$$y = \alpha \tau_N + X_d \beta_d + X_0 \beta_0 + \gamma g + \varepsilon$$

（1-8）

其中，y 是 $N \times 1 (N = n^2 - n)$ 的人口迁移流列向量，τ_N 是 $N \times 1$ 且元素均为 1 的列向量，g 为迁出地—迁入地之间的距离向量，α 为常数项系数。X_d、X_0 是迁入地、迁出地的人口迁移影响因素向量，β_d、β_0 为对应的估计系数，γ 反映了距离 g 的影响，$N \times 1$ 阶向量 ε 具有均值为 0、方差为常数且扰动项之间协方差为 0 的特征。

显然，该模型没有考虑到人口迁移流之间的空间依赖关系，鉴于此，LeSage 和 Pace（2008）提出了应用于人口迁移流的空间 OD 模型，它在空间滞后模型基础上，在因变量中加入了人口迁出流、人口迁入流、人口迁出流—迁入流的空间滞后，如式（1-9）所示，该模型可以视为对迁出地与迁入地间空间依赖的滤波模型：

$$(I_N - \rho_d W_d)(I_N - \rho_O W_O)y = \alpha \tau_N + X_d \beta_d + X_0 \beta_0 + \gamma g + \varepsilon \quad (1\text{-}9)$$

将上式展开并整理得到：

$$y = \rho_d W_d y + \rho_O W_O y - \rho_d \rho_O W_d W_O y + \alpha \tau_N + X_d \beta_d + X_0 \beta_0 + \gamma g + \varepsilon$$
$$(1\text{-}10)$$

其中，$N \times N$ 阶矩阵 W_d 是从典型的描述 n 个地区空间连接性的行随机 $n \times n$ 阶常规空间权重矩阵 W 构造而来（W 依据空间邻接关系构建：两个区域相邻则取值 1，否则取值 0），它是 $n^2 \times n^2$ 网络权重矩阵，用来捕捉迁入地空间依赖性，W_d 的定义由单位矩阵和 W 的克罗内克积决定（其中 O_n 为元素都为 0 的 $n \times n$ 阶矩阵）：

$$W_d = I_n \otimes W = \begin{bmatrix} W & O_n & \cdots & O_n \\ O_n & W & O_n & \vdots \\ \vdots & O_n & \ddots & O_n \\ O_n & \cdots & O_n & W \end{bmatrix} \quad (1\text{-}11)$$

同样可依据矩阵 W 和单位矩阵的克罗内克积来构造能够捕捉迁出地空间依赖的 $N \times N$ 阶矩阵 $W_o = W \otimes I_n$。如果定义 $W_w = W_d \cdot W_O = (I_n \otimes W) \cdot (W \otimes I_n) = W \otimes W$，则其可以用来捕捉人口迁移流之间的空间依赖，并可理解为迁出地邻接地区和迁入地邻接地区之间存在的空间自相关效应。定义 $\rho_w = -\rho_O \rho_d$，则式（1-10）可以写成：

$$y = \rho_d W_d y + \rho_O W_O y + \rho_w W_w y + \alpha \tau_N + X_d \beta_d + X_0 \beta_0 + \gamma g + \varepsilon \quad (1\text{-}12)$$

因此，空间滞后项 $W_d y$ 通过流入地周边地区的平均流量反映流入地的空间相关，空间滞后项 $W_O y$ 通过流出地周边地区的平均流量来反映流出地的空间相关；而 $W_w y$ 则是体现迁出地近邻地区流向迁入近邻接地区平均流量反映的迁出地—迁入地空间自相关。根据系数 ρ_d、ρ_O、ρ_w 的限定得到多个具体模型，本章实证模型就以常见的三个约束得到三个基本模型：当 $\rho_d = \rho_O = \rho_w = 0$ 时，则不包括任何空间依赖，即传统的重力模型；当 $\rho_w = 0$ 时，则所构建的模型仅反映迁入地和迁出地的空间依赖，而排除了迁出地—迁入地之间的空间依赖的滤波模型；当不施加任何约束时，则是最为一般的空间 OD 模型，三种空间依赖都存在。

第二章 文献综述

本章概要：本章针对研究议题展开全面的文献梳理，重点围绕人口流动的统计和测量研究、人口流动的空间特性和空间效应研究、人口流动的经济影响和人口流动的社会影响研究几个方面展开了文献述评。其中人口流动的经济影响主要梳理了其区域经济增长效应、经济收敛效应、经济差距效应、区域创新效应、外商直接投资选择效应，人口流动的社会效应主要梳理了流行病学传播和防控效应。本章最后还对中国人口流动的新变化即对人口回流的经济效应研究进行了梳理。

第一节 人口流动的统计和测量研究

人口迁移作为人口学过程之一和人口转变的重要部分（Stillwell et al., 2014；Shen, 2016），因特殊的空间属性，显著区别于生育、死亡过程。甚至于，年龄结构可以是人口学的中心概念（central concept），但空间结构（比如人口迁移流）并不是（Rogers et al., 2002）。事实上，人口迁移流动是规范人口学（formal demography）研究的基本组成部分，然而在中国生育制度的政策影响、老龄化及健康中国建设背景下，对于生育、死亡（健康）的研究比人口迁移的影响要更深远。不同于生育、死亡过程一般仅影响独立的某区域，人口迁移流发生在一个多区域系统内：每个区域迁出人口迁往多个其他区域，形成一个交互的空间"流结构"和系统（Stillwell et al., 2014），因此对于人口迁移流空间结构的概念定义和测量依然比较模糊，模型化表达更是不足（Rogers et al., 2002），对人口迁移流空间结构的深化研究也从未停止。

诚然，Ravenstien（1889）、Lewis（1954）等大批学者研究了人口迁移的基本规律、生成动因等，为人口迁移理论研究做出巨大贡献，但从量化的人口统计学角度来描述或测量、模型化和预测人口迁移流空间结构的历史并不长。

事实上，对人口迁移流空间结构研究的历史梳理后总结发现，对人口迁移流的描述、模型化表达和预测是人口迁移研究的三个阶段，也是不应该分割的三个系统过程或基本程式。"描述"应该是最为基础的阶段，它是对人口迁移流空间结构和迁移流的认识过程。人口迁移流不同于人口规模、人口年龄等向量形式，其表现出矩阵形式和交互结构，对其描述过程也就变得复杂，统计学意义的平均值、中位数、标准差等不再适用，这也限制了早期关于人口迁移流的深化认识和研究，更阻碍了现实问题的发现。早期跨区域人口迁移流量数据统计的不完整，导致数据缺失，描述都难以实现，也影响后续模型化和预测过程（Raymer，2007）。因此早期关于人口迁移流空间结构的研究主要是如何定义、测量和"补数据"（Stillwell et al.，2010）。Shryock（1964）在描述人口迁移流空间结构研究做了早期的努力，定义和设置了移民区域偏好指数。Clayton（1977）比较早地定义了人口迁移流空间结构，认为移民在来源地和目的地之间的交互流动产生的联系即为迁移流空间结构，并将该定义应用在美国跨州移民的识别研究中。Plane（1984）和Shen（1999）等多位学者将移民效应（migration efficiency）的概念广泛应用到人口迁移结构描述中。Raymer等（2006；2010；2017）在整合前人研究的基础上，采用乘法分量模型（Multiplicative components model）作为描述人口迁移结构的一般分析框架，简单明了并易于理解，已用于多个国家或地区的研究，在描述人口迁移流空间结构研究领域产生了较大影响。

在人口迁移流空间结构的描述性研究中，移民数据不同于存量数据，它是以矩阵或对偶形式出现，数据要求更高，以致数据通常缺失而不完整，即便当前时代，国际移民矩阵数据也不完善，也就是对国际间移民的数据都未能精准掌握，而且估计出完整可行的移民矩阵并不容易。Abel和Sander（2014）提出了一种保持所已知的净移民规模基础上从移民存量数据着手的估计方式，估算了全球196个国家间1990—2010年的移民流数据，成果发表于全球科学顶级期刊 Science，可见"补数据"对于人口迁移研究的重要性。Raymer（2007）也对北欧国家之间的移民缺失数据进行了"弥补"。相比于国际移民数据，国家内部人口迁移流矩阵因人口普查或抽样调查得到相对完整的数据，因此对于国内人口迁移流空间结构的研究更多的是放在后两个阶段——模型化表达和预测上。

一个人口学概念如果能够通过简化通用的理论模型表达出来，对其接受认可和实际应用均是有益的。比如熟知的人口平衡方程、生命表或预期寿命、总和生育率测算等。人口迁移流空间结构并没有一个广泛接受的数学表达形式或模型，不过其特殊性在于，人口迁移链接了迁出地和迁入地多个区域，因此空间交互模型被认为是表达人口迁移流空间结构的最理想方式（Rogers et al.，2002）。但具体到实证分析中，重心模型、熵最大化模型或信息最小化模型、对数线性模型也是常见的，不过其实这三者本质结构是一致的。当前多数学者采用对数线性模型分析和解释人口迁移流空间结构，因为人口迁移流量表可以看作一个迁出地—迁入地双向列联表，表中的每个单元格就是人口迁移量，而可以将数线性模型有一个良好的统计理论和方法论机制将列联表分析和离散多变量分析框架完美地对接起来（Willekens，1983；Raymer，2007），而且对数线性模型纳入广义线性模型，其相对机动的变量分布设置形式使其能更好匹配人口迁移流量数据特征，比如泊松分布、二项分布等（Flowerdew & Lovett，1988；Liu & Shen，2016）。基于对数线性模型或重心模型等对中国跨区域人口迁移流空间结构的研究并不少（Shen，2012；2016），但相对于国外类似研究有两点密切关联的差异：一是对人口迁移流数据内生规律和衍生形式利用和分析不足，即从人口统计学视角切入的"基础性研究"不多，对内生数据之外的经济社会因素讨论较多；二是局限于迁入地、迁出地的区域效应和物理距离，对区域交互效应、年龄结构效应、性别效应及区域—年龄等交互效应拓展不足。

此外，关于人口议题相关的预测大多是围绕总量或趋势视角，比如人口总量、城镇化和老龄化等，也有个别特殊的视角，比如人口分布预测（Malcolm，2008；曾永明，2017），但是关于人口迁移流的预测则不常见，因为它是"一张网"而不是"一个点"的预测，难度大幅提升。既有相关"流"的预测研究中，在国外有多位人口学者基于双边比例调整（bi-proportionally adjustment）方法的人口迁移流预测做了成功的尝试（Willekens，1983；Nair，1985；Rogers et al.，2002）。双边比例调整方法的基本原理是寻找一个合适的矩阵使其满足边际约束条件并与基期矩阵的分布函数保持一致。双边比例调整方法在国际贸易方面研究的文献较多，基于区域间贸易流或投入产出表进行替代效应和制造效应调整（刘亚清 等，2015；王涛 等，2019）。根据国际贸易相关理论，徐国祥和陈海龙（2019）首次对中国省区间人口投入产出表做了编制，其中也应用了双边比例调整方法，但只是将其作为估计值的调整方法，未在预测中应用。汪子龙等（2019）基于多源数据提出了带有时间序列的线性拟合模型，对人口迁移流进行了预测，但实证对象并非中国而是欧盟国家之间的人口迁移流。可以说，国内关于人口迁移预测实属鲜见，对于拥有庞大流动人口的中国进行人口迁移流预测非常有必要。

笔者梳理国外研究发现，关于人口迁移流空间结构的描述、模型表达与预测三个阶段或三个系统过程的研究虽然比较零散，但基本形成了一般化的研究框架，在长期的探索过程中对各个子议题研究有了比较有效的解决方式甚至是"标准程式"。遗憾的是，国内对于这一框架的梳理还不足，理论研究较为稀缺，实证也较为罕见，尤其是对人口迁移流空间结构本身运行过程的分析还不足。显然，从人口统计学的角度来研究人口迁移流动的内生规律并基于人口迁移流矩阵数据生成过程的研究有很大价值。

第二节　人口流动的空间特性和空间效应研究

人口流动的典型特征在于连接了流出地和流出地双重空间，这就使得人口流动的空间过程和空间效应得到了更加深入的研究。尤其是在重视社会关系和社会网络的中国，其人口流动和迁移表现出典型的"亲缘""地缘"特征（胡振球，2011），其中"地缘"是迁出地和迁入地的空间邻近效应，比如某一迁出地人口流出会影响其邻近区域人口迁出，某一迁入地人口流入会影响其邻近区域人口迁入。在人口迁移的统计或计量上需要考虑"地缘"可能带来的影响进行量化和机制阐释，否则可能会遗漏、误估甚至扭曲现实数据及影响。事实上，理论界已对"地缘"有比较深入的认识，本书认为其理论化后可称为人口迁移的空间依赖或空间自相关效应，这样便可量化和解释地缘效应及其驱动机制。

其实，Curry（1972）明确提出人口迁移流中存在着空间自相关现象，并对采用传统重力模型中的距离衰减效应来捕捉和量化这种空间自相关产生了质疑。Griffith 和 Jones（1980）明确指出传统重力模型忽视了迁移流中迁入地及迁出地地理分布导致的空间自相关，进而提出以因变量（比如人口迁移流）的空间滞后或空间误差项的空间自回归形式捕捉此依赖关系的设想。Porojon（2001）发现传统重力模型并不适用于点—点流动的机制分析，这将导致模型残差中存在着显著的空间自相关现象；Tiefelsdorf（2003）也指出对迁移机制的研究中关于流—流之间相互独立的假设是不成立的；但两者都没有在计量模型上提出有效的突破方法来解决这一问题，直到后来 LeSage 和 Pace（2008）在扩展传统重力模型的基础上，考虑到空间交互项的重要性，以因变量空间滞后的形式对人口迁移流中的迁出地（O）、迁入地（D）、迁出地—迁入地交互（OD）三种空间自相关加以考虑，提出了空间 OD 模型，这也成为研究内含空间依赖的人口迁移流的经典模型。很多学者也以此模型为基础或扩展进行了实证研究（Griffith，2009；Mitze，2010；于丽，2012；曾相嵛 等，2015；蒲英霞等，2016），并得到了一些非常有价值和意义的发现。这些发现可以总结为：①人口迁移流构成复杂网络，存在空间交互作用，空间独立的假设不适合迁移流的研究；②人口迁移受到地理学第一定律的约束，迁入地、迁出地的"双边效应"或"多边效应"都是空间自相关的典型表现；③空间 OD 模型能有效纠正缺乏"地缘效应"时的估计偏误。这些发现为本研究提供良好的参考基础，尤其在方法论的选择和驱动机制的深化研究层面。

不过，笔者对既有的研究文献梳理发现，依然有几个值得商榷或扩展研究的问题。第一，缺乏对"地缘"的空间量化和机制阐释。地缘特征是人口迁移的空间属性，有研究显示，早在明清时期，大量的人口流迁[①]催生了一种典型的地缘性的社会组织——移民会馆，这在江西、湖广和四川尤其繁盛（黄启日，2012），移民会馆产生的主要原因是文化趋同，有地缘关系的"同乡"隐性地驱动人口流迁到具有相近文化群体的区域，因此地缘特征存在空间效应（地缘效应），会对人口流迁产生影响，而如何将这种地缘效应量化并对其机制进行阐释有待进一步研究，既有研究并没有将空间自相关效应与地缘效应有机结合，更没有将地缘效应影响的空间结构阐释清楚，缺乏对"地缘"本身内含空间属性的思考。第二，在考虑空间依赖的前提下，对于中国的实证研究中，鲜有关于分性别差异的驱动机制研究。诚然，已有研究表明男性、女性人口迁移的驱动力有所不同（张善余 等，2005）。比如，从个体特征看，经济原因驱动男性迁移的比例高于女性在 20 世纪 80 年代就有统计证据（李树苗，1993），到了第六次人口普查（以下简称"六普"），关于人口迁移原因，"务工经商""工作调动"，男性都远高于女性；而"随迁家属""投亲靠友"和"婚姻嫁娶"，都是女性高于男性（刘晏伶，冯健，2014）；从外部环境看，社会规范和传统价值观局限了妇女的就业机会，导致妇女迁移的可能性趋小（赵君丽，2002）。以上都是人口迁移驱动机制性别差异的表现，但考虑空间自相关时，这种驱动机制有没有差异、有何种差异还未可知；特别是地缘效应本身的性别异质性未得到证明和解释。因此有必要将人口迁移的空间 OD 模型应用于性别差异的比较研究，同步探寻地缘效应与驱动机制的性别差异。第三，由于国内外制度有差异，人口迁移的推力和拉力因素有所不同，可以借鉴经典研究中的推力和拉力因子，但照搬则有待商榷。例如，当前中国人口迁移的推、拉力是以人文经济条件为主（Li et al.，2014），气候、环境等条件的约

---

① 人口流迁是人口流动和人口迁移的缩写，在人口学、地理学等学科领域通常会以缩写形式来表达。因此，除非有特别交代，本书的人口流迁亦指人口流动和人口迁移。

束已经弱化。因此考虑中国人口迁移的驱动机制时（特别是以"五普"和"六普"数据为基础时）应该多考虑经济发展水平、工资率、就业机会等。

第三节　人口流动的经济社会影响研究

一、人口流动的区域经济增长效应

改革开放以来，经济的高速发展带来了人口的大规模流动，人口跨区域流动频率增加使得流动人口已成为促进区域经济发展的因素之一，且流动人口群体将在一定时期内持续存在并保持较大规模水平。何雄浪、史世姣（2021）指出人口流入能促进流入地区的经济发展。对于流出地也是如此，在中国城市层面，人口流出每增长1%，人均 GDP 平均增长 0.16%（曹晓玲，2020）。微观上的也有类似结论，人口流动促进了个人或家庭产出（Taylor & Lopez-Feldman，2010）。在人口增长的经济拉动作用方面，部分学者基于人口普查及全国1%人口抽样调查数据对中部地区人口流动的经济影响效应进行了实证研究。结果发现：中部地区的人口流入能够对当地人均 GDP 的增长起到拉动作用，验证了人口的流入与经济发展水平的密切联系（李倩，2015）。此外，中部地区的产业结构的转型升级也与人才与劳动力的流动具有较大联系（杨雪，2017）。从上市公司行为结构的角度来看，人口的行业流动则能够优化劳动力与人才的资源配置，从而有效提高社会总产出（柏培文，2016）。

如果对人口流动双重空间进行分解，对于流入地而言，目前研究主要从提高流入地区生产效率，推动流入地区产业结构优化升级、提高流入地城市化水平、促进流入地人力资本积累、带动流入地消费能力提升及拉动社会投资等多个角度对经济发展的影响机制进行阐述（何雄浪，2021）。通过对甘肃省 2016 年的人口普查数据与 GDP 水平的灰色关联分析发现该地的流动人口与技术、劳动与资本对于经济总量的贡献具有较高的关联度（尚海洋，2015）。部分学者基于空间溢出角度，对中国人口流动对经济增长的收敛性影响进行研究，发现不同地区的人口流动带来的技术发展水平不同对经济发展的影响也有所不同（周少甫，2020）。

人口流动除了对流入地的经济发展存在积极影响，对人口的流出地的经济发展也在降低劳动者失业水平、促进产业结构调整、增加高端就业机会等方面具有积极影响。首先，劳动力的外流有效降低了流出地城市非技能劳动者的失业水平，并对其工资提升具有积极影响（许岩，2019）。其次，人口流动能够推进流出地逐步优化区域三次产业布局，通过产业结构升级转型升级，实现全要素生产率的提高（刘子玉，2018）。最后，人口流动将有效推动流出地强化城市创新功能、营造良好的创业环境，为当地的大量高校毕业生等高素质人群提供高端就业岗位，实现产学研的一体化（劳昕，2017）。

二、人口流动的区域经济收敛效应

考察人口流动在区域均衡发展中的作用，需要回顾中国对人口迁徙流动的治理历程，它是从限制到自由的变迁过程，尽管当前人口流动在空间上是自由的，但人口的身份并没有实现"自由转换"，户籍制度仍然是制约流动人口完全自由迁徙的要件。目前中国户籍制度改革仍以各地方政府为主，在地区经济差距日益扩大与经济分权、政治晋升机制下，地方政府对人口自由迁徙普遍持抵制的态度，使得中央政府放权给各地方政府来实现"彻底放开户籍管制、实现人口自由迁徙"的想法并不切实际（张焕明，陈年红，2012），因此，带有身份和福利意义的流动人口群体将在一定时期内持续存在。不过，这并不妨碍人口流动的巨大现实意义。事实上，理论与实践都有证据表明，人口流动有利于其涉及的流入地与流出地双重区域经济的发展。对于相对发达的流入地，未获得当地户籍的外来人口是其获取低成本劳动力和低社会保障成本的基础，进而确保当地竞争优势的维续。对于后发地区，户籍长期保留在流出地，成为享受上级政府的财政转移支付的必要条件，并且外出流动人口在外收入增长也意味着回流时消费水平的提升，从而促进后发地区增长。

因此，从地方政府竞争角度来说，在户籍制度背景下身份与福利切割的人口流动对流入地和流出地都是有利的。不过这就衍生出另一个问题，人口流动与区域经济收敛的关系如何。当前关于人口流动究竟是缩小还是扩大区域发展差距尚且存在争议，有许多关于人口流动与区域经济收敛关系的实证检验给出了相反的结论。Barro 和 Sala-i-Martin（1990）比较系统地检验了美国 1840—1988 年经济收敛的存在性，当他们进一步将人口迁移（移民）引入日本和美国的经济收敛时发现，人口迁移并不能对经济收敛发挥重要的解释作用（Barro & Sala-i-Martin，1992）。同样在几个欧洲国家，如西班牙、德国、意大利等都是如此。Taylor（1997）对经济合作与发展组织中 17 个有大量移民的国家研究却认为人口流动是劳动率和工资率收敛的主要因素。对于中国的研究的结论也是多元化的。张车伟和蔡翼飞（2013）认为随着人口流动壁垒的降低，其对缩小区域差距的作用在不断加大。具体到经济收敛研究时，侯燕飞和陈仲常（2016）认为人口流动能够促进经济收敛、缩小中国地区间发展差距，但段平忠（2011）、毛新雅和翟振武（2013）认为人口流动并未对中国经济产生收敛作用，甚至有发散扩大的作用，尤其对中部人口流出地具有不利影响。彭国华（2015）指出，随着劳动力流动限制的放松，中西部技能型劳动力向东部地区流动进一步拉大了地区发展差距。

以上研究都是基于传统经济收敛的分析，但经济收敛检验显然涉及不同区域，这是经济增长中典型的空间问题，许多文献指出了经济活动和经济产出的空间溢出效应，经济增长也不例外（钟水映，李魁，2010；朱国忠 等，2014），而空间溢出可能会进一步影响经济收敛（孙向伟，陈斐，2017）。当纳入空间溢出效应来研究人口流动对经济收敛的影响时，则问题相对复杂，因此该议题的研究还不多见，需要更多的不同时期、不同区域的实证。李红和欧晓静（2017）基于空间计量模型发现广东、广西、贵州、云南的城市中，就经济发展阶段而言，人口流迁、生产率提升对收敛性的影响有所不同；就城市规模而言，人口流迁、生产率提升对不同城市群经济收敛性的影响也各异。周少甫和陈哲（2020）以 Barro 和 Sala-i-Martin 建立的人口迁移模型为基础发现中国省际人口流动对东中西部地区的经济增长均呈现负效应，并指出东部地区劳动力过剩和技术溢出趋于饱和影响经济增长，而中西部地区又因人才严重流失，经济增长受阻。

以上梳理发现，少数文献对人口流动、空间溢出与经济收敛的联合研究做了有价值的探索，不过这一复杂的议题还需不断深入，空间效应是多样的，影响也是多元的，包括本地区人口流动对本地区经济增长的影响（直接效应）、本地区人口流动对周边经济增长的影响（间接效应）以及两者的总效应，还包括邻接区域人口流动对本地区经济增长的影响和邻接区域人口流动对邻接区域经济增长的影响等（曾永明，2022）。另外，尽管经济收敛的研究对区域的选择并没有特定的要求，但对中国这样具有典型梯度差异空间经济分布的地区而言，考察中国经济收敛问题应该注重区域的代表性。

三、人口流动的区域经济差距效应

20世纪90年代以来，中国经济制度改革加大了步伐，城市快速发展，人口迁移的规模不断扩大（张文新，朱良，2004）。其中，城乡预期收入差异的扩大是人口流动规模持续增大的主要原因（Todaro，1969），经济的高速发展带来了人口的大规模流动，人口跨区域流动频率加快使得流动人口成为促进区域经济发展的因素之一。李晶晶、苗长虹（2017）研究认为人口流动对区域经济差异的影响最为突出，不过当前关于人口流动究竟是缩小还是扩大区域发展差距尚且存在争议，有的研究认为随着人口流动壁垒的降低，其缩小区域差距的作用在不断加大，人口流动能够促进经济收敛、缩小中国地区间发展差距（张车伟 等，2013；侯燕飞 等，2016）；但也有观点认为人口流动并未对中国经济产生收敛作用，甚至有发散扩大的趋势，尤其对中部人口流出地具有不利影响（段平忠，2008；毛新亚 等，2013）。还有学者基于空间溢出效应研究人口流动对经济差距的影响（李红 等，2017；周少甫 等，2020）。

不过，随着中国人口生育率维持在较低水平，劳动力竞争成为地方政府工作的重要方向（顾宝昌，2010），这从近年多个城市放开落户条件进行"人口争夺"可以看出。不管户籍制度改革与否，不可否认的是，人口流动有利于经济可持续发展的事实得到普遍的理论和实证认可，在地方政府竞争的实践中也有所表现。根据劳动力转移的经典假设，相对发达地区，欠发达地区人均收入低，闲置劳动力多，流动人口规模大（Todaro，2001）。流入地或发达地区凭借完善的经济结构、丰富的产业布局以及可观的劳动报酬吸引了大量的农村相对剩余劳动力（乔晓春，2019）。低成本的外来劳动力恰好成为发达区域财富积累的要素，欠发达地区也因按户籍人口数量获得转移支付而受益，从而总体上实现流入地和流出地的双赢。但对于特定流出地区来说，由于距离经济发达的地区相对较远，迁移的成本高（Morrison，1994），劳动力流出的意愿降低，城乡之间的差距会逐步拉大（宁光杰，2012）。然而，在"新富带动后富"的过渡阶段，中国内陆城市的发展得到了政府的大力支持，内陆城市的吸纳能力不断增强。2015年流动人口规模首次呈减小趋势，但重庆、成都和武汉等内陆城市的流动人口规模大幅扩大（段成荣 等，2017）。

因此，在人口流动有利于流出地和流入地双边区域经济增长的条件下，其与区域经济差距之间有何关系并未有统一定论。同时，关于人口迁移对区域经济差距有怎样的影响，在国外讨论较多，这是因为其不严格区分人口迁移和流动，统一用"migration"作为定义；而国内因户籍制度、概念理解和统计差异等问题，对人口迁移的影响研究相对较少（刘涛 等，2021），更多学者研究的是人口流动的影响。不过，虽然人口流动对区域经济差异的影响较大（李晶晶，苗长虹，2017），但是这种影响是均衡化过程还是非均衡化过程，有不同的研究结论，国外许多关于人口流动与区域经济差距关系的研究给出了相反的结论（Barro et al.，1993；Taylor，1997），中国的相关研究结论亦呈多元化。

事实上，人口流动和迁移与区域经济发展差距的关系并非是线性的，而可能是非线性关系，即可能扩大区域间经济差距也可能缩小差距，不过既有研究鲜有同时考虑两者的非线性关系。同时，经济差距显然涉及不同区域，这是典型的空间问题，许多文献指出了经济活动和经济产出的空间溢出效应，经济差距也不例外（钟水映 等，2010；朱国忠 等，2014；刘华军 等，2019），而空间溢出可能会进一步影响经济收敛（孙向伟 等，2017）。当纳入空间溢出效应来研究人口流动对经济差距的影响则问题相对复杂（李红 等，2017；周少甫等，2020），因此该议题的研究尚不多见，也并未完全回答人口流动对区域差距是缩小还是扩大，因此需要更多的不同时期、不同区域的实证。再者，人口流动和人口迁移在国内具有较为明显的差异，而对于后者的经济差异影响研究非常少见，这也为深入研究提供了空间。

四、人口流动的区域创新效应

20 世纪 80 年代以来，"流的空间"取代"场的空间"，人口的自由流动和空间再配置，对城市发展产生深刻影响（吴康 等，2013）。流入人口在城市内集聚，对城市经济和社会发展产生一系列的"规模效应"。对中国经济持续高速增长，人口红利发挥了重要作用，而人口红利的主要部分就是流动人口红利。人口流动可以优化劳动力配置，进一步释放人口红利（王婷 等，2020）。在人口转入负增长时期，流动人口是未来城市人力资本竞争的关键，也是城市创新发展的核心动力（古恒宇，沈体雁，2021）。城市作为社会经济发展的中心，是国家经济产出最重要的单位，是各类创新要素和资源的集聚地（马静等，2018）。人口作为人力资本及创新要素的载体，它的流动将提高城市人力资本水平，为流入城市提供丰富的创新资源，直接提高城市创新能力（崔婷婷，陈宪，2021）。在城市化进程中，人口流动促进了不同社会和文化背景的人相互交流、碰撞，形成竞争与合作关系，激发了城市整体的创新活力。

新经济地理学理论强调区域创新具有明显空间知识溢出效应。大量文献指出经济活动和经济产出具有空间溢出效应，城市创新也不例外（鲁元平 等，2017）。城市创新水平提升对经济增长有驱动作用，且存在正向溢出效应（闫东升 等，2021）。某城市创新水平提高，其周边城市创新水平也会随之提高（张战仁，2013）。城市创新水平不仅受到本地相关要素影响，还会受到邻近城市溢出效应影响（盛彦文 等，2020）。相邻地区创新水平提升也对本地区产业及创新能力发展有促进作用（肖远飞，罗叶，2018）。当结合空间溢出效应来研究人口流入对城市创新水平的影响时，问题相对复杂，因此该议题的研究还不多见。通过梳理国内现存相关文献发现，大部分文献局限于对城市创新水平的空间效应分解，主要包括人口流入对目标城市创新水平的影响（直接效应），人口流入对周边城市创新水平的影响（间接效应）以及总效应；还包括邻接城市人口流入对目标城市创新水平的影响和邻接城市人口流入对邻接城市创新水平的影响等。张利国等（2020）对于长江经济带 104 个地级市数据研究得出总流动人力资本水平空间效应分解的总效应、直接效应和溢出效应均显著为正，表明总流动人力资本是提升城市及其周边城市创新水平的有效途径。

地理学第一定律显示，地理距离发挥重要作用，这也就衍生出另一个问题：基于地理距离约束视角，城市创新的空间溢出效应是否会随地理距离而发生变化，这种变化是否有规律？事实上，城市间的经济联系强弱很大程度上取决于它们之间的地理距离，地理距离是经济社会中影响经济要素流通的重要因素。地理距离的远近会影响经济社会资本流动（宋昌耀 等，2021），是影响产业集聚的重要因素（范剑勇 等，2021）。在国外文献中，克鲁格曼强调技术溢出可能存在地理边界，地理距离是创新溢出的一个很大障碍（Krugman，1991）；同时也有文献指出创新溢出效应随地理距离递减。格里奇斯（Griliches，1979）在提出知识生产函数时，指出技术外溢可能随距离递减的。凯勒（Keller，2002）的研究具有代表性，其实证结果表明，技术溢出具有局部性，且随地理距离递减，约 1 200 千米递减一半。Moreno（2005）则利用不同距离阈值的空间权重矩阵分析技术外溢的衰减距离，发现当距离超出 250 千米时，欧洲 17 个国家 175 个地区之间的技术联系不再显著。

国内从地理距离角度出发研究城市创新及空间溢出效应的还不多见。符森认为城市创新溢出效应会随地理距离变大而下降，在达 800 千米之后快速下降（符森，2009）。而张浩然、衣保中（2011）研究表明溢出效应并不严格服从距离递减规律，而是随距离的增加呈现出先升后降的倒 "U" 形。城市创新水平的空间溢出效应是随地理距离递减，还是先增后减，或是呈现别的变化趋势，目前并未形成统一定论。

从文献梳理来看，城市创新、溢出效应、人口流动、地理距离四维要素密切联系，它们之间的关系存在多元交互作用，纳入统一框架的研究非常鲜见。因此，城市创新这一复杂议题仍需不断深入，城市创新及其溢出效应的影响因素是多元的，人口流动与地理距离在其中都扮演着重要作用。传统文献要么是研究人口流入对城市创新空间溢出效应的影响，忽略地理距离的作用，要么是结合地理距离讨论城市创新的空间溢出效应，忽略人口流入在其中的作用，表现出明显的 "割裂性"。将人口流动、空间溢出和地理约束同时纳入统一分析框架来研究城市创新还比较少见，存在局部研究的不足。

五、人口流动的外商投资选择效应

中国是发展中国家，外商直接投资是中国经济起飞过程中最重要的资本来源之一。因此，研究和考察人口流动与 FDI（外商直接投资）之间的耦合关系有着重要的意义。关于人口流动、FDI 或者两者交互作用的研究，国内外相关成果非常丰富。在人口经济学方面，人口流动与经济增长的理论研究和实证研究表明人口流动是经济增长的重要因素（Barro，2004；段平忠，2008）。事实上历史经验表明，经济高速增长的地方，也是移民迁入数量集中的地区，经济增长最快的时期也是劳动力流动最多的时期。在人口地理学方面，人口流动与空间差异的理论和实证研究表明空间不平衡特别是空间经济的不平衡是人口流动主要原因（孙峰华 等，2006）。而基于国际经济和国际贸易视角，FDI 也存在明显的空间选择性（王剑，2004），中国的 FDI 差异在空间上表现明显（朱玉杰，2005）。

众所周知，外资在选择投资区域时，逐利是关键，也就是说成本最小化、收益最大化是基本原则之一。而在中国，改革开放的人口红利创造了奇迹（蔡昉，2004），其中人口红利产生的核心就是丰富的流动劳动力人口，这一劳动群体成本低廉，吸引了丰富的外资。人力资本理论与 FDI 的流动性的实证表明，人力因素是区域 FDI 吸引力的关键因素之一（李国平 等，2007）。中国 40 多年的改革开放所吸引的 FDI 规模不断加大。初期 FDI 流入中国主要原因是中国劳动成本低廉，外商有利可图，东部改革的推进吸引了中西部大量流动人口，随着中国区域总体发展战略的实施和产业转移与承接，流动人口回流加速，就近就业成为很多外出劳动力的选择，这对 FDI 的区域选择是否有影响值得考察。中国省域 FDI 区域差异非常大，人口流动的方向和流量差异也十分大，所以，研究空间不平衡背景下的 FDI 与人口流动的关系意义重大。

第四节　人口流动新变化：人口回流效应研究

一、中国人口流动特点的新转变

随着中国沿海地区人口红利的消失与刘易斯拐点的到来，东部地区的劳动力成本不断上升，使得制造业在东部的布局失去了原有的区域优势。同时，在"西部大开发""中部崛起"等国家战略的推动下，中西部地区对于制造业的吸引力也在逐步提升，促使部分制造业逐步向中西部地区进行转移（孙祥栋，2010）。2018—2020 年对全国进城务工人员的监测调查报告显示，东部地区流动人口持续减少，而中西部地区流动人口却持续增加，这充分说明了人口回流的现象正不断增多，传统的人口流动模式正被逐渐打破。在此种趋势的作用下，中国的劳动力空间配置与人力资本流动特点产生了显著变化，传统的迁徙模式正逐步发生改变。

依据大数据推算的我国人口流动的空间格局演变及其影响因素结果发现：各地区的经济距离、距离及舒适度等因素在人口流动网络形成中发挥了关键作用，这表明目前人口的流动原因倾向于提高舒适度而并非单纯追求高收入（张伟丽，2021）。通过对长三角城市群的流动人口长期居住意愿的空间格局与影响因素分析发现：城镇居民可支配收入与目前流动人口的居住意愿呈现负相关关系，这表明长三角地区的流动人口在资本积累过程后的回流现象更为普遍（朱羽佳，2021）。

流动人口是户籍制度二元分割的产物，流入城市的居住环境、生活条件、工作选择等的不稳定性都导致其"钟摆式"的区域流动（李竞博，2019）。正是户籍制度的推行加之中国人"落叶归根"的返乡观念，使得中国出现外出工作后返回户籍地的回流现象，而非单纯的人口迁移。相较于西方国家城镇化的发展过程，中国的人口回流呈现出城—城流动增加的特点，回流人口逐渐在回流地及其附近从事非农就业，形成了进场—返乡—城乡穿梭的城市化道路，使得中国的城镇化体现出城乡两栖交融的特点。这要求我们以城市为重要对象研究人口回流所带来的经济发展变化。

另外，随着人口红利衰减，城市间的"人口争夺战"不断凸显。在锦标赛竞争机制下，各大城市纷纷以放开落户条件为核心广纳人口、吸引人才。这与当前中国的人口结构变迁有关。然而，在宽松的落户政策不断推出的背景下，流动人口的落户意愿依旧不强（孙婕 等，2019；杨富平 等，2017；林李月 等，2016；肖璐 等，2018）。唐宗力（2015）针对安徽地区的调查显示，2009—2014 年，进城务工人员大量回流，落户意愿不进反退。2016 年全国流动人口动态监测数据显示，符合落户条件情况下愿意将户口迁入本地的人口仅占 30.4%。

为此，相关学者对中国流动人口市民化意愿进行分析，发现流动人口市民化在不同地区和城市间存在差异（侯慧丽，2018；胡陈冲 等，2011；张鹏 等，2011）。林李月等（2016）研究发现中国城市流动人口落户意愿自东向西呈现先下降后上升的"U"形变化趋势。等级高、规模大的城市流动人口迁移意愿较高（孙中伟，2015）。学者在流动人口落户意愿影响因素上也进行了探索，研究发现流动人口个体及家庭特征（性别、收入水平、婚姻状况、文化程度、随迁状况）都是影响其落户意愿的主要因素（刘振东 等，2015；陈前虎 等，2012；张龙，2014）。此外，城市、农村户籍价值是当下农民工落户的关键影响因素（肖璐 等，2018；赵文哲 等，2018）。在流入城市角度上，地区社会经济发展状况、基本服务供给、社会制度、就业质量等因素均显著影响流动人口落户意愿（赵翌 等，2016；赵文哲 等，2018；章泗 等，2018；张新 等，2018），而收入状况一直是影响落户意愿最显著的因素（孙婕，2018）。

以上流动人口落户意愿"悖论"和影响因素研究的证据均表明，认为流动人口必然会长期选择流入地作为居住终点的观点并不必然正确，人口回流已成为中国人口流动的新形式。

二、人口回流的经济增长效应

人口回流成为当前人口流动的新形式后，其中的人口回流、回流人口与区域经济增长之间的关系问题逐渐成为研究的重点。就回流人群的特征而言，回流人口多为具有在经济发达工作经验的熟练工人，其回乡就业与创业都具有较大优势（石智雷，2011）。2019年12月25日，中共中央办公厅与国务院联合印发《关于促进劳动力和人才社会性流动体制机制改革的意见》，意见的重点便是要求各地需要破除妨碍重要因素流动特别是劳动力与人口要素自由流动的体制弊病，促进高质量劳动力与各类人才的合理、有序、自由、通畅的社会性流动。这代表着中央已逐步关注到人口回流为回流地带来的可能的发展机遇。因此，人口回流如何推动区域经济增长、缩小区域不平衡发展问题，成为当前关注的焦点。

林李月等（2020）通过分析不同地区的人口流动特点发现目前人口流动的传统迁移模式已发生改变：在东部、在东北地区就业的劳动力比例呈现持续下降，而回到中西部地区就业的人口比例则出现持续增加，体现出目前人口向中西部回流的态势日益增强，人口由中西部向东部进行迁移流动的传统迁移模式与区域模式正遭受着冲击。同时，从目前人口流动的范围来看，长距离、特别是跨省流动人口所占的比重呈现下降趋势，省内流动人口的地位上升明显（朱宇，2020）。近年来，农村居民在乡内就业的比重持续大幅增加，而省外迁移和就业的占比持续减少，这类趋势进一步表明现存人口就近转移与回流结业的人员流动趋势正逐步凸显。张华等（2020）基于全国流动人口动态监测调查数据发现，中国跨省流动人口总体的回流意愿达8.1%，体现出中国各地的人口回流意愿较强，而在流动意愿上的形成原因上，人口回流意愿主要受到回流人群个人因素、流动情况、家庭状况、制度因素等多个方面的影响，其中年龄、婚姻状况、受教育程度、现住房性质、社会保障制度等因素对目前中国人口回流意愿具有显著影响（刘哲达，2020）。

　　事实上，人口回流群体的也具有独特禀赋。人口回流作为目前人口流动结构变化的重要方面，为回流地带来的发展契机也逐渐被发现。从回流人口对回流地带来的发展条件来看，回流人口依据其群体的特征为回流地提高了资本禀赋与人力资本两方面的发展条件。一方面，劳动力的回流带来了大量在流出地通过工作积累了部分财富的进城务工人员或个体户群体，而该群体的回流使得流入地获得了资本投入的增加（刘智超，2017）。另一方面，熟练工人与创业者的回流也带来了丰富的技术工人，补偿了回流流入地的人力资本（颜银根，2017）。因此对流入地的经济发展而言，回流人口为其经济增长与经济发展模式的转型升级与带来了机会。中西部地区借由人口回流这一发展机会，也能够以回流人口作为重要的发展支撑，着重提升原先作为流出地的可持续发展能力（林李月 等，2020）。事实上，回流群体将在外就业或工作过程中所积累的相应资金、技术以及工作经验等资源通过人口回流的方式带回其户籍所在的乡村或其附近的城镇地区，从而为回流地的发展提供了重要的发展动力与资源禀赋，促进了当地城镇化的发展（朱宇，2021）。

　　关于人口回流的经济效应讨论，目前学术界对于人口回流经济效应的讨论主要集中在以下方面：首先是人口回流现象的深化，伴随着东部地区产业升级与生活压力的增大，流入群体被挤出劳动力市场。与此同时，在中西部地区较低的劳动力成本和政府的相关税收优惠政策使得中西部地区吸收了省内大量的农民工就业，"人引产业"的效应逐渐显现（吴瑞军，2020）。其次，较为年轻的人口回流群体，在延缓中西部地区的老龄化进程的同时也拉长了人口红利的窗口期，为中西部地区提供了一次新的优化区域间人力资源配置、提高劳动生产率的契机，促进了经济发展。最后，人口回流能够推进返乡人口的创业就业活动，有利于促进区域协调发展。推进回流人口就业创业行动是促进区域协调发展的全新机制。鉴于跨区域回流人口主要工作在东部沿海城市，其返乡就业创业的能力更强、概率更高，回流人口的资源优势与人力资本对于经济增长有拉动作用。

　　综上所述，关于人口流动与其对经济的增长效应研究已较为完整，但在人口流动的内涵和意义不断拓展的背景下，对于人口流动中权重越来越大的人口回流部分及其对经济增长的影响效应研究还远远不足，仍有广阔的拓展空间。首先，在对人口流动群体类型的划分上并未做到有效区分。中国对于人口流动的经济效应研究尚不存在对于流动个体的区分，这使得回流人口这类特殊人口流动群体对于经济增长的效应无法被更具针对性地进行研究。其次，既有关于人口回流的研究还仅关注回流意愿及影响因素层面，而人口回流的后续效应研究还不足，少量关于其与经济发展的研究主要停留在影响效果大小方面，它对各地区的经济影响的差异性与产生这种差异性的因素并未有较为深入的探讨。最后，在研究方法上，与人口流动一样，人口回流是典型的空间问题，目前关于人口回流的经济效应研究多忽略其空间相关性与相应的空间溢出效应。因此在研究人口回流为回流地带来的经济增长问题时，需要引入相应的空间计量模型对人口回流与经济增长的相关关系进行进一步的探讨。

第五节　文献总评

基于既有文献的分析，国内外对流动人口的相关研究尤其是人口流动的宏观经济社会效应研究已经取得了有影响的成果，为本书的展开奠定了良好的研究基础。通过系统梳理既有成果发现，尽管这些研究在理论方法、技术手段上有多方面的探索，也为厘清流动人口基本特征、经济社会效应机制和人才化、市民化政策创新提供了很好的支撑，但以下几点依然具有拓展研究的价值和空间：

第一，针对人口流动的宏观经济社会效应且相对全面的研究还比较鲜见。人口流动带来的经济社会影响非常广泛，如经济增长、经济差距、创新效率、产业升级转型、高质量发展成效、城市社会治理水平等，多数研究基于某个具体指标做了分析，但相对全面的综合性研究明显不足。基于此，从更加全面、广泛的视角来集中剖析人口流动所引发的经济社会影响需要突破原有思路框架进行综合研究，本书是笔者多年来对人口流动的宏观经济社会效应研究的集成，尝试构建了一个该议题的研究框架。

第二，关于人口流及经济社会效应的某些视角还有遗漏。比如笔者通过梳理发现，国际上关于人口迁移流空间结构研究的一般框架——描述、模型化表达与预测是人口迁移流空间结构研究的三个不应分割的系统过程或基本程式，但国内对该框架的体系化理论和实证研究还不足，尤其是对人口迁移流量数据自身运行规律和数据内生化过程的研究很鲜见。本书均对这些问题进行了实证分析，推进了人口流动的经济社会效应研究深度和广度。

第三，人口迁移流动是一个典型的空间过程，会产生空间效应。尽管越来越多的研究着手考虑空间效应并纳入空间计量经济学模型研究人口流动问题，但整体上，在人口流动的经济社会影响研究议题上对空间效应的思考还不足，这显然会对研究结论带来偏差。事实上，人口迁移流动研究是最接近空间人口学的研究范畴，也最需要纳入空间效应和空间方法来研究。鉴于此，在实证研究中，本书大量进行了对空间效应的思考和空间方法的应用，为空间人口学研究的推进做出了有益尝试。

第三章 中国人口流动与流动人口的基本描述

本章概要: 本章利用 1995—2020 年的人口普查和人口抽样调查的省际宏观数据和全国流动人口动态监测调查的微观数据,对中国流动人口空间分布、时序分布和时空演变和放射性分布以及流动人口群体的基本微观人口—经济—社会特征进行描述,以全景刻画人口流动与流动人口基本情况。

第一节 中国人口流动与流动人口现状

党中央、国务院高度重视和支持人口的有序流动、合理分布,并将其看作统筹城乡协调发展的重要举措。但区域发展不平衡依然是中国的现实,中国人口流动呈现出从农村流向城市、从内地流向沿海不断扩大特征的同时,也出现了结构上的变化。比如省际迁移人口越来越向主要的输出地和输入地集中,呈现出非常明显的两极分化倾向。中国流动人口地域类型复杂多样,既有流出人口远大于流入人口的主要净流出区(如中西部人口密度较大的农村地区,尤其是安徽、四川、湖南、江西等省份已成为人口持续流出地区);又有流入人口远大于流出人口的主要净流入区(如珠三角、长三角、京津冀等主要城市群地区,这些地区已成为人口持续流入地区,且短期内难以改变)。陆铭(2021)预测未来京津冀、长三角、珠三角地区会是中国人口的集聚点,远离中心城市,人口就相对较少。中国人口在中西部围绕着国家级中心城市和大城市布局,远离中心城市的区域会成为人口负增长的地区,这些负增长的地区即人口流出地。

顾朝林等(1999)在 20 世纪末就对中国流动人口基本特征进行过较为系统的调查研究,基于北京、天津、南京、廊坊、唐山和昆山等大、中城市流动人口问卷调查,发现当时中国正在经历大规模的农村流动人口向城市迁移的过程，这种迁移的动力主要是经济因素。从经济学的角度来看，低附加值、非熟练工作岗位是流动人口第一次就业的主要职业，然后向服务业和手工制造业工作岗位转移；从社会学角度看，流动人口大多数都从事临时的、低工资的工作，具有明显的移民群体和自然区间的社会劳动分工特色，这些特征在 20 余年后依然表现明显。此外，宏观上，学者统计发现中国城市层面的流动人口位序规模分布符合幂函数（戚伟 等，2015），东部是流动人口的主要迁入地、中西部是流动人口主要迁出地等特征都是流动人口的空间规模分布规律。区域性的研究更加丰富，比如粤港澳大湾区人才集聚主要沿着香港—深圳—东莞—广州主轴呈"西北—东南"方向分布（张颖莉，2020）。几十年的"流动中国"过程，具有什么样的演变特征，本章将做出较为全面的梳理和回答。

一、中国人口流动与流动人口简况

中国不仅是人口大国，也是流动人口大国。2021 年 5 月 11 日，"七普"主要数据发布，普查登记的中国 31 个省、自治区、直辖市（香港、澳门、台湾地区除外）和现役军人的人口共 14.12 亿人。全国人口与 2010 年"六普"的 13.4 亿人相比，增加了 7 205 万人，增长 5.38%，年平均增长率为 0.53%。除此之外，中国也是流动人口大国，人口流动行为在中国也是极为普遍的现象，流动人口规模也十分庞大，流动人口群体也备受关注。

人口流动是自然、社会、经济和政治等多种因素作用的结果。其中自然环境提供了人口流动的地理框架，但人口流动的格局主要还是依赖于社会经济条件（许庆明 等，2009）。反过来，大规模的人口流动也会对经济发展产生影响。"七普"公报显示，中国流动人口规模达到 3.76 亿人，与 2010 年的 2.21 亿人相比，流动人口大幅增长 69.73%。其中，跨省流动人口为 1.25 亿人。省内流动人口规模约为 2.51 亿人，与 2010 年的 1.27 亿人相比增加了约 1.24 亿人，增长近乎翻倍，远高于 2000—2010 年增长的 0.17 亿人。由"五普""六普"和"七普"的主要数据可知，2000 年、2010 年、2020 年，乡城流动人口占流动人口的 52.2%、63.2%、66.3%，这表明乡城流动人口依然是流动人口的主要构成部分。

二、全国省际流动人口分布现状

1995 年以来，全国（香港、澳门、台湾地区除外）省际流动人口规模呈现不断扩大的趋势（见表 3-1），由 1995 年的 3 192.26 万人扩大至 2020 年的 12 483.71 万人，25 年扩大了近 3 倍。参考国家统计局对于东、中、西部的划分方法，本书东部地区包括北京、天津、河北、辽宁、上海、江苏、浙江、福建、山东、广东、海南；中部地区包括山西、吉林、黑龙江、安徽、江西、河南、湖北、湖南；西部地区包括内蒙古、广西、重庆、四川、贵州、云南、西藏、陕西、甘肃、青海、宁夏、新疆。在全国范围内，东部11个省（直辖市）省际流动人口规模由1995年的1 727.72万人扩大至2020年的9 465.96万人，25年扩大了近4.4倍；中部8个省省际流动人口规模由1995年的689.33万人扩大至2020年的1 137.41万人，25年扩大了近0.7倍；西部12个省（自治区、直辖市）省际流动人口规模由1995年的775.54万人扩大至2020年的1 880.34万人，25年扩大了近1.5倍。

全国省际流动人口的增长速度要快于全国范围内中部地区和西部地区的平均增长速度，但低于东部地区的平均增长速度。从东、中、西部地区省际流动人口占比来看，1995年东部地区省际流动人口占比为54.12%，1995—2005年持续增长到84.61%，2005—2020年持续下降到75.83%；1995年中部地区省际流动人口占比为21.59%，1995—2005年持续下降到5.50%，2005—2020年持续增长到9.11%；1995年西部地区省际流动人口占比为24.29%，1995—2005年持续下降到9.89%，2005—2020年持续增长到15.06%，如表3-1所示。2000年以后，东部地区承载着80%左右的流动人口，中部地区承载着7%左右的流动人口，西部地区承载着13%左右的流动人口，对比说明东部地区对省际流动人口具有强大"引力"，也凸显出东部地区在中国社会经济发展中的战略地位。

表3-1　1995—2020年部分年份全国省际流动人口规模变化情况

年份	东部地区流动人口规模/万人	中部地区流动人口规模/万人	西部地区流动人口规模/万人	全国省际流动人口规模/万人	东、中、西部地区流动人口占比/%		
					东部	中部	西部
1995	1 727.72	689.33	775.54	3 192.26	54.12	21.59	24.29
2000	3 315.96	328.06	597.83	4 241.86	78.17	7.73	14.09
2005	4 274.60	277.67	499.59	5 051.87	84.61	5.50	9.89
2010	6 992.29	554.27	1 041.07	8 587.63	81.42	6.45	12.12
2015	7 604.92	840.94	1 276.84	9 722.70	78.22	8.65	13.13
2020	9 465.96	1 137.41	1 880.34	12 483.71	75.83	9.11	15.06

1995—2020 年，全国省际流动人口占常住人口比例持续增加（见表3-2），从 1995 年的 2.64% 增长至 2020 年的 8.84%。全国范围内东部地区省际流动人口规模占常住人口比例持续增加，由 1995 年 3.79% 增长至 2020 年 15.61%；中部地区省际流动人口规模占比，由 1995 年的 1.69% 下降至 2005 年的 0.67%，2005—2020 年持续增长，2020 年达到 2.71%；西部地区省际流动人口规模占比，由 1995 年的 2.25% 下降至 2005 年的 1.39%，再持续增长到 2020 年的 4.91%。

表 3-2　1995—2020 年部分年份全国省际流动人口占常住人口比例

单位:%

年份	全国省际流动人口占比常住人口	东部地区省际流动人口占比常住人口	中部地区省际流动人口占比常住人口	西部地区省际流动人口占比常住人口
1995	2.64	3.79	1.69	2.25
2000	3.34	6.82	0.78	1.65
2005	3.94	8.45	0.67	1.39
2010	6.44	12.70	1.31	2.89
2015	7.09	13.37	1.95	3.44
2020	8.84	15.61	2.71	4.91

1995—2005 年，全国流动人口规模保持低速扩张（见图3-1），人口年均增长速度为 5.83%；东部地区省际流动人口规模保持高速扩张，人口年均增长速度为 14.74%；中部和西部地区省际流动人口规模减小，人口年均增长速度分别为 -5.97% 和 -3.56%。2005—2020 年，全国流动人口规模和东部地区省际流动人口规模保持相对低速扩张，人口年均增长速度分别为 9.80% 和 8.10%；中部和西部地区省际流动人口规模保持相对高速扩张，人口年均增长速度分别为 20.64% 和 18.43%。

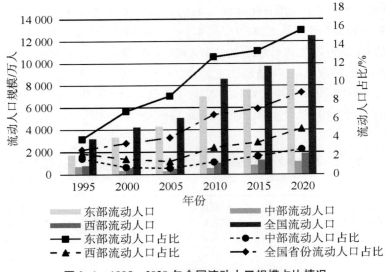

图 3-1　1995—2020 年全国流动人口规模占比情况

第二节　全国省际流动人口时序特征

一、省际流入人口时序分布

从全国省际流入人口规模来看（见表 3-3），1995 年 30 个省（自治区、直辖市，除去香港、澳门、台湾地区，重庆当时未直辖，故未统计）的流入人口规模差距明显，流入人口超过 100 万人的省（自治区、直辖市）有 13 个，分别为广东、江苏、四川、山东、上海、辽宁、北京、河北、黑龙江、浙江、湖南、湖北。其中流入人口量最大的 3 个省（自治区、直辖市）为广东、江苏和四川，流入人口规模分别为 393.24 万人、292.05 万人和 226.95 万人。2000 年 31 个省（自治区、直辖市）中流入人口规模最大的前 10 个省（自治区、直辖市）为广东、浙江、上海、江苏、北京、福建、新疆、云南、辽宁、山东，其中广东的流入人口规模突破 1 000 万人，达到 1 506.48 万人，流入人口规模差距逐渐拉大。2005 年 31 个省（自治区、直辖市）中流入人口最大的前 10 个省（自治区、直辖市）分别为广东、浙江、上海、江苏、北京、福建、山东、天津、辽宁、新疆，其中流入人口规模最大的 3 个省（自治区、直辖市）为广东、浙江、上海，流入人口分别为 1 648.81 万人、625.87 万人、467.92 万人，流入人口规模差距继续拉大。2010 年 31 个省（自治区、直辖市）中流入人口突破 500 万人的省（自治区、直辖市）有 5 个，分别为广东的 2 149.78 万人、浙江的 1 182.40 万人、上海的 897.70 万人、江苏的 737.93 万人、北京的 704.45 万人，其中广东流入人口规模首次突破 2 000 万人。在 2015 年 31 个省（自治区、直辖市）中，2 个省流入人口规模达到 1 000 万人以上，分别为广东的 2 410.35 万人、浙江的 1 173.25 万人。2020 年 31 个省（自治区、直辖市）中，4 个省（直辖市）流入人口规模达到 1 000 万人以上，分别为广东的 2 962.21 万人、浙江的 1 618.65 万人、上海的 1 047.96 万人、江苏的 1 030.86 万人。从流动人口的时序分布来看，1995—2020 年，全国流入人口逐渐向沿海经济发达地区集聚。

表 3-3　1995—2020 年部分年份全国省际流入人口规模时序分布情况

单位：万人

省（自治区、直辖市）	1995 年流入人口	2000 年流入人口	2005 年流入人口	2010 年流入人口	2015 年流入人口	2020 年流入人口
北京	128.86	246.32	342.77	704.45	768.55	841.84
天津	47.09	73.50	119.10	299.15	376.26	353.49
河北	128.71	93.05	87.74	140.47	168.84	315.53
山西	45.80	66.74	41.48	93.17	72.70	162.05
内蒙古	89.61	54.79	70.90	144.42	125.74	168.64
辽宁	153.86	104.52	111.73	178.65	161.54	284.73
吉林	74.08	30.86	30.40	45.65	51.55	100.15
黑龙江	123.88	38.66	39.82	50.64	55.15	82.92
上海	162.34	313.49	467.92	897.70	953.68	1 047.96
江苏	292.05	253.69	427.27	737.93	870.08	1 030.86
浙江	117.05	368.89	625.87	1 182.40	1 173.25	1 618.65
安徽	68.89	23.01	34.75	71.75	130.09	155.05
福建	95.72	214.53	285.90	431.36	438.03	488.99
江西	58.32	25.31	25.24	59.99	99.92	127.90
山东	186.54	103.32	128.00	211.56	221.69	412.90
河南	98.93	47.62	27.99	59.21	118.60	127.37
湖北	102.86	60.97	45.86	101.36	191.43	224.96
湖南	116.58	34.88	32.13	72.50	121.48	157.02
广东	393.24	1 506.48	1 648.81	2 149.78	2 410.35	2 962.21

表3-3（续）

省 （自治区、 直辖市）	1995 年 流入人口	2000 年 流入人口	2005 年 流入人口	2010 年 流入人口	2015 年 流入人口	2020 年 流入人口
广西	88.87	42.82	37.02	84.18	108.12	135.94
海南	22.28	38.18	29.49	58.85	62.66	108.81
重庆	0.00	40.32	35.35	94.52	130.31	219.36
四川	226.95	53.62	50.40	112.86	191.65	259.01
贵州	54.13	40.85	38.41	76.33	107.52	114.65
云南	80.24	116.44	81.32	123.65	154.47	223.04
西藏	5.37	10.87	4.27	16.54	15.88	41.45
陕西	66.63	42.60	37.91	97.44	143.57	193.37
甘肃	52.49	22.79	16.28	43.28	53.97	76.56
青海	18.70	12.43	12.43	31.84	34.17	41.73
宁夏	11.33	19.19	11.69	36.85	33.49	67.51
新疆	81.24	141.11	103.60	179.16	177.95	339.07

　　1995—2020 年，东部省（直辖市）流入人口规模基本上呈持续扩大趋势（见图 3-2），1995—2000 年，广东省流入人口规模扩大了近 3 倍，从 1995 年的 393.24 万人扩大至 2000 年的 1 506.48 万人，远远超过其他东部地区的扩张速度。2005—2010 年，上海、浙江、北京的流入人口增长速度基本一致，年均增长速度分别为 18.37%、17.78%、21.10%。2010—2020 年，除了广东和浙江流入人口规模持续扩大外，其他地区的流入人口规模逐渐趋于收敛状态。1995—2020 年，东部流入人口规模变化最大的 5 个省（直辖市）为广东、浙江、上海、北京、江苏，流入人口分别增加了 2 568.97 万人、1 501.60 万人、885.62 万人、712.98 万人、738.81 万人。

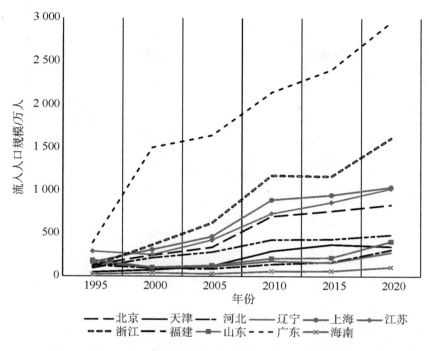

图 3-2　1995—2020 年东部省（直辖市）流入人口规模时序分布

　　1995—2005 年，中部省流入人口均为负增长情况，除山西外其他省均呈持续下降趋势（见图 3-3），吉林、黑龙江、安徽、江西、河南、湖北、湖南年均增长速度分别为 - 5.90%、- 6.79%、- 4.96%、- 5.67%、- 7.17%、- 5.54%、- 7.24%，其中河南的下降趋势最为明显。2005—2020 年，安徽、江西、河南、湖北、湖南 5 个省流动人口年均增速均超过 20%，分别为 23.08%、27.11%、23.67%、26.03%、25.91%。1995—2010 年，中部地区流入人口规模扩大的省为山西、安徽、江西 3 个，流入人口规模减小的省为吉林、黑龙江、河南、湖北、湖南 5 个，其中山西人口增加最多，增加了 47.37 万人，黑龙江人口下降最多，下降了 73.24 万人。2010—2020 年，除山西外其他中部省流入人口规模呈持续扩大趋势，扩大规模由大到小分别为湖北的 123.60 万人、湖南的 84.52 万人、安徽的 83.30 万人、河南的 68.15 万人、江西的 67.91 万人、吉林的 54.40 万人、黑龙江的 32.27 万人。

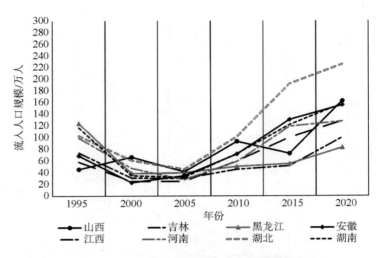

图 3-3　1995—2020 年中部省流入人口规模时序分布

1995—2005 年，除四川流入人口规模从 226.95 万人急剧减小至 50.40 万人外（见图 3-4），西部其他省（自治区）流入人口规模变动基本不大，人口年均增长速度为正的仅云南、宁夏、新疆 3 个省（自治区）（重庆当时未直辖，1995 年 1% 人口抽样调查中无重庆数据），分别为 0.13%、0.32%、2.75%。2005—2015 年，西部各省（自治区、直辖市）流入人口呈上升趋势，年均增长速度均为正数，但内蒙古、西藏、宁夏、新疆 4 个自治区流入人口为先增加后减少（增加大于减少）的趋势，广西、重庆、四川、贵州、云南、陕西、甘肃、青海 8 个省（自治区、直辖市）流入人口规模呈持续扩大的趋势。其中，人口年均增长速度最快的 5 个省（自治区、直辖市）为四川、陕西、西藏、重庆、甘肃，分别为 28.02%、27.87%、27.16%、26.86%、23.14%。2015—2020 年，西部各省（自治区、直辖市）流入人口规模继续呈扩大趋势。2000—2020 年，西部各省（自治区、直辖市）流入人口规模变化由大到小排序为四川、新疆、重庆、陕西、内蒙古、云南、广西、贵州、甘肃、宁夏、西藏、青海，人口分别增加了 205.38 万人、197.96 万人、179.04 万人、150.76 万人、113.85 万人、106.60 万人、93.12 万人、73.80 万人、53.78 万人、48.32 万人、30.58 万人、29.30 万人。

迁徙的力量：人口流动对中国经济社会的多维影响效应研究

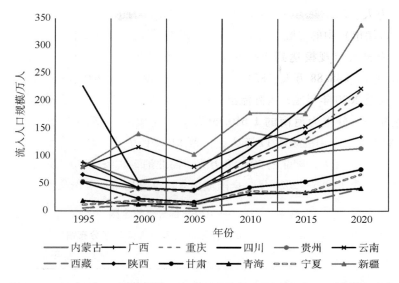

图 3-4　1995—2020 年西部省（自治区、直辖市）流入人口规模时序分布

二、省际流出人口时序分布

从全国各省（自治区、直辖市）省际流出人口规模来看（见表 3-4），1995 年 30 个省（自治区、直辖市，除去香港、澳门、台湾地区以及重庆）的流入人口规模差距明显，流出人口超过 100 万人的省（自治区、直辖市）有 14 个，分别为四川、江苏、广东、山东、湖南、黑龙江、河南、辽宁、广西、安徽、浙江、河北、湖北、上海，其中流出人口规模最大的 3 个省（自治区、直辖市）为四川、江苏和广东，流出人口规模分别为 329.76 万人、242.18 万人和 227.27 万人。2000 年 31 个省（自治区、直辖市）中流出人口规模最大的前 10 个省（自治区、直辖市）为四川、安徽、湖南、江西、河南、湖北、广西、江苏、贵州、浙江，其中四川的流出人口规模突破 500 万人，达到 693.78 万人，流出人口规模差距逐渐拉大。2005 年 31 个省（自治区、直辖市）中流出人口规模最大的前 10 个省（自治区、直辖市）分别为四川、安徽、湖南、河南、江西、湖北、广西、重庆、贵州、江苏，其中流出人口规模最大的 3 个省为四川、安徽、湖南，流出人口分别为 590.47 万人、580.47 万人、470.50 万人。2010 年 31 个省（自治区、直辖市）中流出人口规模最大的前 10 个省（自治区、直辖市）为安徽、四川、河南、湖南、湖北、江西、广西、贵州、重庆、河北，其中流出人口规模超过 500 万人的有安徽、四川、河南、湖南、湖北、江西 6 个省，流出人口分别为 962.26 万人、890.51 万人、

862.62 万人、722.89 万人、588.98 万人、578.72 万人。2015 年 31 个省（自治区、直辖市）中的安徽、河南、四川、湖南、江西、湖北、广西 7 个省（自治区）流出人口规模达到 500 万人以上，流出人口分别为 1 015.21 万人、944.26 万人、848.88 万人、824.41 万人、618.66 万人、616.84 万人、519.39 万人。截至 2020 年年底，省际流出人口规模达到 500 万人以上的省（自治区）增加至 9 个，分别为河南的 1 610.09 万人、安徽的 1 152.05 万人、四川的 1 035.82万人、湖南的 804.11 万人、广西 810.91 万人、贵州的 845.47 万人、江西的 633.97 万人、湖北的 598.58 万人、河北的 548.03 万人。从流出人口的时序分布来看，1995—2020 年，全国流出人口逐渐向中部省份集聚。

表 3-4　1995—2020 年部分年份全国
各省（自治区、直辖市）省际流出人口规模时序分布情况

单位：万人

省（自治区、直辖市）	1995 年流出人口	2000 年流出人口	2005 年流出人口	2010 年流出人口	2015 年流出人口	2020 年流出人口
北京	73.24	9.17	15.05	27.44	56.83	47.03
天津	31.59	8.25	10.56	27.31	39.26	79.86
河北	120.44	121.90	141.53	349.83	421.81	548.03
山西	44.19	30.51	39.20	108.33	166.32	198.54
内蒙古	87.04	50.46	67.29	106.76	111.51	177.77
辽宁	130.95	36.19	49.32	101.40	127.41	187.43
吉林	88.02	60.87	82.75	137.29	145.75	241.40
黑龙江	161.33	117.40	159.85	255.36	278.38	393.24
上海	104.27	14.27	14.15	25.03	62.03	38.37
江苏	242.18	171.56	180.20	305.89	359.45	435.21
浙江	121.79	148.25	124.20	185.39	245.46	236.22
安徽	125.53	432.58	580.47	962.26	1 015.21	1 152.05
福建	83.76	81.06	98.05	166.73	198.66	261.40
江西	95.58	368.03	374.47	578.74	618.66	633.97
山东	172.66	110.46	143.74	309.57	365.26	425.92
河南	143.91	307.00	455.66	862.62	944.26	1 610.09
湖北	113.54	280.52	358.89	588.98	616.84	598.58
湖南	163.60	430.69	470.50	722.89	824.41	804.11

表3-4(续)

省 (自治区、 直辖市)	1995 年 流出人口	2000 年 流出人口	2005 年 流出人口	2010 年 流出人口	2015 年 流出人口	2020 年 流出人口
广东	227.27	43.04	42.49	88.06	192.73	168.72
广西	130.62	244.18	286.01	418.46	519.39	810.91
海南	22.11	11.94	16.91	27.58	37.78	42.28
重庆	—	100.58	234.99	350.69	344.05	417.65
四川	329.76	693.78	590.47	890.51	848.88	1 035.82
贵州	78.18	159.65	233.60	404.86	454.50	845.47
云南	83.73	34.35	65.59	148.24	211.28	296.18
西藏	2.26	1.98	1.98	5.52	7.04	13.76
陕西	77.03	80.45	108.47	196.06	221.41	298.80
甘肃	63.35	58.59	67.44	159.33	186.73	344.83
青海	20.48	9.50	12.48	24.21	23.88	43.09
宁夏	12.72	9.02	9.89	22.58	29.00	36.64
新疆	41.49	15.63	15.68	29.73	48.52	60.34

1995—2005 年,除去浙江、福建和河北 3 个省,东部其他省(直辖市)流出人口规模基本上呈减小趋势(见图 3-5),北京、天津、辽宁、上海、江苏、山东、广东、海南 8 个省(直辖市)流出人口年均增速分别为-7.95%、-6.66%、-6.23%、-8.64%、-2.56%、-1.68%、-8.13%、-2.35%。2005—2015 年,东部各省(直辖市)流出人口规模均呈扩大趋势,人口年均增加速度最快的 5 个省(直辖市)为广东、上海、北京、天津、河北,分别为 35.35%、33.82%、27.75%、27.16%、19.80%。2015—2020 年,东部省(直辖市)流出人口规模扩大的省(直辖市)为河北、辽宁、江苏、福建、天津 5 个,人口分别增加了 126.22 万人、60.02 万人、75.76 万人、62.74 万人、40.6 万人;省际流出人口规模减小的省(直辖市)为广东、上海、北京、浙江、湖北、湖南 6 个,人口分别减少了 24.01 万人、23.66 万人、9.8 万人、9.24 万人、18.26 万人、20.3 万人。1995—2020 年,东部流出人口规模扩大最多的 3 个省(直辖市)为河北、山东、江苏,人口分别增加了 301.37 万人、192.6 万人、117.27 万人;减小最多的 3 个省(直辖市)为上海、北京、广东,人口分别减少了 26.21、58.55 万人、65.9 万人。

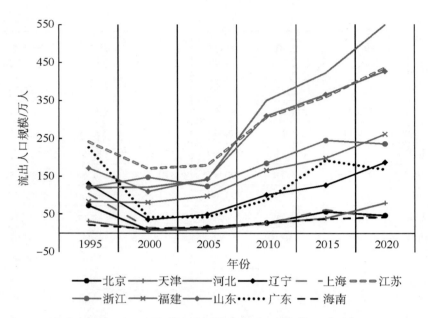

图 3-5　1995—2020 年东部省（直辖市）流出人口规模时序分布

　　1995—2005 年，除去山西、吉林和黑龙江 3 个省，其他中部省流出人口规模基本上呈扩大趋势（见图 3-6），安徽、江西、河南、湖北、湖南 5 个省流出人口年均增速分别为 36.34%、29.18%%、21.66%、21.61%、18.76%。2005—2015 年，中部各个省流出人口规模均呈扩大趋势，人口年均增加速度最快的 5 个省为山西、河南、吉林、湖南、安徽，分别为 32.43%、10.72%、7.61%、7.52%、7.48%。2015—2020 年，中部省流出人口增加速度分别为吉林的 21.69%、河南的 14.67%、黑龙江的 14.05%、山西的 4.47%、安徽的 2.48%、江西的 0.63%、湖北的 0.36%、湖南的 0.28%。1995—2020 年，中部省流出人口规模变化超过 500 万人的有河南、安徽、湖南、江西、湖北，人口分别增加了 1 493.20 万人、1 015.80 万人、672.46 万人、542.46 万人、514.41 万人。

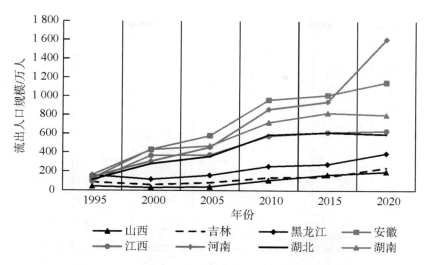

图 3-6　1995—2020 年中部省流出人口规模时序分布

1995—2005 年，西部省（自治区、直辖市）中广西、重庆、四川、贵州、陕西、甘肃 6 个省（自治区）流出人口规模呈扩大趋势（见图 3-7），人口年均增加速度分别为 11.90%、26.73%、7.91%、19.88%、4.08%、0.65%。2005—2015 年，西部各个省（自治区、直辖市）流出人口规模均呈扩大趋势，人口年均增加速度最快的 5 个省（自治区）为西藏、云南、新疆、宁夏、甘肃，分别为 25.60%、22.21%、20.94%、19.34%、17.69%。2000—2015 年，西部地区流出人口规模变化最大的 5 个省（自治区、直辖市）为贵州、广西、重庆、云南、四川，流出人口分别增加了 294.86 万人、275.20 万人、243.47 万人、176.93 万人、155.10 万人。2015—2020 年，除新疆流出人口规模减小 10.47 万人外，西部其他地区流出人口规模均扩大，其中扩大最多的 5 个省（自治区、直辖市）分别为贵州的 337.94 万人、广西的 302.87 万人、甘肃的 173.15 万人、四川的 167.63 万人、内蒙古的 97.22 万人。1995—2020 年，西部省（自治区、直辖市）流出人口规模扩大达到 500 万人以上的省为贵州、广西、四川，人口分别增加了 714.26 万人、691.64 万人、686.76 万人。

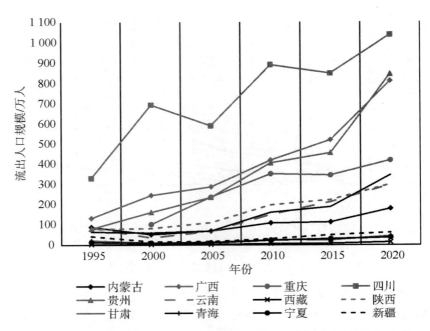

图 3-7　1995—2020 年西部省（自治区、直辖市）流出人口规模时序分布

三、省际净流动人口时序分布

从全国各省（自治区、直辖市）省际净流动人口规模时序分布来看（见表 3-5），1995 年全国有广东、上海、北京、江苏、新疆、辽宁、天津、山东、福建、河北、西藏、内蒙古、山西、海南 14 个省（自治区、直辖市）净流动人口规模大于 0，其中广东、上海、北京、江苏、新疆排名前五，净流动人口规模分别为 165.97 万人、58.07 万人、55.62 万人、49.87 万人、39.75 万人。2000 年全国省际净流动人口规模排名前五的省（自治区、直辖市）为广东、上海、北京、浙江、福建，分别为 1 463.44 万人、299.23 万人、237.15 万人、220.64 万人、133.47 万人。2005 年全国省际净流动人口规模排名前五的省（自治区、直辖市）为广东、浙江、上海、北京、江苏，分别为 1 606.32 万人、501.67 万人、453.77 万人、327.72 万人、247.08 万人。2010 年全国省际净流动人口规模排名前五的省（自治区、直辖市）为广东、浙江、上海、北京、江苏，分别为 2 061.72 万人、997.00 万人、872.67 万人、677.02 万人、432.04 万人。2015 年全国省际净流动人口规模排名前五的省（自治区、直辖市）为广东、浙江、上海、北京、江苏，分别为 2 217.63 万人、927.79 万人、

891.65 万人、711.72 万人、510.63 万人。2020 年全国有广东、浙江、上海、北京、江苏、新疆、天津、福建、海南、辽宁、山东、宁夏、西藏、青海 14 个省（自治区、直辖市）省际净流动人口规模大于 0，其中排名前五的省（自治区、直辖市）为广东、浙江、上海、北京、江苏，分别为 2 793.49 万人、1 382.42 万人、1 009.60 万人、794.81 万、595.65 万人。人口流动并不是随机的，而是呈规律性变化，沿海地区省际净流入人口规模不断扩大，内陆地区省际净流出人口规模不断扩大，意味着内陆地区不断扩大的流出人口规模成为沿海地区日益增长的流入人口规模。全国流动人口"两极分化"趋势日益明显，2020 年净流入人口规模最大的广东净流入人口为 2 935.84 万人，净流出人口规模最大的河南净流出人口为 1 509.75 万人。

表 3-5　1995—2020 年部分年份全国
各省（自治区、直辖市）省际净流动人口规模时序分布情况

单位：万人

省（自治区、直辖市）	1995 年净流动人口	2000 年净流动人口	2005 年净流动人口	2010 年净流动人口	2015 年净流动人口	2020 年净流动人口
北京	55.62	237.15	327.72	677.02	711.72	794.81
天津	15.50	65.25	108.53	271.84	337.00	273.63
河北	8.27	−28.85	−53.79	−209.36	−252.97	−232.50
山西	1.61	36.22	2.28	−15.16	−93.61	−36.49
内蒙古	2.57	4.34	3.61	37.66	14.23	−9.13
辽宁	22.90	68.32	62.40	77.25	34.13	97.30
吉林	−13.94	−30.01	−52.35	−91.64	−94.20	−141.25
黑龙江	−37.44	−78.74	−120.02	−204.73	−223.23	−310.32
上海	58.07	299.23	453.77	872.67	891.65	1 009.60
江苏	49.87	82.13	247.08	432.04	510.63	595.65
浙江	−4.74	220.64	501.67	997.00	927.79	1 382.42
安徽	−56.63	−409.57	−545.73	−890.51	−885.12	−997.00
福建	11.96	133.47	187.85	264.63	239.36	227.59
江西	−37.26	−342.73	−349.23	−518.75	−518.75	−506.07
山东	13.88	−7.14	−15.74	−98.01	−143.57	−13.02
河南	−44.98	−259.37	−427.67	−803.41	−825.66	−1 482.72
湖北	−10.68	−219.55	−313.02	−487.62	−425.41	−373.62

表3-5(续)

省 (自治区、直辖市)	1995 年净流动人口	2000 年净流动人口	2005 年净流动人口	2010 年净流动人口	2015 年净流动人口	2020 年净流动人口
湖南	-47.02	-395.80	-438.37	-650.39	-702.92	-647.10
广东	165.97	1 463.44	1 606.32	2 061.72	2 217.63	2 793.49
广西	-41.75	-201.37	-248.99	-334.28	-411.27	-674.97
海南	0.17	26.24	12.58	31.27	24.88	66.54
重庆	—	-60.26	-199.64	-256.17	-213.74	-198.29
四川	-102.81	-640.15	-540.06	-777.66	-657.24	-776.81
贵州	-24.06	-118.79	-195.18	-328.53	-346.98	-730.82
云南	-3.49	82.09	15.73	-24.59	-56.81	-73.14
西藏	3.11	8.88	2.30	11.02	8.85	27.69
陕西	-10.39	-37.84	-70.56	-98.62	-77.84	-105.43
甘肃	-10.86	-35.80	-51.16	-116.04	-132.76	-268.27
青海	-1.78	2.93	-0.05	7.63	10.29	-1.36
宁夏	-1.39	10.17	1.80	14.27	4.49	30.87
新疆	39.75	125.48	87.92	149.44	129.44	278.73

从东部省（直辖市）净流动人口规模来看（见图 3-8），1995 年 11 个省（直辖市）净流动人口规模差异不大，除广东外其他地区净流动人口规模绝对值均低于 60 万人。然而随着时间的不断推移，东部地区省际净流动人口规模不断扩大，各地区之间的净流动人口差异也在不断扩大。从图 3-8 可以看出，沿着时间轴（X 轴）方向，东部地区省际流动人口规模的离散程度不断增强，取值范围由 1995 年的 [-5，170] 逐渐扩大到 2010 年的 [-210，2 100]，再扩大到 2020 年的 [-300，3 000]。2010—2020 年净流动人口规模最大的广东净流动人口规模维持在 2 000 万人以上；北京、上海、浙江 3 个经济发达省（直辖市）净流动人口均在 500 万以上。截至 2020 年年底，东部地区省际净流动人口达到 1 000 万以上的省（直辖市）有 3 个，分别为广东的 2 793.49 万人、浙江的 1 387.42 万人、上海的 1 009.60 万人。另外，2000—2020 年，河北省际净流动人口规模持续为负值，其绝对值持续变大，说明河北流出人口大于流入人口，差值呈增加趋势。

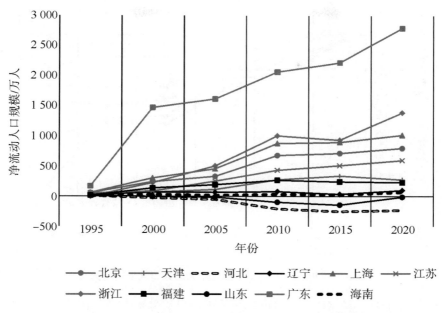

图 3-8　1995—2020 年东部省（直辖市）净流动人口规模时序分布

从中部省的省际净流动人口规模来看（见图 3-9），1995 年 8 个省净流动人口规模差异不大，其净流动人口规模绝对值均低于 60 万人。然而随着时间的不断推移，中部省的省际流出人口规模不断扩大，各省之间的净流动人口差异也在不断扩大。从图 3-9 可以看出，沿着时间轴（X 轴）方向，中部省的省际流动人口规模的离散程度不断增强，取值范围由 1995 年的［-60，2］逐渐扩大到 2010 年的［-900，-10］，再扩大到 2020 年的［-1 550，-40］，可以看出中部省流出人口规模扩大的时间点对应着东部省（直辖市）流入人口规模的时间点。2010—2020 年净流动人口规模绝对值均大于 500 万人的省有河南、安徽、江西、湖南 4 个省，截至 2020 年净流出人口规模分别为 1 509.75 万人、986.28 万人、679.04 万人、510.13 万人。2015—2020 年，河南省际净流出人口有 825.66 万人增加至 1 509.75 万人，5 年间增加了近 1 倍。另外，仅有山西在 1995—2005 年净流入人口大于 0，其余省在 1995—2015 年，流出人口均大于流入人口。

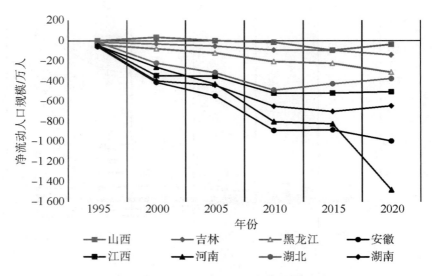

图 3-9　1995—2020 年中部省净流动人口规模时序分布

从西部省（自治区、直辖市）净流动人口规模来看（见图 3-10），1995
年除四川外其他 11 个省（自治区）净流动人口规模差异不大，其净流动人口
规模绝对值均低于 45 万人。然而随着时间的不断推移，西部地区省际流出人
口规模和流入人口不断扩大，各省（自治区、直辖市）之间的净流动人口差
异也在不断扩大。从图 3-10 中可以看出，沿着时间轴（X 轴）方向，西部地
区省际流动人口规模的离散程度不断增强，取值范围由 1995 年的 [-100，
40] 逐渐扩大到 2010 年的 [-780，150]，再扩大到 2020 年的 [-760，310]。
2010—2020 年净流动人口规模绝对值最大的安徽净流出人口规模维持在 650 万
人左右，净流动人口规模数值最大的新疆净流入人口规模维持在 140 万人左
右；西藏、青海、宁夏 3 个省（自治区）流入人口大于流出人口。到 2020 年，
西部地区省际净流出人口最多的 3 个省（自治区、直辖市）为四川（757.51
万人）、广西（686.32 万人）、贵州（677.79 万人）；净流入人口最多的 3 个
省（自治区、直辖市）为新疆（301.02 万人）、宁夏（35.77 万人）、西藏
（32.11 万人）。1995—2020 年，仅有新疆和西藏 2 个自治区均保持省际流入人
口大于流出人口；广西、四川、重庆、贵州、陕西、甘肃 6 个省（自治区、直
辖市）均保持省际流出人口大于流入人口；另外内蒙古、云南、青海、宁夏 4
个省（自治区）不同年份间净流动人口存在正负跳动的现象。

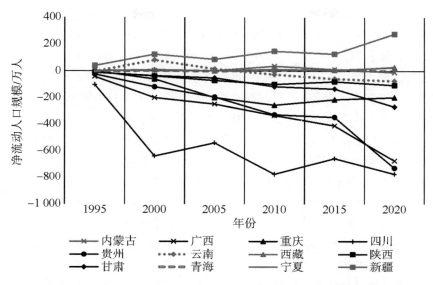

图3-10 1995—2020年西部省（自治区、直辖市）净流动人口规模时序分布

第三节　全国省际流动人口时空演变

一、省际流入人口规模时空演变

如表3-3所示，1995年，全国各省（自治区、直辖市）的省际流入人口规模和差异较小，全国范围内没有流入人口超过500万人的省（自治区、直辖市），除广东省流入人口规模超过300万人外，其余30个省（自治区、直辖市）均低于300万人，另外江苏、四川、山东、上海、辽宁、北京、北京、河北、黑龙江、浙江、湖南、湖北共11个省（直辖市）流入人口规模为100万~300万人，剩下18个省（自治区、直辖市）均在100万人以下（当时重庆未直辖）。2000年，全国各省市省际流入人口规模出现"两极化"分布雏形，除新疆和云南流入人口超过100万人外，其他中、西部省（自治区、直辖市）流入人口规模均低于100万人，中部省流入人口规模最大的是山西的66.74万人，上海和浙江流入人口规模首次超过300万人，广东流入人口规模达到500万人以上。2005年，全国各地流入人口向长三角地区和广东集聚，广东省际流入人口规模突破1000万人，浙江流入人口规模突破500万人，而所有中部省的流入人口规模均低于50万人。2010年，全国各地省际流入人口规模差距越来越大，东部沿海省（直辖市）广东、浙江、江苏、上海、北京流入人口规模均超过 500 万人，尤其广东和浙江 2 个省流入人口规模均达到了 1 000 万人以上，分别为 2 149.78 万人和 1 182.40 万人，而中部省流入人口规模呈扩大趋势，湖北流入人口规模突破 100 万人。2015 年，中部省流入人口规模持续扩大，安徽和河南流入人口规模首次突破 100 万人，其中湖南自 1995 年流入人口下降 100 万人后再次超过 100 万人，东部的广东、浙江、上海、北京、江苏流入人口稳定在 500 万人以上。2020 年，全国省际流入人口规模向东部沿海省（直辖市）集聚并且呈现出"溢出效应"，邻近东部省份的中部省份的省际流入人口规模持续增加，中部省份流入人口规模均超过了 100 万人。总体而言，随时间推移，全国各省（自治区、直辖市）流入人口规模差距逐渐拉大，东部沿海省（直辖市）流入人口增长迅速，中部和西部省（自治区、直辖市）增长缓慢，形成了东、中、西逐级递减的局面。1995—2005 年，全国流入人口向东部沿海省（直辖市）集聚，短时间内流入人口大增；2005—2022 年，在流入人口向东部省（直辖市）集聚的同时，也出现了流入人口在东部沿海省（直辖市）扩散效应，中部省份流入人口受其影响持续增加。

二、省际流出人口规模时空演变

如表 3-4 所示，1995 年，同省际流入人口规模一样，30 个省（自治区、直辖市）流出人口规模差异均较小，除四川省外流出规模超过 300 万人以上，其余省份流出人口规模均低于 300 万人，另外流出人口规模超过 200 万人的有广东和江苏 2 个省。2000 年，四川省际流出人口规模超过 500 万人，中部省河南、安徽、湖南、江西流出人口规模超过 300 万人，东部经济发达省（直辖市）北京、上海、广东、天津流出人口规模均低于 50 万人。2005 年，安徽省际流出人口突破 500 万人，成为中部省流出人口规模最大的省，中部省流出人口呈稳定增长的趋势。2010 年，省际流出人口规模超过 500 万人的省分别为四川、河南、安徽、湖南、湖北、江西。2015 年，流出人口规模超过 500 万人的有安徽、河南、四川、湖南、湖北、江西、广西 7 个省，其中安徽省际流出人口规模突破 1 000 万人。2020 年，省际流出人口规模突破 1 000 万人的有河南、安徽、四川 3 个省，较 2015 年相比，流出人口规模超过 500 万人的省增加了 2 个，分别为贵州、河北。随着时间推移，北京、上海、广东、天津、海南、新疆、西藏、青海、宁夏 9 个省（自治区、直辖市）流出人口规模扩大幅度较小，其中海南、新疆、西藏、青海、宁夏 5 个省（自治区），1995—2020 年流出人口规模均低于 100 万人。其他省市流动人口规模扩大幅度较大，四川、安徽、河南、湖南、湖北、江西、广西、贵州、河北 9 个省（自治区）流出人口规模扩大迅速，1995—2020 年的不同或相同时间点流出人口规模均超过了 500 万人，成为主要的人口流出地。总体而言，全国范围内形成人口两大输出区域，一是西部的四川、重庆、贵州和广西地区，二是中部的河南、安徽、江西、湖南、湖北地区。

三、省际净流动人口规模时空演变

如表 3-5 所示，1995 年，省际净流动人口规模差距较小，其中北京、上海、广东净流入人口规模超过 50 万人，其余省均小于 50 万人；中部和西部大多数省（自治区、直辖市）净流动人口规模小于 0，说明流入人口小于流出人口。2000 年，四川净流动人口规模值最小，是唯一小于净流动人口-500 万人的省，河南、安徽、湖南、湖北、广西 6 个省（自治区）流入人口与流出人口差值均在［-500，-200］内，广东净流动人口突破 500 万人。2005 年，安徽净流出人口规模达到了 500 万人以上，广东和浙江 2 个省净流入人口规模达到了 500 万人以上。2010 年，净流出人口规模突破 500 万人的省有四川、河南、安徽、湖南、江西 5 个，北京和上海 2 个直辖市净流入人口规模达到500 万人以上。2015 年，四川、河南、安徽、江西、湖南 5 个省净流出人口规模均稳定达到 500 万人以上，江苏省净流入人口规模首次突破 500 万人。2020年，净流出人口规模超过 500 万人的省（自治区、直辖市）增加至 7 个，分别为河南、安徽、四川、湖南、江西、贵州、广西。1995—2020 年，全国省际净流动人口规模的差异逐渐扩大，其中净流动人口规模变化小的地区为内蒙古、西藏、青海 3 个，净流动人口变动范围一直在［-50，50］内；净流动人口变化最大的为北京、上海、广东、浙江、江苏、四川、河南、安徽、湖南、湖北、江西 11 个省（直辖市），其中前 5 个省（直辖市）为净流入人口增长幅度大，后 6 个省为净流出人口增长幅度大。总体而言，中部及其邻近的西部地区逐渐成为人口净流出地，人口不断向沿海经济发达地区流动，沿海经济发达地区也逐渐成为人口净流入地。

第四节　省际流动人口空间流向分析

一、流动人口空间流向分析

为反映全国各省（自治区、直辖市）间的人口流向问题，本书绘制了省（自治区、直辖市）域间的人口空间流向分布图。如图 3-11 所示，四川、河南、安徽、江苏、江西、湖南、广西 6 个省（自治区）是主要的大规模人口流出地，其中四川和河南的人口主要向广东和新疆 2 个省（自治区）大规模流动，安徽主要向江苏和上海 2 个省（直辖市）大规模流动，江苏主要向上海大规模流动，江西、湖南、广西 3 个省（自治区）主要向广东大规模流动。1995 年，沿海地区（尤其是广东、上海、江苏）以及内陆地区（新疆）是主要人口流入地。2000 年，流动人口规模扩大，广东成为主要的大规模人口流入地，如四川、广西、湖南、江西 4 个省（自治区）的人口大规模流向广东。2005 年，广东、北京、上海、江苏、浙江、福建 6 个省（直辖市）作为主要的大规模人口流入地，广东的流入人口主要来源于四川、广西、湖南、湖北、河南、江西 6 个省（自治区），北京市的流入人口主要来源于四川、安徽、河南、山东、福建 4 个省，上海流入人口主要来自浙江、河南、安徽、四川、江西 4 个省，江苏流入人口主要来自安徽、河南、四川 3 个省，浙江流入人口主要来自安徽、江西、河南、湖南、重庆、湖北、贵州、四川 8 个省（直辖市），福建流入人口主要来自贵州、安徽、四川、江西、重庆、湖北 6 个省（直辖市）。2010 年，四川、广西、湖南、湖北、安徽、河南、江西 7 个省（自治区）为人口主要流出地，四川的流动人口主要向广东和浙江流动，安徽的流动人口主要向上海、江苏、浙江 3 个省（直辖市）流动，江西的流动人口规模主要向浙江和广东流动，广西、湖南、湖北主要向广东流动。2015—2020 年，全国省际流动人口规模继续向东南沿海地区集聚。

综合上述分析，历年来四川、安徽、河南、湖南、湖北、江西、广西 7 个省（自治区）是主要的人口大规模流出地，广东、浙江、上海、北京、江苏 5 个沿海经济发达地区是人口大规模流入地。随着时间推移，全国省际流动人口规模不断扩大，内陆地区向沿海地区和人口大规模流动强度逐渐增大，内陆地区之间和沿海地区之间的大规模人口流动强度也同时增加，但内陆地区向沿海地区的流动强度的增加速度远大于内陆之间，因此，最终形成内陆地区的大规模人口流动基本流向沿海地区的局面。

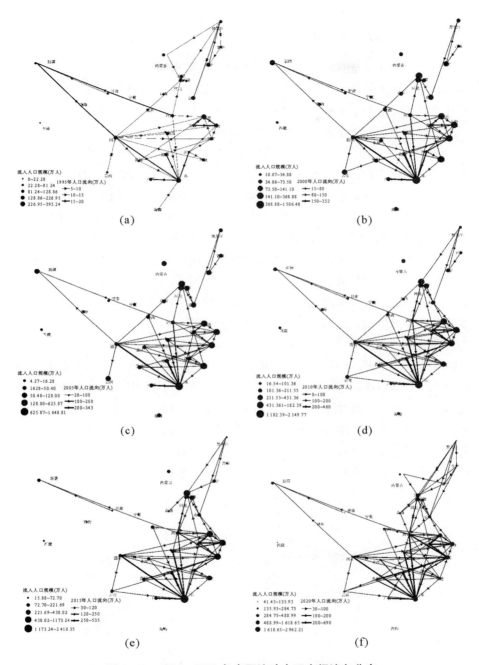

图 3-11　1995—2020 年省际流动人口空间流向分布

二、净流动人口空间流向分析

前文分析了全国各省市间主要的大规模流动人口（流入或流出）的流向分布问题，但并不能清晰反映各省市间的净流入或净流出人口规模的大小情况，因此本书绘制了 1995 年、2000 年、2005 年、2010 年、2015 年和 2020 年六年的全国省际净流动人口空间流向分布图。

1995 年［见图 3-12（a）］，四川、安徽、江西、河南、湖南、广西为主要的人口净流出地，四川的人口主要流向广东、新疆 2 个地区，安徽的人口主要流向上海、江苏 2 个地区，河南人口主要流向新疆地区，湖南、江西、广西 3 个省（自治区）人口主要流向广东地区。广东、上海、江苏地区是主要的人口净流入地，其净流入人口来自中部地区和四川地区的大规模的净流出人口。浙江属于沿海地区，虽然对内陆各地区有着净迁入的优势，但是其向上海的大规模人口净流出使其成为人口净迁出地。整体而言，沿海地区间净流动人口规模以及各内陆地区对沿海地区的净流出规模较大，但内陆地区间也存在着较大规模的人口净流动，如四川向新疆、四川向云南、四川向湖北、四川向贵州、河南向新疆的较大规模人口流出。

2000 年［见图 3-12（b）］，相较于 1995 年，内陆地区向沿海地区的净流出人口和沿海地区的净流动人口规模强度增强，同样内陆地区的大规模净流动人口有所增加，增加了贵州向云南的较大规模净流出人口。从地区类型来看，山东省由流入地转为净流出地，浙江省由净流出地转为净流入地，山西省成为中部省中唯一的净迁入地，而西部省（自治区、直辖市）中新疆、西藏、云南、青海、宁夏、内蒙古均为人口净迁入地。

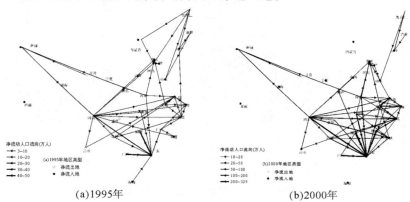

(a) 1995 年　　　　　　　　　　(b) 2000 年

图 3-12　1995 年和 2000 年省际净流动人口空间流向分布

2005 年［见图 3-13（a）］，内陆地区间的净流动人口规模强度减弱，同时新增加了陕西地区向内蒙古地区的净流出人口规模强度。内陆地区向广东、上海、北京、江苏、浙江地区净流出的人口规模强度相较 2000 年持续提升，并呈现出"越邻近沿海地区，其净流出人口规模强度越强"的态势。

2010 年［见图 3-13（b）］，内陆省份向沿海省份的流出人口规模强度进一步提升，广东、福建、浙江、上海、北京、江苏均有几股大规模或较大规模的流入人口向其流动，而内陆地区净流动人口均呈"小规模化"，重庆增加了由四川流出的小规模流入人口。另外，从地区类型来看，相对于 2005 年，云南由净流入地转为净流出地，青海又由净流出地转为净流入地，中部所有省份均为人口净流出地。

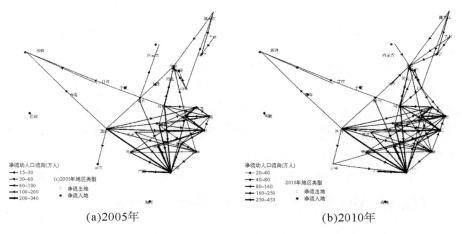

（a）2005年　　　　　　　　　　（b）2010年

图 3-13　2005 年和 2010 年省际净流动人口空间流向分布

2015 年［见图 3-14（a）］，与 2010 年相比，虽然全国各省市间净流动人口规模扩大，但整体流向和规模强度基本没有变化。

2020 年［见图 3-14（b）］，全国各省市间净流动人口规模继续扩大，同时整体流向广东、浙江、上海、江苏 4 个省（直辖市）集聚，规模强度逐渐变大，形成了"内陆地区间小规模流动，内陆地区向沿海地区大规模流动"的全国省际人口流动格局。

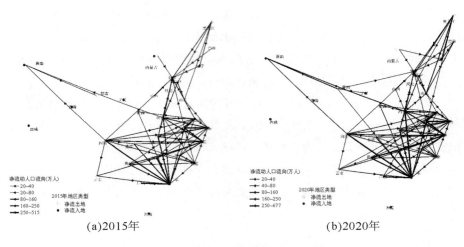

(a)2015年　　　　　　　　　　　　　　　　(b)2020年

图 3-14　2015 年和 2020 年省际净流动人口空间流向分布

综合上述分析，随着时间推移，全国逐渐形成以四川、重庆、河南、贵州、湖北、湖南、江西和安徽这七个地区为人口迁出地，以沿海地区（广东、浙江、江苏、上海、北京）为主要人口迁入地，以新疆为次要人口迁入地的格局，同时展现出内陆地区间人口小规模流动和内陆地区人口向沿海地区大规模流动的规律性。

第五节　中国流动人口的微观经济社会特征

《中国流动人口发展报告 2018》显示，全国流动人口规模从 2015 年起从此前的持续上升转为缓慢下降，中国流动人口规模正在进入调整期。2015—2017 年，流动人口规模已经逐年下降：2016 年全国流动人口规模比 2015 年减少了 171 万人，2017 年继续减少了 82 万人。2017 年中国流动人口规模达 2.44亿人，占总人口的 18%，相当于每 6 人中有 1 人是流动人口。流动群体的规模依旧庞大，群体的内部也具有较大的差异，表现为流动人口结构的多样性。下文将对流动群体的年龄、性别、婚姻、户籍、教育结构等进行分析。

一、年龄结构

年轻人是中国流动人口的主力军，20~30岁（不含30岁）的人口占迁移人口总数的31%，属于年轻型年龄结构人口。年龄在15~35的超过流动人口总数的50%，其中年龄小于18岁的流动人口占比0.8%。全国流动人口的平均年龄和年龄中位数都呈现上升趋势，其中年龄中位数由2010年的29岁上升到2017年的34岁，也就是说迁移人口中，一半在34岁以下，一半在34岁以上。就平均年龄而言，迁移人口由2010年的30.89岁上升到36.53，约提高了5岁半。整体上看，流动人口的年龄呈上升的趋势，老年流动人口数量持续增长，儿童流动人口规模近年来有所下降。若以迁移人口年龄的中位数34作为划分成年型和老年型人口的分界线，那么中国流动人口仍然处于成年型阶段，以青壮年劳动力为主。

图3-17展现了1982—2017年中国流动人口年龄结构的变动趋势。不难发现流动人口年龄整体上在上移，少年儿童的比重从急速下降到平缓下降，老年人的比重也在不断下降。1982年，15~64岁的劳动年龄人口比例占全部流动人口的57.9%，而0~14岁少年儿童的比例也高达33.6%，65岁老年人的比例为8.5%；经过35年的变化，2017年15~64岁的劳动年龄人口的比例达到了95%以上，少年儿童的比例几乎降为0，老年流动人口比例也只有1.69%。这与人们当下的认识不太一致：如今普遍认为随着流动人口家庭化的发展趋势，成年的流动人口更可能携带其家人一起迁移，即少年儿童的比例应该增加。但是，实际数据所显示的结果与人们的普遍认知正好相反，这一比例在缓慢降低。究其原因，一方面，可能是流入劳动力的增长速度快于儿童的增长速度，从而使得该比例有所下降。另一方面可能是现如今拖家带口地流入到大城市还是会面临诸多困难，短时期内还不能够实现流动人口家庭团聚的愿景，但是随着时间的推移，流动人口中老年人和少年儿童的比例增加是必然趋势。另外，中国的生育率也在逐渐降低，流动人口亦是如此。因此，未来流动人口的主体还将是青壮年人口，随着户籍制度的改革，越来越多的儿童和老人也可能会加入迁移人口的行列。

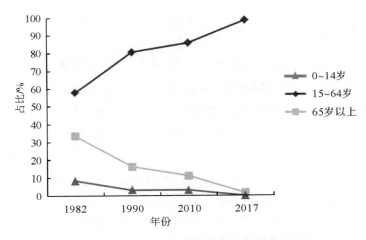

图 3-17　1982—2017 年流动人口年龄结构变动趋势

二、性别结构

《中国流动人口发展报告 2018》显示，2011—2017 年，中国流动人口中的女性比重有所上升，由 2011 年的 47.7% 升至 2017 年的 48.3%，男性比重则由 2011 年的 52.3% 降至 2017 年的 51.7%。

而从相对于男性的比例来看，女性流动人口的占比由高入低，又由低入高。1982 年，迁移人口的性别比为 84%，即每 100 名女性流动人口对应 84 名男性流动人口；然而，到了 1990 年，流动人口的性别比发生了很大的转变，该比例达到了 125%，也就是说每 100 名女性流动人口，对应的男性流动人口有 125 名，这也是性别比最高的时点。之后该比例逐渐下降，到了 2010 年该比例又开始上升至 113% 以上，2017 年该比例又降到了 107%，这种趋势与整个经济社会发展的模式和地区发展状况有关，如图 3-18 所示。

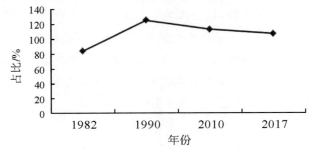

图 3-18　1982—2017 年性别比趋势变动

图 3-19 展示了 2017 年流动人口监测数据的性别、年龄结构，各数值为相应年龄阶段性别人口占总人口的比例。20~30 岁这个区间的流动人口数量超过男性，而在年龄超过 30 岁以后，女性流动人口的数量都小于男性，并且随着年龄的区间的增大，男性和女性流动人口的比例都在减小。由此可见，年龄深深影响着流动人口的性别结构：对于女性来说，年龄相对较小的女性，选择流动的可能性越大；而当女性超过一定的年龄，迁移的趋势变缓。原因可能与中国的传统观念有关，女性到了一定的年龄就会婚嫁，女性因此将生活重心主动或被动地放在家庭上。需要说明的是，尽管在 30 岁以后女性的流动比例低于男性，但两者差距并不大，这是因为随着社会的发展，越来越多的女性摆脱了传统的留守形象，与男性一样奔向外面的世界，承担起更多的家庭经济责任。

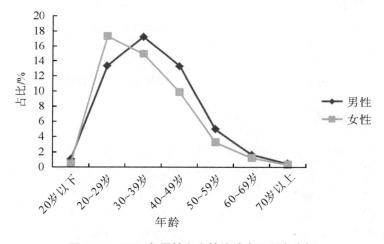

图 3-19　2017 年男性和女性流动人口所占比例

三、婚姻结构

从图 3-20 可以看到，中国流动人口群体以已婚人口为主，且 1990 年以后已婚的迁移人口比例呈现不断上升的趋势。从 1990 年的 59.7%，到 2000 年的 64.8%，2011 年该比例上升至 77.51%，再到 2017 年的 82.07%。相反，1982—2017 年，迁移人口中离婚丧偶的比例在不断下降，从 1982 年的 18.5%，到 1987 年的 5.9%，2017 年该比例降至 2.82%。研究认为离婚率较高的原因是夫妻长期分离、生活稳定性差，现如今，随着流动人口的不断家庭化，夫妻之间分离的现象也在逐渐减少，婚姻关系得到了改善，因此离婚率在下降。同时流动的目的性增强，已经不再是以往的盲目流动，而是为了提高家庭收入，因此家庭的生活稳定性也在加强。

　　1982年中国约25%的流动人口为单身；而到了1990年有了很大幅度的上升，未婚的比例高达36.1%，但在此之后持续走低，未婚比例在稳定下降，到了2017年，未婚比例低至15.95%。

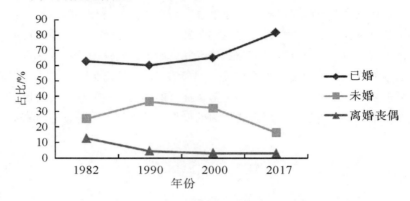

图3-20　1982—2017年流动人口婚姻状况变动趋势

四、户籍结构

　　由于中国城乡二元结构的长期存在，流动人口根据其户籍身份分为城—城流动人口与乡—城流动人口（以进城务工人员为主，也包括他们的家庭成员），而进城务工人员是其中的主体。

　　根据全国人口普查1%抽样数据计算，1990年的流动人口中有39.1%的人拥有城镇户籍，2000年该比例升至49.1%，2005年为44.8%，至此之后拥有城镇户籍的流动人口在不断下降，而持有农村户口的流动人口在不断上升。2010年，64%的流动人口来自农村。到了2017年，农村户籍的流动人口高达77.98%。由此可以看出，乡—城流动人口是迁移群体的主力军，在城市建设和经济发展中发挥着不可代替的作用，是一个需要关注的群体（见图3-21）。

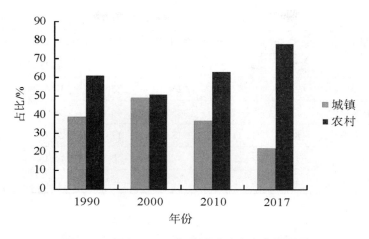

图 3-21　1990—2017 年地域流动人口户籍构成

五、教育结构

随着多年的发展，中国人口的教育资源和教育水平都得到了很大的改善，中国的平均学历水平在不断提高，其中流动人口也同样如此。具体来看表 3-6：1982 年中国流动人口的文盲比例高达 30.0%，而 2000 年以后，文盲比例只有 4.8%，到了 2017 年，流动人口的文盲比例仅占 2.7%。迁移人口中小学教育程度的比例也在大幅度地下降，由 1982 年的 39.3%，下降到 2000 年的 26.3%，到了 2017 年该比例减少至 14.3%。从 1990 年开始，初中文化水平的迁移人口成为流动人口的主体，2017 年 43.6% 的流动人口的学历水平是初中，这就是说，近乎一半的人都是在完成初中教育后外出工作，开始流动的历程。1982 年大约 8.4% 的流动人口上了高中，之后该比例开始不断上升，1990 年有 11.6%，2010 年有 20.63%，到了 2017 年，该比例达到 21.90%。另外，接受过高等教育的流动人口比例也是在不断地增加，1982 年仅 1.0% 的迁移人口接受过大专及以上的教育，2010 年为 15.0%，到了 2017 年，该比例上升到 17.4%，是 1982 年的 17 倍。总体上看，在文盲率快速下降至极低水平、小学受教育程度者逐渐降低的同时，流动人口中受过高中、大专及以上教育人口的比例大幅提升，整体受教育情况在大幅度好转，如图 3-22 所示。

表 3-6　1982—2017 年流动人口学历水平　　　　　　单位:%

学历水平	1982 年	1990 年	2000 年	2005 年	2010 年	2017 年
文盲	28.6	12.5	4.8	4.8	2.22	2.7
小学	39.3	32.5	26.3	23.3	18.37	14.3
初中	22.7	41.4	45.4	47.4	43.75	43.6
高中	8.4	11.6	18.8	17.2	20.63	21.9
大专及以上	1.0	2.0	4.8	7.2	15.04	17.4
平均学历	5.6	7.4	8.7	8.9	9.92	10.12

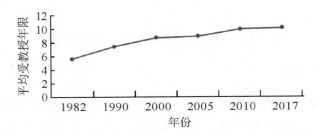

图 3-22　1982—2017 年流动人口平均受教育年限

实际上，流动人口的平均受教育程度一直超过全国平均教育水平，1987年、1990 年、2000 年，流动人口的平均受教育年限一直高出全国水平 1.1 年；2010 年，约高出全国平均水平 1.2 年。随着中国教育事业的不断发展和更高学历的人口选择迁移流动，流动人口的平均受教育年限还将不断提高。这主要是因为在流动人口中，有相当一部分人是城—城流动，他们中很多都受过高等教育；即便是乡—城流动人口，也是一个高度选择的群体，受教育水平相对较高，是农村户籍人口中的"知识分子"。

六、职业结构

流动人口职业在纵向和横向两方面都存在较大差异。首先，省内和省外流动人口的职业结构存在一定的差异，更多的省外人口从事层次较低的职业，而更多的省内人口在国家机关、事业单位任职。以 2010 年流动人口的职业结构为例，超过一半的人从事生产、运输等社会操作工作，而省内从事该工作的只有 1/3 不到；省外在国家机关或事业单位工作的人有 2.4%，而省内的有4.1%，这种差异基本上还在延续。这一职业结构上的差异，在一定程度上说明了流动人口对于流动范围的理性选择，如果他们能够在较近的距离获得较好的工作，便不会选择在较远的地区任职。

从纵向的变动趋势来看，商业、服务人员的比例在大幅度地增长，不论是省内还是省外，其比例都在60%左右，这是因为随着社会的发展，中国在调整产业结构，发展第三产业，而商业、服务业从业人员与这一产业调整息息相关。国家机关或事业单位负责人、专业技术人员、办事人员和有关人员的比例都比较稳定。从事农、林、牧、渔、水产生产人员的比例有所下降。

七、收入水平

流动人口迁移的主要目的就是获得更高的劳务收入。早期的调查显示，在较长的一段时间里，流动人口的收入并没有很大的变动，但2008年的金融危机之后，进城务工人员出现返乡热潮，沿海地区尤其是以制造业为主的一些城市出现"民工荒、用工难"现象。因此企业采取了加薪、提供更好的福利等措施来招揽工人，这就推动了流动人口的工资收入的上涨。

2005年全国1%人口抽样调查数据显示，全国流动人口的平均收入为999元。其中北京市的流动人口月平均收入最高，为1 443元，其次是上海，为1 334元，广东、浙江、江苏、天津等发达城市流动人口的月平均收入也较高，平均都在1 000元以上。而吉林、黑龙江、河南、四川、贵州等省份的流动人口收入较低，平均月收入在700元左右。

十多年后，上述特点既有变化，也有延续。由2017年《流动人口动态监测调查》计算出来的各省市流动人口的月平均收入可知，北京的流动人口月平均收入依旧最高，为4 255元，其次是上海，为4 252元，两者几乎一样；广东和江苏流动人口的月平均收入仍然排名前五。变化较大的是内蒙古和山西，其中内蒙古由原来的第七下滑到倒数第三；山西由原来的第十二降至倒数第二。类似地，收入较低的省份也有错位，但甘肃、陕西等省的收入依旧较低。但是从整体上看，收入较以往都有了较大的提升，现在的各省（自治区、直辖市）月平均收入达到2 548元，比原来最高的北京的月平均收入还要多出约1.8倍，如图3-23所示。

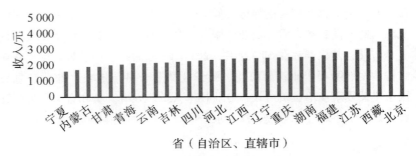

图 3-23　2017 年各省（自治区、直辖市）流动人口月平均收入

八、流动区域

图 3-24 展示了 2000—2017 年流动人口跨越的区域，流动被分为两类——跨省流动和省内流动。在这 17 年间，跨省流动人口的比例在不断上升，同时省内流动人口比例在不断下降。具体来看，2000 年的跨省流动人口比例为 36.66%，2010 年上升至 42.57%，到了 2017 年该比例进一步提高，达到了 49.29%，也就是说 2017 年的流动人口有约一半的都是在跨省流动。而 2000 年的省内流动人口比例有 63.34%，2010 年该比例降为 57.43%，2017 年该比例继续下降至 50.71%。

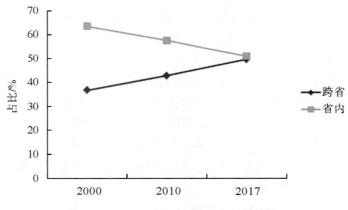

图 3-24　2000—2017 年流动人口流动范围

九、流动原因

从图 3-25 可以发现，务工和经商是人口流动最主要的原因，并且随着市场经济的深入发展，该因素起到的作用越来越强，因此在流动原因中的比例也

越来越高。但是，因务工或者经商而流动的人口其变动趋势也较大，呈现出先上升、后下降、再上升的趋势：在 1987—1990 年，务工经商的占比由 27.5%上升至 48.1%，进而又上升到 2000 年的 54.9%。至此之后，该比例又呈现出下降的趋势，2010 年务工经商的比例降至 44.8%，降低了约 10%，之后又开始上升，到了 2017 年，该比例达到了 83.61%，提高了约 40 个百分点。各类原因中，拆迁搬家、投靠亲友、异地养老的占比都较低，1%的比例都不到，其中由于异地搬迁而流动的人口比例最低，仅为 0.5%。

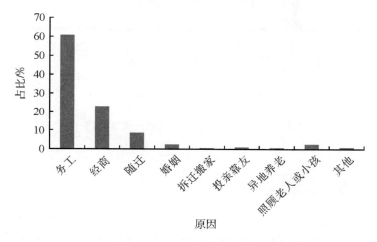

图 3-25　2017 年流动原因结构

流动原因也存在很大的性别差异，图 3-26 展示了男、女各流动原因的占比。从图 3-26 中可以清楚地发现：男女之间的流动原因有同有异。首先无论是男性还是女性，务工或经商都是导致流动的主要原因，但是男性因此而流动的占比要大大地超过女性，两者相差大约 10 个百分点。拆迁搬家依然是男性和女性占比最小的流动因素，投靠亲友和异地养老这两个流动原因也占比较低。其中，女性因随迁、婚姻、照顾老人或小孩而流动的占比远高于男性，这与中国"男主内，女主内"的传统观念有关，女性将自己的生活重心主要放在家庭上。

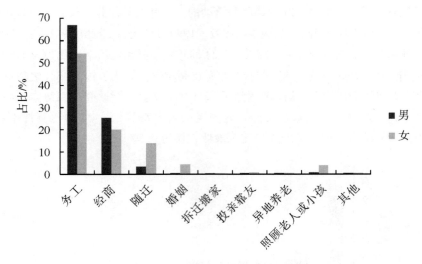

图 3-26　2017 年男、女流动的主要原因

第六节　本章小结

本章介绍了中国人口流动和流动人口的基本发展动态。从规模来看，2020
年中国流动人口规模达到 3.76 亿人，与 2010 年的 2.21 亿人相比，流动人口
大幅增长 69.73%。其中，跨省流动人口为 1.25 亿人。省内流动人口规模约为
2.51 亿人，与 2010 年的 1.27 亿人相比增加了约 1.24 亿人，远高于 2000—
2010 年增长的 0.17 亿人。2000 年、2010 年、2020 年，乡城流动占流动人口
的 52.2%、63.2%、66.3%，乡城流动人口依然是流动人口的主要驱动力。

从省际流动人口分布动态来看，东、中、西部地区省际流动人口规模差异
较大，大部分流动人口分布在东部地区，1995—2020 年，最高占比超过 84%；
中部地区占比较小，最小比例仅为 5.5%。从时间序列来看，东、中、西部地
区省际流动人口均波动变化。从流入规模来看，1995—2020 年，东部地区流
入人口规模基本上呈递增趋势，中、西部地区流入人口规模变化大致呈现
"U" 形特征，即规模先下降再上升，其中中部地区这一特征更明显。从流出
规模来看，研究时期内中、西部地区大致表现出流出规模增大的趋势，东部地
区则相对平稳。

从省际人口流动网络来看，全国流动人口网络基本格局没有大的变化，基

本上表现为四川、安徽、河南、湖南、湖北、江西、广西7个省（自治区）是主要的人口大规模流出地，广东、浙江、上海、北京、江苏5个沿海经济发达地区则是人口大规模流入地。随着时间的推移，全国省际流动人口规模不断扩大，内陆地区向沿海地区的人口大规模流动强度逐渐增大，内陆地区之间和沿海地区之间的大规模人口流动强度也同时增加，但内陆地区向沿海地区的流动强度的增加速度远大于内陆之间，因此，最终形成内陆地区的大规模人口流动基本流向沿海地区的局面。

在微观层面，年龄特征是流动人口的年龄呈上升的趋势，老年流动人口数量持续增长，儿童流动人口规模近年来有所下降。若以迁移人口年龄的中位数34作为划分成年型和老年型人口的分界线，那么中国流动人口仍然处于成年型阶段，以青壮年劳动力为主。性别特征是中国流动人口中的女性比重有所上升，男性比重则有所下降，但总体上男性依然比女性比重高约2个百分点。婚姻特征是在婚人群流出比例提升，也说明家庭化迁移行为提升。户籍结构特征是乡—城流动人口是迁移群体的主力军，且比例依然在提升。教育特征是初中以下的受教育群体比例较大，接近一半，但平均受教育年限在不断延长。职业特征是流动人口从事商业、服务人员、建筑、运输等的比例在大幅度地增长，可以说流动人口确保了城市正常运转。流动人口的收入水平依然偏低，但增长幅度较大。

总体来看，中国流动人口规模大，宏微观特征也明显。随着时间的推进，流动人口规模也急剧扩大、空间结构日益复杂、跨区域交互流动剧增，人口空间分布的剧烈变动已成为中国人口形势中引人注目的特点之一。在中国人口即将进入负增长时代的背景下，人口流动的趋势并没有消减，反而在加大。因此，充分了解中国人口流动的空间规律和流动人口的结构特征是理解中国人口发展及经济社会发展的重要环节。

第四章 人口流动空间结构的统计与表达

本章概要：本章梳理和总结了国际上关于人口迁移流空间结构研究的一般框架：描述、模型化表达与预测是人口迁移流空间结构研究的三个不应分割的系统过程或基本程式，而且在长期的探索过程中对各子议题有了比较有效的解决方式。国内对该框架的体系化理论和实证研究还不足，尤其是对人口迁移流量数据自身运行规律和数据内生化过程很鲜见。鉴于此，本章将人口迁移流空间结构的描述、模型化表达和预测的"标准程式"整合：采用乘法分量模型、对数线性模型和双边比例调整法分别来描述、模型化表达和预测中国人口迁移流空间结构特征。实证过程着眼于人口统计学的视角，应用中国人口普查、人口抽样调查和中国流动人口动态监测调查数据及空间属性，以长江经济带11省（自治区、直辖市）和中国东部、中部、西部和东北四大区域之间人口迁移流为例，基于人口迁移流矩阵的内生规律和数据自我生成过程来全景式刻画研究中国跨区域人口迁移流空间结构。本章主要目的是尝试引入和搭建国内人口迁移流空间结构研究的体系框架或基本程式，推进中国人口空间统计或空间人口学的研究与应用。

第一节 问题的提出

人口流动在人口研究中占有重要地位，本书先从人口统计规律来研究人口流动过程。不同于既有人口流动研究过程，本章从空间人口统计角度切入。事实上，国内对于人口迁移流空间结构这一框架的研究还不足，理论研究较为稀缺，实证也较为罕见，尤其是对人口迁移流空间结构本身运行过程的分析还不足，本章目的是将人口迁移流空间结构的描述、模型化表达和预测整合到一起，并作为一个标准程式，基于人口迁移流矩阵自我数据生成过程来研究中国跨区域人口迁移，期望形成关于中国人口迁移流空间结构研究的一个"基本程式"，也期待未来更多学者尤其国内学者对中国人口迁移问题进行研究，特别是从"流"数据内生过程出发，在"基本程式"上进行发展创新，推进国内空间人口学、人口统计学等研究，拓展人口迁移流的应用并对现实问题做出应有响应。本章具体研究内容包括，基于2011—2017年中国流动人口动态监测调查数据（China migrants dynamic survey，CMDS）和2000年、2010年和2020年人口普查或抽样调查数据，并以长江经济带11省（自治区、直辖市）和中国东部、中部、西部和东北四大区域之间人口迁移流为例，采用乘法分量模型来描述国内人口迁移流空间结构特征，通过对数线性模型来表达国内人口迁移流空间结构特征，应用双边比例调整法来预测国内人口迁移流空间结构特征，尝试通过描述、模型化表达和预测来建立一个国内人口迁移流空间结构的研究程式。

第二节　数据来源与样本处理

全国流动人口动态监测调查（CMDS）是由国家卫生健康委员会（原国家卫生与计划生育委员会）组织的在流入地对流动人口进行的连续断面调查，自2009年起每年进行监测调查。该调查以在流入地居住一个月以上、非本区（县、市）户籍的15~59周岁流动人口为调查对象（2015年后不再设置年龄上限，即调查15周岁以上年龄段流动人口），采取分层、多阶段、与规模成比例的PPS方法进行抽样；调查区域涵盖全国31个省、自治区、直辖市和新疆生产建设兵团（不包含香港、澳门和台湾地区）。CMDS数据有比较详细的关于个体来源地（户籍地）和目的地（现居地）的空间属性，是分析流动人口空间结构的良好样本，还能结合年龄、性别等进行灵活分析。事实上，对CMDS的开发研究大多限于个体经济、社会问题的应用，而忽视该数据库调查对象本身强烈的空间属性。本章从人口迁移流空间结构视角对这一数据库进行空间挖掘，充分挖掘其在人口空间统计上的应用价值。

需要说明的是，尽管CMDS始于2009年，但2009年和2010年的调查方案与之后的调查有所差异，2011年后开始启用新的流动人口动态监测调查方案，调查体系更成熟，样本量更大，代表性也更好，因此本章研究起始年为2011年。同时，因分析框架一致并限于篇幅，本章不分析所有年份，最终选择2011年、2014年和2017年三年样本进行实证。另外，为了全面分析全国人口迁移流的空间结构，本应该选择全国 31 个省、自治区、直辖市为佳，但鉴于迁出地—迁入地 OD 结构（origin-destination）列联表过大和篇幅较大，本书以长江经济带 11 个省级单元为例，既有代表性，也能在文中列表分析。另外，加入年龄后，迁出地—迁入地—年龄 ODA 结构（origin-destination-age）相关图表和模型参数更加复杂，因此进一步缩减到以中国东、中、西和东北四个大区进行分析。当然，案例区域的选择并不影响研究的基本程式、基本结论和意义所在，而且全国任何区域、省级或市级间的人口迁移流空间结构分析完全同理。

在具体实证分析中，本章实际上仅有一个变量或研究指标，即人口迁移流量，其他相关变量是通过人口迁移流量矩阵内生化而来。本章以流动人口户籍地作为迁出地（O）、以现居地作为迁入地（D）将样本进行汇总并建立起全国 31 个省、自治区、直辖市（剔除来源地为香港、澳门、台湾地区及国外的样本，现居地不含香港、澳门、台湾地区及国外样本，无须处理）之间的人口迁移流量矩阵，并汇总为东部、中部、西部和东北四大区域之间的人口迁移流量矩阵。当考虑年龄结构时，在每个年龄段（比如每 5 岁为一组）构建一个人口迁移流量矩阵（性别或户籍同理，限于篇幅，本章实证中未做这类分析）。最终构建了长江经济带 11 省、自治区、直辖市 2011 年、2014 年 "11×11×9" 的人口迁移流量矩阵和 2017 年 "11×11×14" 的人口迁移流量矩阵（9 和 14 分别为每 5 岁一组的年龄组个数，2015 年前调查对象为 15~59 岁，2015 年之后为 15 岁以上所有年龄段流动人口），中国四大区域 2011 年、2014 年 "4×4×9" 的人口迁移流量矩阵和 2017 年 "4×4×14" 的人口迁移流量矩阵进行实证分析。

第三节　中国跨区域人口迁移流空间结构的描述

一、人口迁移流空间结构的基本描述与列联表形式

人口迁移流量是一种计数（counts）数据，它可以从属性数据分析（categorical data analysis）视角中的列联表切入（Agresti，2013），其中双向或二维列联表最为基础。人口迁移流的基本结构是双向列联表，包括迁出地和迁入地（origin by destination，OD），多维列联表则还可以引入年龄、性别等人口学属性，本节先以双向列联表进行描述分析。

如表4-1所示，人口从来源地 i 迁移到目的地 j，记两地间的人口迁移量为 n_{ij}，从某来源地流出的边际总量（marginal totals）记为 n_{i+}，流入到某目的地的边际总量记为 n_{+j}，而迁移总量记为 n_{++}。需要指出的是，区域内部的流动不计入测算，即当 $i=j$ 时，$n_{ij}=0$，因为该流量不属于跨区域流动。人口迁移流列联表可以分解为几个独立的分量，并构成乘法分量模型（Rogers et al，2002）：

$$n_{ij} = (T)(O_i)(D_j)(OD_{ij}) \tag{4-1}$$

式（4-1）中，总分量 T（相当于表1中 n_{++}）表示总体迁移水平或总效应（overall effects）；迁出地分量 O_i（n_{i+}/n_{++}）表示来源地的相对推力或迁出效应，迁入地分量 D_i（n_{+j}/n_{++}）表示目的地的相对拉力或迁入效应，O_i 和 D_j 构成主效应（main effects）；迁出地—迁入地交互分量 OD_{ij} 定义为 $n_{ij}/[(T)(O_i)(D_j)]$，表示观测迁移量与期望迁移量的比率（ratio of observed migration to expected migration），也有学者将其解释为迁出地与迁入地之间的物理或社会距离（Raymer，2006）或吸引系数（汪子龙 等，2019）。该值越大，则两地间的联系越强。交互分量大于1表示观测值多于期望值，反之交互分量小于1表示观测值低于期望值。

表4-1　人口迁移流的 OD 双向列联表结构

迁出地 O	迁入地 D				（边际）总量
	1	2	3	4	
1	n_{11}（=0）	n_{12}	n_{13}	n_{14}	n_{1+}
2	n_{21}	n_{22}（=0）	n_{23}	n_{24}	n_{2+}
3	n_{31}	n_{32}	n_{33}（=0）	n_{34}	n_{3+}
4	n_{41}	n_{42}	n_{43}	n_{44}（=0）	n_{4+}
（边际）总量	n_{+1}	n_{+2}	n_{+3}	n_{+4}	n_{++}

为了解释和描述各乘法分量，如表4-2所示，基于2017年 CMDS 数据，

以长江经济带 11 个省级单元之间的跨区域人口迁移流为例进行分析①。表 4-2 显示，在调查的长江经济带 56 913 个样本中跨省人口迁移流总量为 23 660 人。从边际总量来看，安徽迁出人口最多（6 579 人），浙江迁入人口最多（6 869 人），其中安徽迁往上海的流量最大（2 009 人）。表 4-3 是各乘法分量，为了解释各乘法分量数据生成过程，以江苏迁往上海的流量 1 216 人为例，该流量值分解为四个乘法分量：

$$n_{21} = (T)(O_2)(D_1)(OD_{21}) = (23\,660)(0.072)(0.219)(3.25) = 1\,216$$

或者

$$OD_{21} = n_{21}/(T)(O_2)(D_1) = 1\,216/(23\,660)(0.072)(0.219) = 3.25$$

其中，下标 2 表示第二行的江苏，下标 1 表示第一列的上海。这些分量的解释比较简单，总分量 23 660 人即长江经济带的跨省迁移人口总量，迁出地分量 0.072 表示 7.2% 的人口是从江苏迁出的，迁入地分量 0.219 表示约 22% 的人口迁往上海，最后比较重要的交互分量 3.25 表示区域间的联系强度，数据意义为实际观测值与期望值的比率，即相对每 10 个期望迁移流，大约有 32 个实际迁移流。显然，交互分量 3.25 显著大于 1，显示了两者之间较强的联系度。其具有强联系度（交互分量大于 2）的有 16 个，比如上海—安徽、湖北—湖南、重庆—四川，这些强联系度的区域共同特点边界省份，在物理空间上相连，这一结果也符合人口迁移的地理临近规律（Ravenstien, 1889）。

表 4-2　长江经济带省际人口迁移结构：观测流量　　单位：人

迁出地	迁入地											
	上海	江苏	浙江	安徽	江西	湖北	湖南	重庆	四川	贵州	云南	合计
上海	0	21	8	3	6	1	1	3	1	1	1	46
江苏	1 216	0	245	55	39	37	9	33	17	24	32	1 707
浙江	390	203	0	64	102	61	46	33	37	79	135	1 150
安徽	2 009	2 118	1 939	0	121	107	33	32	21	96	103	6 579
江西	333	226	1 098	34	0	82	85	33	44	91	155	2 181
湖北	324	241	550	20	118	0	124	101	75	89	183	1 825
湖南	181	99	483	16	153	123	0	48	58	425	539	2 125
重庆	160	125	378	5	25	260	33	0	233	239	319	1 777
四川	415	432	752	14	77	78	41	981	0	417	572	3 779

---

① 要全面分析全国人口迁移流的空间结构，应该选择全国 31 个省、自治区、直辖市为佳，但鉴于 OD 结构表格过大和篇幅过大，本书以长江经济带 11 个省级单元为例，既有代表性，也能节省篇幅。另外，后文加入年龄后，ODA 结构相关图表和模型参数更加复杂，因此进一步缩减到以中国东、中、西和东北四个大区进行分析。当然，案例区域的选择并不影响研究基本结论和意义，全国任何区域、省级或市级间的人口迁移流空间结构分析完全同理。

表4-2(续)

迁出地	迁入地										
	上海	江苏	浙江	安徽	江西	湖北	湖南	重庆	四川	贵州	云南	合计
贵州	93	112	1 001	6	41	18	20	148	20	0	308	1 767
云南	61	87	415	4	10	4	5	29	56	53	0	724
合计	5 182	3 664	6 869	221	692	771	397	1 441	562	1 514	2 347	23 660

表4-3　长江经济带省际人口迁移结构：乘法分量

迁出地	OD_{ij}										
	上海	江苏	浙江	安徽	江西	湖北	湖南	重庆	四川	贵州	云南	合计
上海	0.00	2.95	0.60	6.98	4.46	0.67	1.30	1.07	0.92	0.34	0.22	0.002
江苏	3.25	0.00	0.49	3.45	0.78	0.67	0.31	0.32	0.42	0.22	0.19	0.072
浙江	1.55	1.14	0.00	5.96	3.03	1.63	2.38	0.47	1.35	1.07	1.18	0.049
安徽	1.39	2.08	1.02	0.00	0.63	0.50	0.30	0.08	0.13	0.23	0.16	0.278
江西	0.70	0.67	1.73	1.67	0.00	1.15	2.32	0.25	0.85	0.65	0.72	0.092
湖北	0.81	0.85	1.04	1.17	2.21	0.00	4.05	0.91	1.73	0.76	1.01	0.077
湖南	0.39	0.30	0.78	0.81	2.46	1.78	0.00	0.37	1.15	3.13	2.56	0.090
重庆	0.41	0.45	0.73	0.30	0.48	4.49	1.11	0.00	5.52	2.10	1.81	0.075
四川	0.50	0.74	0.69	0.40	0.70	0.63	0.65	4.26	0.00	1.72	1.53	0.160
贵州	0.24	0.41	1.95	0.36	0.79	0.31	0.67	1.38	0.48	0.00	1.76	0.075
云南	0.38	0.78	1.97	0.59	0.47	0.17	0.41	0.66	3.26	1.14	0.00	0.031
D_j	0.219	0.155	0.290	0.009	0.029	0.033	0.017	0.061	0.024	0.064	0.099	23 660

二、引入年龄结构后的乘法分量模型描述过程

式（4-1）是最基本的人口迁移流描述方式，这类模型还可以引入出生地、年龄、性别等（Abel & Sander, 2014；Raymer, 2006；2015）。其中年龄在移民过程中影响较大，移民本身是一个年龄选择（age-selective）过程（Bernard et al., 2016），因此，为了清晰展示各参数估计过程且考虑篇幅问题，本章仅引入年龄进行拓展分析（其他同理）。模型表达形式为

$$n_{ijx} = (T)(O_i)(D_j)(A_x)(OD_{ij})(OA_{ix})(DA_{jx})(ODA_{ijx}) \qquad (4-2)$$

其中，A 指年龄（age），x 表示 5 岁的年龄分组，其他参数同上。显然，式（4-2）相对于式（4-1）复杂很多，模型增加了年龄项，因此包含了三个二维交互项和一个三维交互项，总共有八个参数，称为饱和模型（简记为 ODA 模型，后文将继续分析不饱和模型）。尽管如此，模型参数的意义和解释并未发生变化，依然相对简单，总效应 T、主效应 O_i 和 D_j、迁出地—迁入地交互效应 OD_{ij} 是一致的：

$$T = \sum{}^{ijx} n_{ijx} ,$$

$$O_i = \sum{}^{jx} n_{ijx}/T ,$$

$$D_j = \sum{}^{ix} n_{ijx}/T ,$$

$$OD_{ij} = \sum{}_x n_{ijx}/(T)(O_i)(D_j) 。$$

新增的相关年龄效应参数为

$$A_x = \sum{}^{ij} n_{ijx}/T ,$$

$$OA_{ix} = \sum{}^{j} n_{ijx}/(T)(O_i)(A_x) ,$$

$$DA_{jx} = \sum{}^{i} n_{ijx}/(T)(D_j)(A_x) ,$$

$$ODA_{ijx} = n_{ijx}/(T)(O_i)(D_j)(A_x)(OD_{ij})(OA_{ix})(DA_{jx}) 。$$

分别定义为年龄主效应、迁出地—年龄交互效应、迁入地—年龄交互效应和迁出地—迁入地—年龄交互效应。以上所有参数都需要满足相应约束条件：

$$\sum{}_i O_i = \sum{}_j D_j = A_x = 1 ,$$

$$\frac{\left[\sum{}_x (A_x)\sum{}_i OA_{ix}\right]}{m} = \frac{\left[\sum{}_x (A_x)\sum{}_j DA_{jx}\right]}{m}$$

$$= \frac{\left[\sum{}_i (O)_i \sum{}_i OA_{ix}\right]}{k} = \frac{\left[\sum{}_j (D_j)\sum{}_j DA_{jx}\right]}{k} = 1 。$$

其中，m 为区域个数，k 为年龄分组数。

三、人口迁移流空间结构描述实证：中国四大区域案例分析

加入年龄后，ODA 结构相关图表和模型参数更加复杂。限于篇幅，本章以中国东部、中部、西部和东北部四个大区进行分析。趋势上，则以 CMDS 中 2011 年、2014 年和 2017 年三期的数据进行时间序列上的分析。依据上节的 ODA 模型，其包含八个参数。首先，总效应分量即跨区域流动总人口分别为 42 937 人、68 009 人、55 605 人，因为该分量是一个绝对数值，然而每年 CMDS 抽样的样本数不一致，因此趋势性的比较意义不大，不过这并不影响后续其他分量的趋势性分析（其他分量是相对数值，与样本量规模的具体值无关）。图 4-1 显示了区域主效应，其中迁出地主效应以中部为主，超过 55% 的跨区域迁入人口来自中部；迁入地主效应在东部具有绝对优势，占比达到

70%；而西部和东北，迁出地和迁入地主效应基本相当；从时间趋势来看，波动非常微小，一个较为明显的趋势是东部的迁入地效应在降低，而西部的迁入地效应在增加，这符合中国人口迁移的新特点：西部人口就近迁移的趋势有所增强。

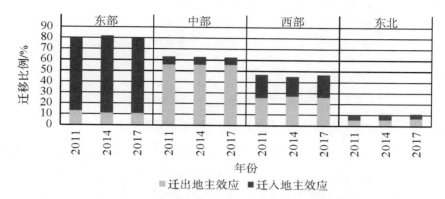

图 4-1　2011—2017 年迁出地主效应分量 O_i 和迁入地主效应分量 D_j 演变趋势

对于年龄主效应 A_x，需要说明的是，CMDS 调查均设定为 15 周岁以上流动人口，因此本章无法分析 15 岁以下人口迁移结构。同时，在 2015 年以前，最高年龄设定为 59 周岁，即 60 岁以下，而 2015 年及之后不设上限，因此本章分析的 2011 年、2014 年仅为 15～59 周岁，2017 年为 15 周岁以上，如图 4-2所示。从曲线结构可以看出，中国人口迁移的年龄特征在 2011—2017 年基本一致，呈现明显的倒"U"形特征，其中 25～40 岁是人口迁移的主要群体。从时间趋势来看，年龄波峰从 2011 年的 35～39 岁年龄段转到 2014 年和 2017 年的 25～29 岁年龄段，说明这一时期中国人口迁移有从老一代向新生代转移的历史转变特征；而且 2011 年 25～29 岁、30～34 岁、35～39 岁三个年龄段分布较为均衡，而后两个时期有明显的独立波峰特征。25 岁以下的群体跨区域迁移比例有明显的下降趋势，原因可能包括：一方面是中国整体人口结构的变化，即生育下降的累计效应，另一方面是流动人口中的就近就业创业的比例在提升，跨区域流动则有所放缓。45 岁以上群体迁移比例有明显的上升趋势，这一方面可能是老龄化的宏观背景所导致的，另一方面可能是当前家庭化迁移的比例在上升，更多比例的中老年群体随子女迁移到流入地。

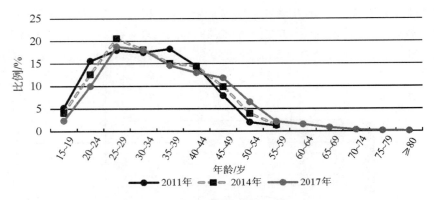

图4-2　年龄主效应分量 A_x 演变趋势

　　以上三个主效应的分析比较好理解，它们是基于独立的比例测算，而在交互分量中，各交互分量是由各主效应的综合比例测算得到，表示的是观察值与期望值的偏离，一定程度上也可以理解为两者之间的"联系强度"。迁出地—迁入地交互分量 OD_{ij} 参数结果如图4-3所示，各分量在时间趋势上较为稳定，但空间差异较大，前者东部—中部、东部—西部和东部—东北有最为明显的强度，OD_{ij} 均在2以上，尤其前者超过4，即实际观察到从东部流入中部的人口是期望的4倍。而东北—中部、东北—西部和中部—东北 OD_{ij} 均低于1，即观测迁移人口要低于期望迁移人口。剩下的几个分量则基本趋近于1附近，即观测迁移人口与期望迁移人口相当。

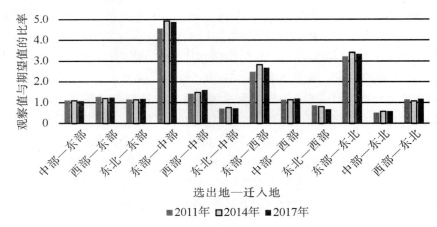

图4-3　迁出地—迁入地交互分量 OD_{ij} 演变趋势

　　迁出地—年龄交互分量 OA_{ix} 参数结果如图4-4所示，该分量在四大区域的基本特征有明显的差异，均与图 4-2 中的年龄主效应分量的倒"U"形特征存在较大差异。总体上，2011—2017 年的三条曲线在每个区域的基本波动趋势是相似的，尤其是在 15~59 岁的年龄段。这说明抽样保持了较为良好的连续性，60 岁以后变化较大，可能是受样本限制影响，仅 2017 年有数据，但不影响基本特征分析。在东部，OA_{ix} 的分界线在 30 岁左右，30 岁之前迁出的比例较小，而之后增加，尤其其在 50 岁以后。对于中部，在 50 岁以前基本保持在一个稳定的预期水平，每个年龄段都比较平均，在 60 岁以后的老年迁移人口显著降低。在西部，大体与东部特征相反，30 岁以下的青年劳动力保持较高水平的输出强度，30 岁以后的劳动力人口则相对稳定。对于东北，30 岁以下迁出的概率与东部一样在较低水平，该区域一个较大特点是 50 岁以后的老年人口迁出比例较大。

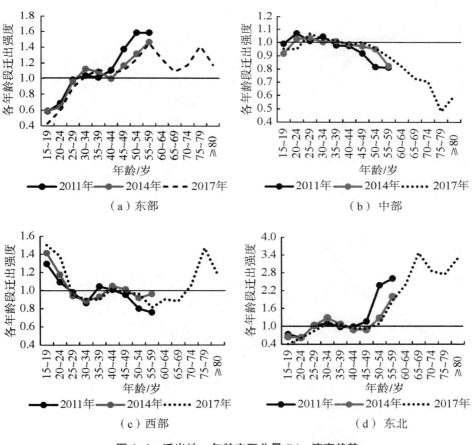

图 4-4 迁出地—年龄交互分量 OA_{ix} 演变趋势

迁入地—年龄交互分量 DA_{jx} 参数结果如图 4-5 所示，该分量在四大区域差异明显，也均与图 4-2 中的年龄主效应分量的倒 "U" 形特征存在较大差异。总体上 2011—2017 年的三条曲线在每个区域的基本波动趋势依然是相似的。在东部，DA_{jx} 的分界线在 30 岁左右，30 岁之前迁入的比例较高，之后有所下降，50 岁以后下降比较明显。对于中部，依然保持在一个相对稳定的预期水平，大致有随年龄增加迁出比例小幅度增加的特征，70 岁以后老年人口迁入较多。在西部，30 岁以下的青年劳动力保持较低水平的输入强度，50 岁以后的劳动力人口输入较大比例，其他年龄段相对稳定。对于东北，总体上流入人口呈现随年龄增长而增加的基本趋势，35 岁以下的青年劳动力输入较低，50 岁以后的相对老年人口迁入比例较大。

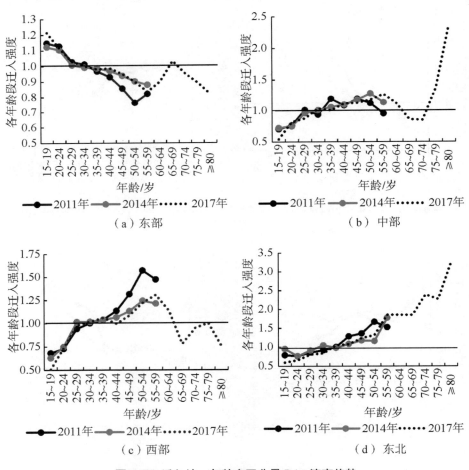

图 4-5 迁入地—年龄交互分量 DA_{jx} 演变趋势

第四节 中国跨区域人口迁移流的对数线性模型表达

一、对数线性模型表达的基本原理

乘法分量模型的结构是乘积形式，如果取对数则可以变换为对数线性模型（Log-linear model）表达形式，因此，实际上乘法分量模型和对数线性模型在本质上是一致的。将式（4-2）取对数得到：

$$\log(n_{ij}) = \lambda + \lambda_i^O + \lambda_j^D + \lambda_x^A + \lambda_{ij}^{OD} + \lambda_{ix}^{OA} + \lambda_{jx}^{DA} + \lambda_{ijx}^{ODA} \tag{4-3}$$

其中，参数 λ 上标 O 和 D 分别指示迁出地 i 和来源地 j。因此，显然模型（4-2）和（4-3）是一致的，都为对数线性模型或其变形，前文以乘法分量模型开始分析是为了方便理解并引入对数线性模型。当分解测算参数和描述空间结构特征时用乘法形式较为合适，当拟合模型参数并表达空间结构时用对数线性模型形式较为妥当。对数线性模型有一套完备的统计建模框架，可归属于广义线性回归类型（Agresti，2013）。对数线性模型的参数与前文乘法分量模型的各分量基本有一致的含义和解释，此处不再赘述。

模型（4-3）包含了八个参数，被称为饱和模型。模型（4-3）的简化形式被称为不饱和模型，比如不考虑最后三项（其他形式同理），得到模型（4-4）：

$$\log(\widehat{n_{ijx}}) = \lambda + \lambda_i^O + \lambda_j^D + \lambda_x^A + \lambda_{ij}^{OD} \tag{4-4}$$

简化模型的主要目的在于以更少的参数来拟合和表达区域人口迁移流，通过各种简化形式的模型拟合与比较找出相对简单的形式来表达人口流动的空间结构，同时也能找出最为关键的参数或分量。不过，任何形式的简化模型都是非饱和的，即参数有所缩减，因此，通常会增加一个补偿量（偏移量，offset）到非饱和模型中，模型（4-4）通常为

$$\log(\widehat{n_{ijx}}) = \lambda + \lambda_i^O + \lambda_j^D + \lambda_x^A + \lambda_{ij}^{OD} + \log(\widetilde{n_{ijx}}) \tag{4-5}$$

其中，$\log(\widetilde{n_{ijx}})$ 为补偿量，通常有两种方式来构建补偿量：一是以对角线为 0、非对角线为 1 的结构化矩阵（Willekens，1983）；二是引入辅助信息，比如历史普查或抽样调查数据（Rogers et al.，2002；Raymer，2015），Snickars 和 Weibull（1977）发现相比距离测算等，历史人口迁移数据能够更好地估计当前的流动性，历史辅助信息也通常用来捕捉人口迁移流的空间形态。

需要指出的是，人口迁移流量是非负的计数数据，通常用泊松分布、二项分布等比正态分布能更好拟合人口迁移流数据，在人口迁移的重心模型实证中有很多文献做了充分的应用（Flowerdew, 1988; Shen, 2016; Liu & Shen, 2016），本章以泊松分布进行实证拟合。同时，模型（4-5）属于广义线性回归模型范畴，最小二乘法估计存在偏差，一般用极大似然估计能得到无偏估计。本章将拟合饱和模型及各类组合的非饱和模型来识别主要参数，找出既相对简化又能最大限度拟合人口迁移流矩阵的模型及结构。其中模型的拟合优度可以通过极大似然比统计量来判定：

$$G^2 = 2 \sum n_{ijx} ln \left(n_{ijx} / \hat{n}_{ijx} \right)$$

该统计量越小拟合越好。模型的拟合优度还可以通过伪 R^2（pseudo R^2）进行判定，该值越大则拟合越好，本章同时给出两种结果。

二、对数线性模型拟合、比较与关键分量分析

本章以"七普"省际的人口迁移流重新整理得到中国四大区域迁移流作为补偿量进行计算，并放弃人口迁移流正态分布的假定，采用泊松分布进行拟合。由于各个分量的组合类型多达数十种，限于篇幅，本章选择六个代表性的拟合模型进行分析，结果如表4-3所示[①]。拟合模型（1）至模型（6）分别为［O D A OD］［A］［O D A］［O D A OA］［O D OD OA DA ODA］［O D A OD OA DA ODA］六个组合模型估计结果。从拟合系数来看，除了模型（4-5）的 ODA 分量不显著外，其他所有模型参数均显著通过1%统计检验，应该说通过数据自生过程得到的分量在拟合人口迁移流量能得到比较好的效果。不过，从拟合优度来看，六个模型的伪 R^2 差距比较大，最差的为0.075 2，最优的为0.818 9，通过比较，说明有影响拟合优度的关键参数。为此，本章给出更多模型的拟合优度伪 R^2，并与 G^2 一起来分析影响拟合优度的主要分量，结果报告于表4-4。

表4-4　人口迁移流量拟合的代表性模型

分量	（1）	（2）	（3）	（4）	（5）	（6）
O	0.884 ***		0.954 ***	1.052 ***	0.123 ***	1.005 ***
	（0.028）		（0.025）	（0.025）	（0.032）	（0.028）

---

① 限于篇幅，本章没有报告每个模型拟合系数、标准差等参数。

表4-4(续)

分量	(1)	(2)	(3)	(4)	(5)	(6)
D	-1.288***		-1.241***	-1.255***	-1.295***	-1.261***
	(0.019)		(0.017)	(0.017)	(0.020)	(0.019)
A		14.390***	14.390***	14.544***		14.639***
		(0.073)	(0.073)	(0.074)		(0.074)
OD	-0.037***				-0.008***	-0.023***
	(0.007)				(0.007)	(0.007)
OA				0.547 6***	0.287***	0.523***
				(0.017)	(0.012)	(0.017)
DA					-0.012***	0.367***
					(0.017)	(0.026)
ODA					-0.000	0.000***
					(0.000)	(0.000)
常数 (T)	-9.66***	-11.59***	-11.27***	-11.88***	-10.05***	-12.28***
	(0.022)	(0.011)	(0.015)	(0.025)	(0.048)	(0.066)
观测值	224	224	224	224	224	224
极大似然值	-30 818	-9 063	-6 574	-6 133	-30 542	-6 035
pseudo R^2	0.075 2	0.728	0.802 7	0.815 9	0.083 4	0.818 9

注：*、**、*** 分别表示10%、5%和1%显著水平。

同样，限于篇幅，本章仅给出部分拟合优度结果，尽管未穷尽所有参数可能的组合模型，但是表4-5给出了14个主要的组合模型拟合优度，不影响分析和基本结论。通过比较14个模型的极大似然比统计量 G^2 和伪 R^2，笔者发现年龄主效应或者人口迁移的年龄结构是中国跨区域人口迁移流的最大影响因素①。仅考虑年龄结构主效应时，G^2/df 为77.2，伪 R^2 为0.728。同时，在其他模型中，加入年龄主效应后，G^2/df 越来越小，伪 R^2 则越来越大，不加入时则相反，因此年龄主效应应该是影响拟合优度的最关键因素。比较还发现，OA也是一个较为重要的影响参数，在保持 A 的情形下，叠加OA也对拟合优度有

---

① 该结论基于仅考虑迁出地、迁入地和年龄三个要素得出，如果进一步考虑出生地、性别、户籍等，结论可能有所变化。前文已述，鉴于篇幅和描述的复杂性，本章暂未考虑其他要素。

较为明显的影响。通过拟合优度可知，表4-5中［O D A OD OA DA ODA］为组合最优，但比较发现，［O D A］［O D A OA］［O D A DA］［O D A OD］组合与最优相差甚微，因此可用简化的且拟合优度高的模型来指征中国跨区域人口流动的空间特征，比如［O D A OA］，四个参数基本可以刻画中国人口迁移结构。

表4-5　多元分量组合模型的拟合优度统计量

模型参数组合	G^2	G^2/df	pseudo R^2
O D OD	60 658	275. 2	0. 075 2
O D OA	60 115	273. 3	0. 083 3
O D DA	60 684	275. 8	0. 074 8
O D A	12 170	55. 3	0. 802 7
O D A OA	11 452	52. 3	0. 815 9
O D A DA	11 901	54. 3	0. 806 7
O D A OD	12 214	55. 8	0. 813 5
A	17 149	77. 2	0. 728
A OD	16 925	76. 6	0. 731 4
A OA DA	16 130	73. 3	0. 743 3
A OD OA DA	15 947	72. 8	0. 746
A OA DA ODA	16 086	73. 5	0. 744
O D OD OA DA ODA	60 106	276. 9	0. 834
O D A OD OA DA ODA	11 092	51. 4	0. 819 9

第五节　中国跨区域人口迁移流矩阵的预测

前文已述，对人口议题的相关预测大多围绕总量或趋势视角展开，比如人口总量、城镇化或老龄化等，而对人口迁移流矩阵的预测在国内还比较罕见。在既有研究中，基于双边比例调整方法的人口迁移流矩阵预测有较多成功的尝试，也有国内学者预测了国外人口迁移流。鉴于此，本章结合国内外学者的研究成果，以双边比例调整方法来预测中国跨区域人口迁移流矩阵，并对长江经济带 11 省（自治区、直辖市）进行实证分析以说明该方法的应用。

依据 Nair（1985），人口迁移流的双边比例调整基本方程是：

$$N(t) = r_i \cdot N(t-1) \cdot s_j \tag{4-6}$$

其中，$N(t)$ 为预测期的人口迁移流矩阵，$N(t-1)$ 基期的人口迁移流矩阵。设 $n_{ij}(t)$ 是 $N(t)$ 中的元素，表示从区域 i 到 j 的人口迁移量；$n_{ij}(t-1)$ 为基期 $N(t-1)$ 矩阵中人口迁移量元素。r_i 和 s_j 为行、列的平衡因子，因此该方法习惯性地被称为 RAS 法，其核心问题是寻找合适的 r_i 和 s_j 之后即可对人口迁移流量做出预测。根据乘法分量模型（4-1）相关边际总量的定义可知：

$$\sum\nolimits_i n_{ij}(t) = n_{+j}(t) = s_j \sum\nolimits_i r_i \cdot n_{ij}(t-1) \ , \ \sum\nolimits_j n_{ij}(t) = n_{i+}(t) = r_i \sum\nolimits_j s_j \cdot n_{ij}(t-1) \ ,$$

变换即可得到：

$$s_j = n_{+j}(t) \ / \ \sum\nolimits_i r_i \cdot n_{ij}(t-1) \tag{4-7}$$

$$r_i = n_{i+}(t) \ / \ \sum\nolimits_j s_j \cdot n_{ij}(t-1) \tag{4-8}$$

因此，如果能先期给定或预测边际总量 $n_{+j}(t)$ 和 $n_{i+}(t)$ 的值，则通过迭代方法使上面两式收敛即可解得 r_i 和 s_j，也即能预测出 $n_{ij}(t)$。当前问题已转换为边际总量的预测，而该预测可借鉴（Raymer，2015）的处理，比如：

$$n_{+j}(t) = n_{+j}(t-1) + \frac{[(n_{+j}(t-2) - n_{+j}(t-3)] + [n_{+j}(t-1) - n_{+j}(t-2)]}{2}$$

$$\tag{4-9}$$

其中，$n_{+j}(t-2)$、$n_{+j}(t-3)$ 为前两期、前三期的列边际总量值，行边际总量值预测同理。如果考虑年龄，只需对每个年龄段的迁移矩阵做预测，原理是一致。自此，基于 RAS 法的人口迁移流矩阵预测即可实现。

本章对长江经济带 11 省（自治区、直辖市）进行实证分析，其中以 2020 年为基期，2010 年为前两期，2000 年为前三期，要预测的是 2030 年长江经济带 11 省（自治区、直辖市）之间的人口迁移流矩阵。2020 年人口迁移流量矩阵见表 4-2 和表 4-3，限于篇幅，2010 年和 2000 年人口迁移流量未给出。不过，在预测 2020 年数据之前，笔者先给以上预测模型做了检验，看是否能有效做出预测。这里以 2010 年的迁移流矩阵预测 2020 年迁移流矩阵作为检验，此时预测年（2020 年）的观测值及行、列边际总量值是已知的，因此，可用 RAS 法直接预测，并进行观测值与预测值的比较，结果报告见表 4-6。表 4-2 是 2020 年长江经济带跨省人口迁移流矩阵预测值，表 4-3 是实际值与预测值之比，比值趋近 1 则说明实际值与预测值较为吻合，即预测较为准确。从该比值来看，大部分预测还是比较准确的，其中江苏—上海、江苏—四川、湖北—江苏、四川—湖南等多个区域间迁移流量预测几乎完全一致。当然也有差距较大的预测值，比如重庆—湖南迁移流的实际值是预测值的 1.37 倍，上海—安徽迁移流的实际值是预测值的 0.61 倍，但这种情况并不多。

总体上看，RAS 法能较为准确地预测区域间人口迁移流矩阵。因此本章以中国人口普查 2000 年、2010 年和 2020 年三期数据预测 2030 年人口迁移流矩阵，其中基期迁移流矩阵为 2020 年人口迁移流矩阵，得到长江经济带 2030 年跨省迁移总规模约为 4 526.8 万人。通过总规模与预测得到的每个省份迁入比和迁出比测算即可得到 11 个省份的行、列边际总量，然后基于 RAS 法即可预测得到 2025 年长江经济带跨省人口迁移流矩阵，结果报告见表 4-6 的 C 部分。比如预计 2030 年江西到上海的人口迁移流量约为 63.6 万人，而上海到江西的人口迁移流量约为 1.8 万人。通过 RAS 法预测，能够预知未来区域间人口迁移流的交互情况，比起传统的区域人口迁移总量预测有更加丰富的意义，深化了区域人口结构变化、空间交互联系研究的范畴。

表 4-6   2020 年长江经济带跨省人口迁移流矩阵预测检验及 2030 年预测矩阵

迁出地	迁入地											
	上海	江苏	浙江	安徽	江西	湖北	湖南	重庆	四川	贵州	云南	n_{i+}
Panel A 2020 年预测值／万人												
上海	0.0	11.3	5.4	4.2	2.0	1.2	0.7	0.8	1.5	0.3	0.5	28.1
江苏	179.0	0.0	49.3	23.9	6.3	9.2	4.4	4.5	7.4	2.7	3.1	289.8
浙江	44.3	31.0	0.0	10.6	9.5	11.4	6.8	5.7	9.7	4.7	7.3	141.0
安徽	268.6	311.5	285.7	0.0	10.8	12.7	5.4	3.5	5.7	2.9	3.9	910.8
江西	44.9	28.6	170.9	6.5	0.0	10.9	13.7	3.4	6.0	3.0	5.4	293.3
湖北	30.3	34.4	81.0	6.3	8.0	0.0	19.9	7.9	10.6	4.5	6.8	210.2
湖南	19.2	20.0	76.3	4.8	11.8	16.9	0.0	5.7	8.5	14.3	18.0	195.4
重庆	19.6	18.1	61.9	2.4	2.4	19.6	4.1	0.0	52.3	14.0	21.3	215.7
四川	56.2	68.6	135.2	6.9	6.4	13.6	9.4	106.5	0.0	27.9	50.2	481.0
贵州	21.8	47.6	267.5	8.5	10.2	7.0	13.8	24.7	17.2	0.0	44.6	462.9
云南	9.1	21.6	65.0	6.6	2.9	4.4	5.6	9.5	24.1	7.8	0.0	156.6
n_{+j}	693.2	593.1	1 198.1	80.8	70.2	106.9	83.9	172.1	143.1	82.2	161.2	3 384.8
Panel B 2020 年实际值与预测值之比												
上海	0	1.37	0.84	0.61	0.67	0.81	0.82	0.66	0.76	1.09	1.03	1.00
江苏	1.00	0	0.97	1.10	0.83	0.89	1.01	0.86	1.01	0.95	1.34	1.00
浙江	1.16	0.99	0	0.92	0.95	0.76	0.86	0.64	0.85	1.09	1.15	1.00
安徽	0.90	0.99	1.10	0	0.87	1.06	1.03	1.03	1.18	0.99	1.18	1.00
江西	1.12	1.12	0.92	0.99	0	1.03	0.91	1.11	1.22	1.27	1.47	1.00
湖北	1.38	1.01	0.69	1.22	1.26	0	1.11	1.18	1.23	1.17	1.42	1.00

表4-6(续)

迁出地	迁入地										
	上海	江苏	浙江	安徽	江西	湖北	湖南	重庆	四川	贵州	云南	n_{i+}
湖南	1.24	0.81	0.94	1.01	1.02	1.02	0	1.09	1.19	1.07	1.02	1.00
重庆	0.96	0.95	0.94	1.28	1.34	0.92	1.37	0	1.07	0.97	1.03	1.00
四川	0.92	0.91	1.00	1.18	1.12	1.08	1.01	1.06	0	0.95	1.04	1.00
贵州	0.87	1.05	1.06	0.85	0.92	1.41	0.97	0.89	0.94	0	0.75	1.00
云南	1.52	1.20	1.07	0.71	1.19	1.10	0.79	0.67	0.70	0.87	0	1.00
n_{+j}	1.00	1.00	1.00	1.00	1.00	1.00	1.00	1.00	1.00	1.00	1.00	1.00
Panel C 2030预测值/万人												
上海	0	20.2	6.0	3.6	1.8	1.3	0.8	0.8	1.5	0.5	0.6	37.1
江苏	235.1	0	64.1	36.8	7.1	10.7	6.0	5.5	10.1	3.3	4.8	383.5
浙江	62.5	37.6	0	12.7	11.4	10.4	7.3	4.8	10.3	6.1	9.2	172.4
安徽	319.6	409.2	424.0	0	12.9	17.6	7.6	5.1	9.1	3.8	5.4	1 214.4
江西	63.6	41.1	205.4	8.7	0	14.2	16.2	5.2	9.5	4.8	9.1	377.8
湖北	55.1	46.8	76.0	10.9	13.9	0	30.0	13.3	17.7	6.9	11.5	282.1
湖南	32.0	22.0	98.8	6.9	16.8	23.0	0	9.1	14.0	20.2	22.2	265.1
重庆	26.1	24.0	82.5	4.7	4.7	24.9	8.1	0	79.3	18.5	27.3	299.9
四川	64.5	78.3	173.5	11.0	9.3	18.3	12.2	153.7	0	32.6	58.6	611.8
贵州	26.3	70.2	404.5	10.8	13.6	13.7	19.3	33.5	23.1	0	41.9	656.9
云南	19.6	36.9	100.2	7.1	5.0	6.8	6.4	9.8	24.4	9.5	0	225.7
n_{+j}	904.5	786.2	1 635.1	113.1	96.4	140.9	113.9	240.8	199.0	106.1	190.7	4 526.8

第六节　本章小结

　　人口迁移流动是规范人口学研究的重要组成部分，但在中国生育制度的政策影响、老龄化及健康中国建设背景下，对于生育 、死亡（健康）的研究比人口迁移的影响要更深远。在中国人口负增长时期，人口迁移流动却表现出更加剧烈的脉动。流动人口规模急剧增长、空间结构日益复杂、跨区域交互流动剧增，已成为中国人口形势中最引人注目的特点之一。不过，中国的人口迁移流动更多的是作为经济社会运行中的一个外生因素，对其本身运行过程的分析还不足，因此抛开相关性或因果关系的视角，从人口统计学的角度来研究人口迁移流动的内生规律依然有很大价值空间。本章从人口统计学视角着手，基于人口迁移流量自我数据生成过程来研究中国跨区域人口迁移流的空间结构议题，重点在于分解人口迁移矩阵的主要成分并进行模型表达，基于功能选择性较强的广义线性模型进行模型拟合并寻找关键人口迁移的结构要素，同时跳出人口总量预测等传统视角，对中国人口迁移流矩阵或者说空间结构进行了预测。本章将人口迁移流空间结构的描述、模型表达和拟合预测纳入一个框架体系，通过整合三阶段统一框架的全景式刻画研究，形成了该议题分析的"基本程式"。应该说，本章深化了中国人口迁移研究的范畴，在研究视角和人口统计应用研究上有一定的创新性和拓展性。基于实证研究内容，本章得到具有新意的结论和讨论有：

第一，列联表是人口迁移流空间结构的良好描述方式，对乘法分量模型的解释具有很好的作用，更重要的是能表达相关乘法分量的数据生成过程。乘法分量模型有很好的包容性，能将空间结构（迁出地、迁入地甚至出生地等）、年龄结构、性别结构等均纳入分析框架，尽管增加分量类型会提升模型表达复杂程度，但其意义依然相对简单而丰富，尤其是交互效应分量对理解区域人口迁移流的内在结构非常有效。比如迁出地—迁入地交互效应分量所表征的区域间联系强度、迁出地—年龄交互效应分量和迁入地—年龄交互效应分量所反映的空间—年龄差异等，更加深化了对于实证中长江经济带 11 省（自治区、直辖市）和中国东部、中部、西部和东北四大区域的迁移流空间结构的研究。

第二，对数线性模型与乘法分量模型本质上一致的，其中对数线性结构能基于功能选择性较强的广义线性模型原理进行模型拟合，对于寻找影响人口迁移流量的内生关键分量具有重要意义。首先，结合人口迁移流量数据更加符合泊松分布、二项分布等而非正态分布的事实，本章实证分析发现中国四大区域人口迁移流的关键分量是年龄主效应 A。其次，迁出地年龄交互效应 OA 也影响较为明显。综合比较，可用 [O D A OA] 的简化模型来指征中国跨区域人口流动的空间特征，这四个参数基本可以刻画中国人口迁移结构，拟合程度达到 82%。

第三，对人口迁移流矩阵的预测在国内还比较罕见，本章基于国外较为成熟的双边比例调整（又称 RAS 法），首次应用人口普查数据对中国长江经济带 11 省（自治区、直辖市）之间的跨区域人口迁移流进行了预测检验，发现 RAS 法在人口迁移流矩阵预测中效果较好，并对 2030 年该区域内人口迁移流矩阵进行了预测。相对于通过传统人口总量来预测，通过 RAS 法预测能够预知未来区域间人口迁移流的交互情况，比起传统总量预测有更加丰富的意义，深化了区域人口结构变化、空间交互联系研究的范畴。

综合以上研究结论，人口迁移流的空间结构描述、数据内生过程和模型表达能丰富人口统计学理论，其基本原理能够进行延展分析，不局限于区域层级和人口学属性特征，比如对大区级、省级、地市级之间的人口迁移流，年龄、性别甚至婚姻、户籍等均可纳入分析。本章的实证分析主要是案例解释，相关研究过程完全可以移植、延展。本章研究也有政策意义，比如人口迁移流矩阵预测，对于流动人口的数量分析、区域治理、协调发展、资源配置和规划应该都具有一定参考意义。总之，人口迁移流的深化研究还有广阔空间，人口空间统计或空间人口学等理论、实证和政策研究还任重道远。本章的目的就在于尝试引入和搭建国内人口迁移流空间结构研究的体系框架或基本程式，推进中国人口空间统计或空间人口学研究。

第五章　人口流动的地缘效应与驱动机制

　　本章概要：中国人口迁移具有典型"地缘"特征，这种特征下的人口迁移过程具有典型的空间效应。而这种"地缘效应"又具有明显的性别异质性，对不同性别的人口迁移流具有不同影响。因此，本章基于流出地和流入地双重空间视角，对中国 31 个省、自治区、直辖市之间的人口迁移流进行了实证分析，并阐释其驱动机制，重点比较了人文经济因素和空间依赖因素对男性、女性人口迁移流的驱动差异，预期有效识别地缘效的性别异质性与驱动机制。

第一节　问题的提出

　　人口流动的典型特征在于连接了流出地和流出地双重空间，这就使得人口流动的空间过程和空间效应得到了更加深入的研究，而既有研究恰恰缺乏对空间效应的量化研究和机制阐释。本章期望达到以下研究目的：第一，通过新的技术方法阐释社会现象，即通过空间 OD 模型，以迁入地、迁出地和迁入地—迁出地交互三种空间自相关形式阐明中国人口迁移流的空间效应，且本章将空间效应更加具体化为地缘效应，对于深化认识中国人口迁移的"地缘"等社会关系特征提供理论依据和量化证据，特别要对"地缘"的作用机制进行图示简化和解构，以便使得地缘效应的空间结构更加明晰。第二，探求和认识中国男性、女性人口迁移流地缘效应与驱动机制的差异，突破既有研究中缺乏性别差异讨论的局面，而不仅是引入空间自相关效应来探讨其迁入地与迁出地的影响。男性和女性在人口迁移模式、影响因素和影响方式都存在异质性，当考虑"地缘效应"后空间机制将发生作用，这种机制在性别方面的异质性将如何体现以及背后的原因是什么？回答这些问题对于深化认识中国人口迁移的内在机理和性别差异具有一定的推进意义。

第二节　变量选择与数据来源

从方法论来讲，人口迁移来源地、目的地、来源地—目的地之间具有空间依赖性，这其实是人口迁移地缘效应的表征，考虑三者的空间依赖性即可量化地缘效应并对其作用机制进行阐释，其中空间 OD 模型就考虑了三者的空间依赖，本章将以此模型为基础，通过空间自相关效应来探求中国人口迁移的地缘效应，并在考虑地缘效应后来分析中国人口迁移的驱动机制。

因变量是中国省际的人口迁移流数据，鉴于人口普查汇总数据仅限于中国 31 个省、自治区、直辖市，本章不包含香港、澳门和台湾地区的数据，人口迁移流为 31×31 阶矩阵，由于各省级空间内部自身的迁移流不算跨省迁移，应该剔除 31 对，剩余 930 对迁移流的观测值，W_o、W_d、W_w 为 930×930 阶矩阵。

解释变量主要借鉴经典的推—拉理论（Harris & Todaro，1970），该理论是经典的新古典主义人口迁移模型理论。它认为决定人口迁移的动力是迁移人口是否能够获得"福利"的提升，而推动这种福利提升的因素就包括迁入地和迁出地的预期收入差异、失业率、迁移成本等，也就是说包括迁出地推力和迁入地拉力两个层面的原因。LeSage 和 Pace（2008）的实证就以美国州级数据进行研究，具体包括迁出地和迁入地的人口总量、区域面积、大学生比例、失业率、抵押贷款比例、不同职业的就业比例（首席执行官或大型公司高管、销售、州政府公务员、地方政府公务员、农民）等。但是，在中国的户籍制度影响下，推拉理论与国际上相比有较大的差异（李强，2003），加之统计数据指标与完善性不一，这里选取几个典型的变量，包括人均 GDP（经济发展）、工资率、私有企业户数、人口总量、高等院校在校学生比例（人力资本）、失业率和城镇化水平。

需要指出的是，文献对于迁出地和迁入地的解释变量是否应该对称一致并未统一。LeSage 和 Pace（2008）、董上（2014）应用了一致性的变量；而于文丽（2012）、曾相嵛等（2015）则都选取了不一致的解释变量，后者认为在中国人口流动的省际流量层面上多数属于进城务工人员，因此需要综合考虑到中国的城乡二元结构特征，推力和拉力并不对称，其在迁出地采用反映居住状况和农民收入的两类变量，在迁入地选用居住状况、基础设施建设和工业增加值三类变量。本章认为，考虑国内外推拉力的差异是必要的，但迁入地、迁出地不一致的变量选取并不妥当。城乡确实有差距,但省际人口迁移并非等同于城乡流动,迁出地并非全部是乡村、迁入地也并非全部是城市;而且在一致性的解释变量下并不影响计量,还能更好识别出迁出地、迁入地的差异,不一致的解释变量反而不能达到这一目的。同时,本章的一个更重要的内容是性别差异,而非城乡差距,因此本章选择迁入地、迁出地对称一致的解释变量,具体如表5-1所示。当然,本章不是在否定城乡迁移的异质性,事实上,人口迁移主要包含乡城迁移和城城迁移,两者在驱动机制和影响因素有明显差异,这种差异性分析具有重要意义,但本章未能做城乡分开考察,主要源于城乡迁移数据限制,无法支持深入研究。

表 5-1　变量名称与含义

变量名称	变量描述
人口迁移流量	中国省际人口迁移流/人
人均 GDP	迁出地、迁入地实际人均 GDP（以 1993 为基期）/万元
人口规模	迁出地、迁入地人口数量/万人
人力资本	迁出地、迁入地高等院校在校学生的比例
失业率	迁出地、迁入地城镇登记失业率/%
工资水平	迁出地、迁入地城镇实际工资水平（以 1993 为基期）/元
企业个数	迁出地、迁入地私有企业数
城镇化水平	迁出地、迁入地城镇化率/%
地理距离	迁出地—迁入地省会之间的距离/千米
空间滞后项（$W_o y$、$W_d y$、$W_w y$）	迁出地、迁入地、迁出地—迁入地空间滞后

需要说明的是,人口普查中人口迁移数据流是现住地与 5 年前居住地的比较,因此解释变量应为 5 年前的数据,本章采用 2005—2010 年的人口变动数据,则解释变量为 2005 年的统计数据。另外,经济层面的数据（实际人均 GDP 和实际工资水平）考虑了价格变动因素才更有实际意义,本章以 1993 年价格为基期,主要考虑到 1992 年后中国深入的改革开放之后才发生了全面大规模的人口迁移流动,之前的人口迁流限制较大、规模较少。以上数据来源于 2010 年"六普"汇总数据和《中国统计年鉴》,后文的模型分析对所有数据进行了对数处理,以消除异方差而且便于模型比较。

第三节　结果分析

一、中国人口迁移流的地缘效应与基本驱动机制

观察式（5-4）可知，解释变量中包含有因变量的空间滞后项，如果使用最小二乘法进行系数估计会得到有偏估计，极大似然估计法（maximum likelihood，ML）则可以得到无偏估计，这是本章将要使用的估计方法。为了比较传统重力模型与空间 OD 模型的估计优劣，根据系数 ρ_d、ρ_O、ρ_w 的 3 个约束条件得到 3 个基本模型：当 $\rho_d = \rho_O = \rho_w = 0$ 时，则不包括任何空间依赖，即为传统的重力模型；当 $\rho_w = 0$ 时，则所构建的模型仅反映迁入地和迁出地独立的空间依赖，而排除了迁出地—迁入地之间相互空间依赖的滤波模型；当不施加任何约束时，则是标准的空间 OD 模型，3 种空间依赖都存在。根据 3 个约束条件，分别进行系数估计，得到 3 个模型，如表 5-2 所示：模型（1）是传统的引力模型，模型（2）是迁入地、迁出地独立空间依赖的滤波模型，模型（3）是模型（2）的基础上叠加迁出地—迁入地之间的相互依赖（空间 OD 模型）。

表 5-2　传统重力模型与空间滤波模型、空间 OD 模型估计结果与比较

解释变量		模型（1）/重力模型		模型（2）/滤波模型		模型（3）/OD 模型	
		系数	P 值	系数	P 值	系数	P 值
迁出地	人均 GDP	0.005 4	0.98	0.973 4***	0.00	0.488 3**	0.02
	人口规模	1.193 0**	0.00	0.635 6***	0.00	0.534 9***	0.00
	人力资本	0.256 7**	0.03	−0.083 7	0.38	−0.079 4	0.36
	失业率	0.704 7***	0.00	0.497 0***	0.00	0.258 3**	0.05
	工资水平	0.148 9	0.38	−0.576 1***	0.00	−0.268 8**	0.04
	企业个数	−0.260 6***	0.01	−0.190 3**	0.03	−0.111 6	0.15
	城镇化水平	−0.619 4*	0.07	−0.585 7**	0.03	−0.314 4	0.21

表5-2(续)

解释变量		模型(1)/重力模型		模型(2)/滤波模型		模型(3)/OD模型	
		系数	P值	系数	P值	系数	P值
迁入地	人均GDP	1.085 7***	0.00	1.293 6***	0.00	0.857 4***	0.00
	人口规模	-0.026 4	0.80	0.195 2**	0.03	0.156 1**	0.05
	人力资本	-0.646 0***	0.00	-0.382 7***	0.00	-0.284 4***	0.00
	失业率	-0.724 2***	0.00	-0.370 8***	0.01	-0.234 3*	0.07
	工资水平	0.435 6***	0.01	0.266 2*	0.06	0.224 2*	0.08
	企业个数	0.694 0***	0.00	0.200 4**	0.02	0.161 2**	0.04
	城镇化水平	-0.255 4	0.45	-0.442 5	0.11	-0.248 0	0.32
距离	省际距离	-1.080 8***	0.00	-0.410 7***	0.00	-0.463 4***	0.00
空间滞后	迁出地空间滞后	—	—	0.363 2***	0.00	0.540 3***	0.00
	迁入地空间滞后	—	—	0.337 8***	0.00	0.502 8***	0.00
	迁出地—迁入地空间滞后	—	—	—	—	-0.366 7***	0.00
Wald X^2		93 975.0	—	141 445.4	—	205 421.1	—
Prob>X^2		0.000 0	—	0.000 0	—	0.000 0	—
Loglikelihood		-1 215.84	—	-1 027.24	—	-939.63	—

注：*、**、*** 分别为10%、5%和1%的显著性水平。

比较3个模型，首先，模型（2）、模型（3）的迁出地、迁入地的空间相滞后项系数都显著为正，说明这两种空间自相关效应都会促进中国省际人口迁移，也意味着迁入地和迁出地在地域空间上集中、连片分布，这其实是地缘效应的典型反映。其中，迁出地空间自相关效应的促进作用表现为：某迁出地人口流向迁入地的过程，会促进该迁出地近邻地区人口也流向该迁入地。首先，迁入地空间自相关效应的促进作用表现为：某迁出地人口流向迁入地的过程，会促进迁出地人口流向该迁入地的近邻。其次，模型（3）的迁入地—迁出地空间滞后项系数也显著，说明迁出地近邻地区与迁入地近邻地区的空间自相关同样影响中国省际人口迁移流量；不过该影响是负向的，表明迁出地与迁入地之间的人口迁移流量会削减迁出地近邻地区与迁入地近邻地区之间的人口迁移流量，反之亦然。

以上两点表明，模型（1）有所不足，忽视了空间依赖性，模型（2）和模型（3）优于模型（1），即空间模型要优于非空间模型。同时，也可以从模型的拟合效度来比较，一般情况下用可决系数 R^2 来表征模型拟合优度，但当变量中出现空间依赖性时，决定系数不再说明整个模型的拟合水平，其作为拟合优度的意义不大（于文丽，2012），故未计算，取而代之的是怀特方差值（Wald X^2）和对数似然值（Loglikelihood）的比较，数据显示，尽管 3 个模型都通过了拟合优度检验（Prob>X^2 的统计值都为 0），但模型（3）的怀特检验值最小，而对数似然值最大，都说明模型（3）要优于模型（2），更优于模型（1），这也表明空间 OD 模型或者空间计量交互模型是最好的选择，最能解释中国省际人口迁移流模式、地缘效应和驱动机制。

鉴于此，为深化认识迁出地、迁入地、迁出地—迁入地交互的空间自相关效应，并对中国人口迁移的地缘效应进行理论阐释，这里用示意图来进行说明，如图 5-1 所示（内圈为迁出地或迁入地，外圈为迁出地或迁入地近邻），如此即可简明理解它们的基本含义和空间结构。迁出地空间自相关效应（图 5-1A）来源于迁出地的人口驱动其近邻人口迁移流流向迁入地；迁入地空间自相关效应（图 5-1B）来源于迁入地的人口驱动人口迁移流流向迁入地邻近地区；迁入地—迁出地空间自相关效应（图 5-1C）认为迁出地与迁入地之间的人口迁移会阻碍迁出地近邻与迁入地近邻之间的人口迁移（负效应，图 5-1 中虚线表示）。用一个简化的案例来说明这一机制：以云南为迁出地、贵州为迁出地近邻，北京为迁入地、天津为迁入地近邻，则：迁出地空间自相关效应表现为云南迁往北京的人口迁移流会促进贵州人口流向北京；迁入地空间自相关效应表现为云南迁往北京的人口迁移流会促进云南人口流向天津；迁出地—迁入地空间自相关效应表现为云南迁往北京的人口迁移流会阻碍贵州人口流向天津。

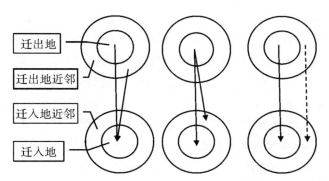

图 5-1　迁出地（A）、迁入地（B）、迁出地—迁入地（C）空间自相关效应

考虑了地缘效应后，下文以最优的模型（3）为基础进行分析，描述其他解

释变量对中国省际人口迁移流的驱动机制。模型（3）显示：①7 个迁出地驱动因子中有 3 个不显著，而 7 个迁入地驱动因子仅 1 个不显著，说明总体上，中国省际人口迁移流受迁出地的推力作用弱于迁入地的拉力作用，表明中国人口迁移更大程度上是对迁入地的"向往"和"美好预期"，进而追求福利的提高，而非对迁出地的"过度抱怨"。②迁出地的人均 GDP、人口规模和失业率的系数显著为正，表明迁出地这 3 个因素对人口迁移流起到驱动作用；其中人口规模表现为人口拥挤促进人口迁出，失业率表现为工作机会减少促进人口迁出；迁出地的工资水平的系数显著为负，表明迁出地这个因素对人口迁移流有阻碍作用，工资水平是收入的表征，即当地有高工资的机会，人口外迁的可能性就越小。③迁入地的人均 GDP、人口规模、工资水平和企业个数系数显著为正，表明这些因素对人口迁移流起拉力作用，更发达的经济、更丰厚的工资、更多的就业机会等都会对人口迁入产生吸引力；迁入地的人力资本和失业率的系数显著为负，表明迁入地的人力资本越充足、失业率越高，将会阻碍人口迁移流流向迁入地。④7 对驱动因子中，迁入地和迁出地的城镇化水平是唯一同时不显著的，即城镇化水平并不是人口迁移的原因。这并不奇怪，事实上，人口迁移流动才是城镇水平高低的原因，而不是相反。现实中，城镇化水平越高（低），人口迁移入（出）的可能性越大（小），但城镇化水平本身并不直接导致人口迁移，人口迁移是其背后涉及的经济发展水平、就业机会、工资水平等导致的。⑤比较迁出地和迁入地对称的因素，发现迁出地的推力因子和迁入地的拉力因子并非完全是对偶关系（相同因子在迁出地和迁入地的系数相反）。其中失业率、工资水平和企业个数是完全对偶，在迁出地是推力，在迁入地则为拉力；而人均 GDP、人口规模和人力资本在迁出地和迁入地的作用表现相同，不管是迁出地还是迁入地，经济发展水平、人口规模都会促进人口迁移，而人力资本都会抑制人口迁移，而这都是能得到合理解释的，说明人口迁移流的驱动机制是复杂的，推力和拉力不是对立矛盾的。⑥迁入地—迁出地的距离因素对人口迁移流有阻碍作用，即距离越远，迁移的可能性越小，距离越近，迁移的可能性越大。这说明（相对全国尺度）短距离迁移还是中国省际人口迁移的主要形式，比如中部往东南地区的迁移居多，东北往京津冀地区的迁移居多。⑦对比模型（3）和模型（1）各因子对应系数的大小，发现空间 OD 模型的系数都显著小于传统重力模型。其表明，如果没有考虑空间自相关效应（地缘效应）的估计，会高估各人文经济因素的驱动作用，而低估甚至忽视空间因素的作用，使估计结论不可靠，显然空间 OD 模型会弥补这一缺陷，进而合理评价社会、经济等变量作用和地缘作用对中国人口迁移流的驱动模式。

二、中国人口迁移流驱动机制与地缘效应的性别差异

既有研究文献鲜有对中国省际人口迁移流的驱动机制分性别的比较分析。而事实上，男性和女性的人口迁移模式、影响因素和影响方式都具有异质性。这种异质性体现在哪些方面呢？为什么会有这些差异呢？本章将就这些问题尝试进行解答，以分性别的省际人口迁移流数据，基于空间 OD 模型进行比较分析。模型估计结果如表 5-3 所示，为了和全国总人口迁移流进行比较，表 5-3 再次给出了模型（3）的结果，以便比较分析，而模型（4）和模型（5）分别为男性人口迁移流和女性人口迁移流的估计结果。

表 5-3　分性别的空间 OD 模型估计结果与比较

<table>
<tr><td colspan="2" rowspan="2">解释变量</td><td colspan="2">模型（3）／合计</td><td colspan="2">模型（4）／男性</td><td colspan="2">模型（5）／女性</td></tr>
<tr><td>系数</td><td>P 值</td><td>系数</td><td>P 值</td><td>系数</td><td>P 值</td></tr>
<tr><td rowspan="7">迁出地</td><td>人均 GDP</td><td>0.488 3 **</td><td>0.02</td><td>0.428 1 **</td><td>0.04</td><td>0.598 7 ***</td><td>0.01</td></tr>
<tr><td>人口规模</td><td>0.534 9 ***</td><td>0.00</td><td>0.523 6 ***</td><td>0.00</td><td>0.531 5 ***</td><td>0.00</td></tr>
<tr><td>人力资本</td><td>−0.079 4</td><td>0.36</td><td>−0.065 1</td><td>0.45</td><td>−0.094 4</td><td>0.29</td></tr>
<tr><td>失业率</td><td>0.258 3 **</td><td>0.05</td><td>0.217 6 *</td><td>0.09</td><td>0.336 9 ***</td><td>0.01</td></tr>
<tr><td>工资水平</td><td>−0.268 8 **</td><td>0.04</td><td>−0.280 9 **</td><td>0.03</td><td>−0.285 1 **</td><td>0.04</td></tr>
<tr><td>企业个数</td><td>−0.111 6</td><td>0.15</td><td>−0.084 1</td><td>0.27</td><td>−0.145 3 *</td><td>0.07</td></tr>
<tr><td>城镇化水平</td><td>−0.314 4</td><td>0.21</td><td>−0.257 4</td><td>0.30</td><td>−0.414 2</td><td>0.11</td></tr>
<tr><td rowspan="7">迁入地</td><td>人均 GDP</td><td>0.857 4 ***</td><td>0.00</td><td>0.873 0 ***</td><td>0.00</td><td>0.827 7 ***</td><td>0.00</td></tr>
<tr><td>人口规模</td><td>0.156 1 **</td><td>0.05</td><td>0.162 4 **</td><td>0.04</td><td>0.152 7 **</td><td>0.06</td></tr>
<tr><td>人力资本</td><td>−0.284 4 ***</td><td>0.00</td><td>−0.274 4 ***</td><td>0.00</td><td>−0.267 0 ***</td><td>0.00</td></tr>
<tr><td>失业率</td><td>−0.234 3 *</td><td>0.07</td><td>−0.194 9</td><td>0.13</td><td>−0.245 7 *</td><td>0.07</td></tr>
<tr><td>工资水平</td><td>0.224 2 *</td><td>0.08</td><td>0.212 9 *</td><td>0.09</td><td>0.238 5 *</td><td>0.07</td></tr>
<tr><td>企业个数</td><td>0.161 2 **</td><td>0.04</td><td>0.131 9 *</td><td>0.09</td><td>0.193 6 **</td><td>0.02</td></tr>
<tr><td>城镇化水平</td><td>−0.248 0</td><td>0.32</td><td>−0.278 6</td><td>0.26</td><td>−0.237 1</td><td>0.36</td></tr>
<tr><td>距离</td><td>省际距离</td><td>−0.463 4 ***</td><td>0.00</td><td>−0.453 3 ***</td><td>0.00</td><td>−0.462 8 ***</td><td>0.00</td></tr>
<tr><td rowspan="3">空间滞后</td><td>迁出地空间滞后</td><td>0.540 3 ***</td><td>0.00</td><td>0.550 3 ***</td><td>0.00</td><td>0.542 1 ***</td><td>0.00</td></tr>
<tr><td>迁入地空间滞后</td><td>0.502 8 ***</td><td>0.00</td><td>0.521 1 ***</td><td>0.00</td><td>0.496 0 ***</td><td>0.00</td></tr>
<tr><td>迁出地—迁入地空间滞后</td><td>−0.366 7 ***</td><td>0.00</td><td>−0.385 4 ***</td><td>0.00</td><td>−0.360 6 ***</td><td>0.00</td></tr>
</table>

表5-3(续)

解释变量	模型(3)/合计		模型(4)/男性		模型(5)/女性	
	系数	P值	系数	P值	系数	P值
Wald X^2	205 421.1	—	188 455.4	—	161 694.3	—
Prob>X^2	0.000 0	—	0.000 0	—	0.000 0	—
Loglikelihood	−939.63	—	−927.49	—	−965.41	—

注:*、**、*** 分别为10%、5%和1%的显著性水平。

表5-3显示,总体上女性迁移流受各驱动因子的影响强于男性,这在驱动因子的个数、系数大小和显著性上均有表现,说明女性迁移的限制因素更多,诸如失业倾向、就业歧视在内的不公平现象显著存在。具体证据包括:①相对于总人口迁移流估计模型(3)的4个不显著因子,男性人口迁移流估计模型(4)有5个不显著因子(迁出地的人力资本、企业个数和城镇化水平,迁入地的失业率和城镇化水平),而女性人口迁移流估计模型(5)仅有3个不显著因子(迁出地的人力资本、城镇化水平和迁入地的城镇化水平)。这说明驱动因素的个数对男性的约束较少,对女性的约束更多,特别表现在迁出地私有企业户数和迁入地失业率上,具体来说就是迁出地私有企业如有招工机会,对女性人口迁出有抑制作用,而对男性不显著;迁入地失业率的提高,同样对女性人口迁入该地有显著抑制作用,即在同样面临失业的情况下,女性再就业的可能性比男性低。②在14个人文经济因子中,仅4个因子的弹性系数是男性大于女性(迁入地的人均GDP、人口规模、人力资本和城镇化水平),而剩余的10个因子都是女性模型中的弹性系数大于男性,表明大多数因子对女性的影响大于男性。③在具有典型竞争性的驱动因子中(尤其对于是迁入地,竞争性会更大),女性模型中对应的弹性系数几乎都大于男性,比如迁入地的失业率、工资水平和企业个数的系数都是女性更大,表明在就业竞争、失业风险、工资水平等方面女性所受到的影响明显大于男性,市场对于女性的"歧视"隐性地反映在分性别的人口迁移流中。

除此之外,还可以发现一些特征:①在3个模型中,迁出地在校大学生人数比例尽管都为负(抑制人口迁出),但都不显著,即迁出地人力资本的多少对人口迁移流没有显著影响。原因是人口要离开某地时,迁出地的人力资本对其不会构成竞争,但要进入某地时,则迁入地人力资本就会构成竞争,因为是来"抢饭碗的",而3个模型中,迁入地在校大学生人数比例都显著为负,符合预期。②距离因子对女性的影响大于男性,且通过1%的显著性检验,表明女性相对于男性受距离的约束更大。事实上，一般认为，长距离迁移中男性居多，女性更多选择短距离迁移；本章研究与事实吻合。③迁出地空间滞后、迁入地空间滞后、迁出地—迁入地空间滞后在3个模型中都显著，其中前两个显著为正，即促进人口迁移，后者显著为负，即阻碍人口迁移，这其实就是地缘效应的表现，具体含义和机制就不再赘述，可见前文。但比较男性、女性估计模型在弹性系数上的大小，发现都是前者大于后者，这表明与其他驱动因子（特别是就业等竞争性因子）相反，男性在人口迁移的空间选择上受空间依赖的影响略强于女性。可能的解释是男性在迁移中有"敢为人先"但"随波逐流"的特征，男性先于女性迁出所面临的风险会通过随大流的空间选择来降低，理性地往大家都"喜欢"迁移的地方流动，因此男性的空间依赖弹性表现略微明显，而女性依然较多地选择随丈夫迁移，在丈夫就业稳定后，女性才随其迁移，尤其是农村人口迁移表现明显，在空间选择上受丈夫（男性）的影响较多，从而在空间依赖的弹性上低于男性。

第四节　本章小结

中国人口迁移具有典型"地缘"特征，这种特征下的人口迁移过程具有空间效应（朱宇，2016），从空间计量视角能更好解释人口迁移的"空间过程"，特别是在新的空间发展理论、空间分析技术和空间计量方法视角下，如何弥补传统研究中忽视空间效应（比如空间自相关性效应）的不足成为新的必要。鉴于此，本章考虑人口迁移的地缘效应，应用空间计量交互模型（空间OD模型）内化人口迁移迁出地、迁入地和迁出地—迁入地的空间依赖性，构建3种不同的空间权重矩阵分别反应迁出地、迁入地和迁出地—迁入地的空间自相关效应（地缘效应），基于"六普"中2005—2010年人口省际迁移流量及分性别数据，对中国31个省、自治区、直辖市之间的人口迁移流进行实证分析，并阐释其驱动机制，重点比较了人文经济因素和空间依赖因素对男性、女性人口迁移流的驱动差异。基于研究内容，得到的具有新意的结论和讨论有：

第一，中国人口迁移流内含显著的空间依赖，这种空间依赖的理论机制和驱动作用通过3种空间自相关效应（地缘效应）表现：迁出地空间自相关效应表现为来源于迁出地的人口驱动其近邻地区人口迁移流流向同一迁入地；迁入地空间自相关效应表现为来源于迁入地的人口驱动人口迁移流流向迁入地近邻地区；迁入地—迁出地空间自相关效应表现为迁出地与迁入地之间的人口迁移会阻碍它们各自近邻地区之间的人口迁移。

第二，总体上，中国省际人口迁移流受迁出地的推力作用弱于迁入地的拉力作用，表明中国人口迁移更大程度上是对迁入地的"向往"和"美好预期"，进而追求福利的提高，而非对迁出地的"过度抱怨"。"世界很大，我想去看看"一定程度上是人口迁移的真实写照，迁入地的工资收入、就业机会、发达的经济带来的便利性等都是吸引人口迁移的原因，而迁出地"故乡"推动人口迁移的动力则不如迁入地的吸引力强。

第三，迁出地的推力因子和迁入地的拉力因子并非完全是对偶关系（相同因子在迁出地和迁入地的系数相反）。部分因子在迁出地是推力，而在迁入地为拉力；部分因子则在迁出地和迁入地的作用表现相同，或者都是推力或者都是拉力，说明人口迁移流的驱动机制是复杂的，推力和拉力不是绝对对立的，不可一概而论。

第四，总体上，女性人口迁移流受各因素的影响强于男性，女性迁移的限制因素更多，这在驱动因子的个数、弹性大小和显著性上均有反映，在现实中则表现为失业倾向、就业歧视在内的不公平现象，尤其是带有典型竞争性的驱动因子中（尤其对于是迁入地，竞争性会更大，包括迁入地的工资率、失业率和就业机会等），女性所受到的影响明显大于男性，在就业竞争、失业风险等方面，市场对于女性的"歧视"隐性地反映在分性别的人口迁移流中。

第五，迁出地空间自相关、迁入地空间自相关、迁出地—迁入地交互空间自相关对男性、女性人口迁移流的驱动作用与全国迁移人口相比，基本结构与空间特征并未发生变化，但是，在弹性系数上都是男性大于女性，表明男性在人口迁移的空间选择上受空间依赖的影响强于女性。可能的解释是男性在迁移中有"敢为人先"但"随波逐流"的特征，男性先于女性迁出所面临的风险会通过随大流的空间选择来降低，理性地往大家都"喜欢"迁移的地方流动，因此男性的空间依赖弹性表现略微明显，而女性依然较多地选择随丈夫迁移，在丈夫就业稳定后，女性才随其迁移，尤其是农村人口的迁移表现明显，在空间选择上受丈夫（男性）的影响较多，从而在空间依赖的弹性上低于男性。

第六，通过比较传统重力模型和本章的空间 OD 模型，发现应用内含空间依赖的空间计量交互模型能得到更可靠的估计结论，可弥补传统研究中高估人文经济因素而低估甚至忽略空间因素的不足；应该说空间计量模型在研究人口迁移等人口空间属性或人口过程时具有更加优良的估计性质，未来在空间人口研究中应该多加考虑空间视角和空间模型。

综合以上研究结论，本章证明了人口迁移流的地缘效应对人口迁移的作用机制具有空间结构特征，有3种空间自相关效应共同驱动中国人口迁移流格局及演变。同时本章发现人口迁移流的地缘效应存在显著的性别差异，这种地缘效应的性别异质性对引导人口迁移流动、婚姻文化现代化具有政策意义。中国多年的进城务工潮中，家庭层面的典型表现更多的是以牺牲女性为代价呈现，男性主外务工，女性主内留守。因此，推进以家庭为单位的流动人口务工服务政策需要创新，企业和政府都应该提供条件鼓励夫妻双方一起"比翼东南飞"。当前随着新型城镇化的推进，以家庭为单位城镇化也是重点之一，比如放开已落户一方配偶的落户，而婚姻文化中也应该鼓励男方入赘的方式，并提供奖励政策。

本章在考虑地缘效应的背景下分析了一个"旧"问题：就业的性别差异或歧视，并有新发现。研究显示，女性迁移受到的限制因素更多，直观的表现是失业倾向、就业歧视等不平等现象，市场对于女性的"歧视"隐性地反映在分性别的人口迁移流中。这种从人口迁移流视角反映就业的性别差异或性别歧视的研究比较鲜见。研究结论告诉我们，女性相对于男性表现出的比较"温和"的人口迁移特征（比如近距离、短期性等），除了角色本身使然，性别不平等可能是关键的原因，尤其表现在就业歧视上，政策在破除性别不平等的道路上还有很长的路要走。尤其对发达地区（迁入地），政府对待就业歧视问题应该有更加强化的政策约束，企业则应该有更加开放、包容的性别平等化企业文化。

第六章　人口流动的区域经济收敛效应

本章概要：中国经济正由高速增长阶段转向高质量发展阶段，区域均衡发展是实现高质量发展的重要目标，而人口流动在区域经济均衡发展中扮演何种角色还未有太多研究。因此，本章以长江经济带104个城市为样本，通过构建经济收敛效应的空间计量模型，分析人口流动在叠加空间溢出效应后对区域经济收敛的复杂影响。本章预期证明两个问题：一是城市经济增长率具有典型的空间自相关或空间依赖性，经济收敛关联经济增长，因此需要考虑空间效应产生的复杂影响；二是人口流动对经济收敛和经济增长空间分布具有显著影响和解释作用。

第一节　问题的提出

区域经济发展与人口流动均具有典型的空间属性，如何有效纳入空间要素和解决空间效应影响来研究人口流动与区域经济发展的关系是新的挑战。本书将在既有研究基础上进一步讨论人口流动叠加空间溢出效应后对经济收敛的影响，以长江经济带城市群为分析样本，考察新世纪后中国区域均衡发展重大战略——西部大开发战略推行以来的城市经济增长收敛特征。因此，可能的边际贡献在于证实具有典型空间属性特征的人口流动与经济增长之间存在非常复杂的影响关系，传统研究中有且仅有的直接作用并不能完全反映两者之间的全部因果响应关系，纳入考虑空间相互作用后，复杂性增加，评判人口流动对经济增长（包括经济均衡发展、缩小差距还是扩大差距等）需要更加全面客观的深化分解和综合研判，需要纳入区域整体分析并考虑区域协同作用，而非空间独立假设所得到的结论。

本章将以长江经济带为例进行实证分析。2016年9月《长江经济带发展规划纲要》正式印发，其中明确提出"健全有利于人口合理流动的体制机制"

"创新区域协调发展体制机制"，人口流动与区域均衡发展均为长江经济带的战略目标，人口流动与经济收敛是否有内在关联是值得探索的新议题。就长江经济带的特征而言，一方面，流动人口数量庞大，既在总人口中占有重要比例，又是极为活跃的劳动资本，对经济增长影响较大；另一方面，长江经济带横跨东部、中部、西部三个地区，是中国流动人口变迁和区域发展过程的缩影。长江经济带覆盖上海、江苏、浙江、安徽、江西、湖北、湖南、重庆、四川、云南、贵州11省（直辖市），国土面积占全国的21%，人口和经济总量约占全国的40%。"六普"显示，长江经济带流动人口总规模为1.08亿人，约占全国总流动人口的42%，其中跨省流动人口规模为7 291万人，省内流动规模为3 531万人。因此，长江经济带人口流动与经济收敛关系是认识中国人口变动与经济变迁的区域范本。

第二节 模型构建与变量处理

一、经济收敛效应的空间计量模型构建

经济收敛检验主要包括 σ 和 β 收敛，其中后者是更为常用的方式，包括绝对 β 收敛和条件 β 收敛。不考虑其他因素的影响，当落后区域增长率高于发达区域时，随着时间的推移，所有区域的增长速度和增长水平会趋于相同，即表现为绝对 β 收敛；增加一些其他的影响变量后表现出的趋同特征则为条件 β 收敛。根据 Barro 和 Sala-i-Martin（1992）关于经济收敛的基础模型：

$$(1/T) \cdot \log(y_{iT}/y_{i0}) = \alpha + \beta\log(y_{i0}) + \varepsilon_i \tag{6-1}$$

其中，$\beta = -\left[(1-e^{-\nu T})/T\right]$ 为收敛系数，而 ν 即收敛速度，y_{it} 和 y_{i0} 分别为末期和初期的人均产值。当考虑人口流动 m 时，基础模型扩展为

$$(1/T) \cdot \log(y_{iT}/y_{i0}) = \alpha + \beta\log(y_{i0}) + \varphi m + \varepsilon_i \tag{6-2}$$

在实证研究中，绝对 β 收敛一般通过以上模型进行分析，而条件 β 收敛目前普遍的做法是采用面板数据估计模式：以当期的增长速度做被解释变量、滞后一期的数据做解释变量，并采取固定效应估计方法：

$$\log(y_{it+1}/y_{it}) = \alpha + \beta\log(y_{it}) + \varphi m + \varphi X + \varepsilon_{it} \tag{6-3}$$

其中，X 为其他控制变量。考虑空间效应后，在式（6-3）基础上构建空间计量模型，一般性的模型是广义嵌套空间模型（GNSM）：

$$\log(y_{it+1}/y_{it}) = \alpha + \rho W \log(y_{it+1}/y_{it}) + \beta \log(y_{it}) +$$
$$\theta W \log(y_{it}) + \varphi m + \delta W m + \varphi X + \tau W X + \varepsilon_{it}$$
$$\varepsilon_{it} = \lambda W \varepsilon_{it} + u_{it} \tag{6-4}$$

其中，W 为空间权重矩阵，ρ 为空间滞后系数，λ 为空间误差系数，当 λ 为 0 且解释变量的空间滞后项系数为 0 时，则退化成空间滞后模型 SLM，当 ρ 为 0 且解释变量的空间滞后项系数为 0 时，则退化成空间误差模型 SEM，当不考虑解释变量的空间滞后项时，则退化为 SAC 模型。因此，本章在实证时分别以 SLM、SEM、SAC 和 GNSM 模型分析，暂不考虑其他模型形式。

为了进一步分析流动人口对经济增长的直接效应和间接效应（空间溢出效应），根据 LeSage、Pace（2009）和 Elhorst（2012）的研究，可进一步将各因素对经济增长的影响分解为直接效应和间接效应：某因素变动本地区经济增长的总体影响为直接效应，包括反馈效应，即对邻近地区的影响又会反过来影响该地区；某因素变动对其他地区经济增长的影响为间接效应。

二、变量选择与数据来源

依据本章研究目的，经济收敛检验的主要变量为人均 GDP 及增长率，本章为城市人均 GDP 及增长率。本章的核心解释变量人口流动指的是城市流动人口增量，其算法参照李拓和李斌（2015）的计算公式，不过本章以流动数量形式而不是流动速度来表现：流动人口增量 m＝年末人口数－上年末人口数－上年末人口数×人口自然增长率。在其他控制变量方面，依据新古典增长模型，资本、劳动和技术或创新等都是主要的增长因素，在此基础上参考其他相关经济增长的文献选择部分指标。本章具体选择的控制变量包括：资本存量，选取当年资本存量占当年 GDP 的比例表示，其中城市资本存量借鉴张军等（2004）的算法得到；劳动力数量，本章欲以劳动人口占总人口的比例表示，但是因为没有单独统计劳动人口，仅有单位从业人口数，所以就以单位从业人口数占总人口的比例表示；创新能力，科学技术是第一生产力，科技创新早已成为推动经济发展的重要动力，本章以城市发明专利数量来表示区域创新能力；外商直接投资 FDI，以外商直接投资占 GDP 总额的比例表示；工资水平以职工平均工资水平表示。

以上变量中，专利数据来源于中国研究数据服务平台，其余指标来源于《中国城市统计年鉴》。需要指出的是，由于部分城市、自治州等数据缺失而不能完整收集到长江经济带全部城市数据，比如《中国城市统计年鉴》未能统计诸如四川省凉山州、阿坝州、甘孜州等自治州数据。同时，时间跨度较长，行政区划变迁导致部分城市不能有长期连续数据，比如贵州的毕节市、铜仁市在撤地设市时变动较大，以致《中国城市统计年鉴》一直未做统计，安徽省巢湖市在区、地级市与县级市之间的变迁，使得数据也不完整。因此，最终本章收集的数据范围为2001—2017年长江经济带104个城市，即便如此，也还有少部分城市和个别年份数据存在缺失，本章通过缺失数据的前后年份进行补缺处理。数据显示，长江经济带城市的平均经济增长率为14.4%，其中下游东部地区均值为12.7%，中下游约为14.8%，初步判断长江经济带经济有收敛的趋势。在流动人口增量方面，最高流入增量为208万，最高流出增量为149万，平均增量为0.8万。

第三节 结果分析

一、长江经济带城市经济增长的空间格局分析

经济收敛的基本含义是落后地区经济增长速度高于发达地区经济增长，这其实是经济增长在空间上的异质性表现，因此这里先从长江经济带城市经济增长的空间格局来直观地分析经济收敛的可能性。本章测算出2001—2017年的各城市的年均经济增长率，表6-1显示，经济高速增长区主要集中在中西部欠发达区域，而经济低速增长区主要集中在长三角发达区域，并且都有比较明显的聚集特征，这初步表明长江经济带存在经济收敛的可能性。为了进一步分析经济增长集聚特征，应用空间自相关方法检验长江经济带城市经济增长率是否有空间依赖性和空间异质性。全局空间自相关检验显示全局莫兰指数为0.4397，Z统计检验量为6.61，大于5%显著性水平统计值1.96，不存在空间自相关的概率为0，表明长江经济带城市经济增长存在显著的空间依赖性，即经济增长率的空间分布并不是随机分布，而是有一定的空间规律，主要是表现出空间集群性和异质性，也表明对后续对经济收敛进行检验和分析需要考虑空间效应。接着看局域空间自相关分析，它是考察差异性的经济增长在空间上的集群性和连片性分布，通常采用局域Moran's I，并通过做集聚图进行分析。表6-2显示，经济增长率的显著高高集聚区（H—H区）集中在湘赣鄂交界区和川贵交界区，是中国比较典型的贫困连片区；低低集聚区（L—L区）则集中于长三角城市群，是中国最发达的区域之一；高低集聚区（H—L区）则围绕L—L区分布，形成环状，低高集聚区（L—H区）则围绕H—H区零散分布。从局域空间自相关集聚图，尤其是H—H区和L—L区分布来看，可以明显看

出长江经济带有经济收敛的特征表现。

表6-1　长江经济带城市经济增长速度

经济增长率	城市
7.63%～13.77%	保山市，昆明市，玉溪市，巴中市，成都市，铜陵市，南京市，常州市，无锡市，苏州市，镇江市，杭州市，绍兴市，金华市，孝感市，武汉市，荆门市，温州市，攀枝花市，达州市，雅安市，亳州市，宣城市，湖州市，宜阳市，台州市，嘉兴市，宁波市，鄂州市，黄石市，贵阳市，舟山市，淮南市
13.78%～15.48%	内江市，南充市，广元市，德阳市，绵阳市，自贡市，芜湖市，蚌埠市，阜阳市，马鞍山市，黄山市，南通市，萍乡市，赣州市，丽水市，衢州市咸宁市，宜昌市，遂宁市，六安市，宿州市，淮北市，滁州市，益阳市，淮安市，盐城市，连云港市，抚州市，景德镇市，重庆市，荆州市，襄阳市，黄冈市，株洲市，永州市
15.49%～19.93%	曲靖市，乐山市，宜宾市，广安市，泸州市，眉山市，泰州市，上饶市，九江市，吉安市，新余市，鹰潭市，怀化市，湘潭市，衡阳市，邵阳市，郴州市，长沙市，资阳市，合肥市，安庆市，池州市，宿迁市，徐州市，十堰市，随州市，娄底市，岳阳市，常德市，张家界市，六盘水市，遵义市，安顺市

表6-2　长江经济带城市经济增长速度局部 Moran's I 分析

空间集聚类型	城市
H—H 区	宜宾市，泸州市，吉安市，新余市，萍乡市，咸宁市，株洲市，湘潭市，益阳市，衡阳市邵阳市，郴州市，娄底市，岳阳市，张家界市，怀化市，长沙市，六盘水市，遵义市，安顺市
L—L 区	上海市，宣城市，马鞍山市，南京市，常州市，金华市，宁波市，杭州市，温州市，湖州市，绍兴市，舟山市，无锡市，苏州市，镇江市，台州市，嘉兴市
L—H 区	宜春市，抚州市，永州市，贵阳市
H—L 区	池州市，滁州市，芜湖市，黄山市，南通市，丽水市，衢州市，扬州市，泰州市，淮安市盐城市
不显著区	除上述城市外的其他城市

二、绝对 β 收敛检验

本章首先通过普通最小二乘估计考察长江经济带104个地级市及下游城市

群（东部城市）、中游城市群（中部城市）和下游城市群（西部城市）的绝对 β 收敛值，并测算其收敛速度 ν，结果报告于表6-3。表6-3中第（1）列至第（4）列为基本估计结果。结果显示，所有 β 估计系数均显著为负，表明不论是整个长江经济带还是其上游、中游和下游城市群都是绝对收敛。将估计系数转换成收敛速度，其中全样本显示收敛速度为2.7%，依据半程收敛时间的简便算法（彭国华，2005），估计需要26年。分区域来看，长江经济带各区域的收敛速度不一致，存在非均衡收敛关系，收敛速度从大到小依次为东部、中部和西部，分别为5.6%、1.2%和2.6%，半程收敛时间分别为12.5年、58年和27年。这表明长三角城市群收敛速度最快，会在最短时间内趋于"均衡"增长，而中部城市群收敛速度最小，需要足够的时间才能达到稳态增长水平，西部的收敛速度与整个长江经济带的总体水平基本保持一致。

表6-3　长江经济带经济增长的绝对 β 收敛检验

变量	（1） 长江经济带 （全样本）	（2） 下游城市群 （东部）	（3） 中游城市群 （中部）	（4） 上游城市群 （西部）
收敛系数 β	−0.022***	−0.037***	−0.011*	−0.021***
	(0.003)	(0.005)	(0.006)	(0.006)
常数	0.342***	0.476***	0.241***	0.329***
	(0.024)	(0.047)	(0.050)	(0.052)
收敛速度 v	0.027	0.056	0.012	0.026
观测值	104	25	52	27
R-squared	0.399	0.709	0.064	0.322

注：括号内数值为稳健标准误；***、**、*分别表示1%、5%和10%的显著性。本章表同注。

然后纳入人口流动变量再检验长江经济带104个地级市经济增长的收敛性。需要指出的是，严格意义上讲，当加入任何其他变量时即转化为条件 β 收敛，鉴于本章重点要关注人口流动对城市经济增长收敛性的影响，当且仅当加入人口流动变量是暂且归为绝对 β 收敛，再加入其他变量时则为条件 β 收敛，以区别于后文。最小二乘估计结果如表6-4所示，显示长江经济带及其上、中、下游城市群依然保持绝对 β 收敛的稳健性。对比前文，当纳入人口流动时发现，①全样本估计显示流动人口增量显著为负，即总体来讲，长江经济带区内城市的流动人口增量为区内带来区域经济增长的负效应，可能的原因是，依据新古典增长理论，在人口或劳动力方面，流动人口的数量本身并不是经济增长的直接因素，而是流动人口带来的劳动力和人力资本附加到区域生产和创新过程中带来经济增长，因此从数量和增量来估算人口流动对经济增长的影响会得到负向影响。诚然，人口流动给城市发展带来了活力，特别是劳动密集型的制造业和服务业历来是流动人口的主要业态，从这一点来说，人口流动带来的"人口红利"不可忽视，对流动人口的贡献也应大加赞赏。不过，从估计结果来看，流动人口数量对经济增长本身的贡献呈现负效应，说明笼统定论流动人口与经济增长的关系需要谨慎，事实上，人口流动与经济增长的关系在学界的大量实证中依然存在争论，本章的结论仅是支持了争论的一方而已，只是长江经济带的经济增长如此。当然，该结论是否稳健，后续将进一步进行条件收敛检验。同时，考虑空间效应后，最终结论还有待进一步分析。②从收敛性角度来讲，流动人口增长量系数为负的另一层含义是其可能会缩小区域经济差异，尽管判断经济收敛的核心指标是 β，即初始人均产出水平的系数，但流动人口规模大的地区一般也是产出水平高的发达地区，反之亦然，因此有理由相信流动人口增长量能在一定程度上反映经济收敛现象，本章估计结果表明人口流动有利于缩小长江经济带城市之间经济差异。③流动人口增量对东部城市影响为正，但不显著，对中西部的影响显著为负，且系数大小一致。这说明，流动人口增长没有影响长江经济带下游城市群的经济增长，而对中西部城市有显著的阻尼效应，原因可能在于长江经济带中西部主要是外流地，劳动人口特别是农业劳动人口总体上本身过剩，使得流动人口增量带来更大的负效用，不利于经济增长。④除了长江经济带东部城市不变之外，全样本及中西部城市估计的绝对收敛系数 β 收敛和收敛速度 ν 都有微弱减少趋势，降低 $0.1\% \sim 0.2\%$，表明流动人口可能会延迟区域经济增长的收敛进程。

表6-4　纳入人口流动的长江经济带经济增长绝对 β 收敛检验

变量	(1) 长江经济带 （全样本）	(2) 下游城市群 （东部）	(3) 中游城市群 （中部）	(4) 上游城市群 （西部）
收敛系数 β	-0.021[***]	-0.037[***]	-0.009[*]	-0.020[***]
	(0.003)	(0.005)	(0.006)	(0.006)
m	-0.191[***]	0.015	-0.239[**]	-0.239[*]
	(0.069)	(0.106)	(0.108)	(0.135)
常数	0.331[***]	0.478[***]	0.232[***]	0.319[***]
	(0.024)	(0.050)	(0.048)	(0.051)

表6-4(续)

变量	(1)	(2)	(3)	(4)
	长江经济带（全样本）	下游城市群（东部）	中游城市群（中部）	上游城市群（西部）
收敛速度 v	0.026	0.056	0.010	0.024
观测值	104	25	52	27
R-squared	0.441	0.709	0.150	0.400

三、条件 β 收敛检验：普通面板数据模型

条件 β 收敛估计需要增加相关控制变量，普通面板估计结果如表6-5所示，其中第（1）列是不考虑任何控制变量，第（2）列和第（3）列分别是不加入和加入人口流动变量，以显示人口流动对条件收敛的影响。第（4）列至第（6）列分别是长江经济带东部、中部和西部城市群的估计结果。需要说明的是，本章面板数据估计采用固定效应方法，因为随机效应的假定要求未观测效应与解释变量不相关。固定效应则不需要这种严格假定，它允许未观测效应与解释变量可以存在相关关系（Miller & Upadhyay，2002）。随机效应的这种假定被认为不太合适（彭国华，2005），Islam（1995）、周少甫和陈哲（2020）等都直接运用固定效应进行估计。因此，本章从先验理论出发，也直接使用固定效应方法。

估计显示：第一，加入相关变量后，长江经济带及东部、中部、西部经济增长率同样与初始经济水平在1%水平上显著负相关，这表明以上地区经济增长存在着条件收敛，各地区都在向自身的稳态水平收敛。第二，长江经济带区内各区域的收敛速度不一致，依次为西部>东部>中部，这与绝对收敛的结果排序上有所差异；西部城市群收敛最快的可能解释是西部除了少数城市外，多数城市整体发展水平较低，有类似于"经济塌陷集聚"的特征，使得相对落后区域追赶内部相对发达地区的难度较小，收敛速度相对最快；东部则整体相对发达，有"经济高地聚集"的特征，使得经济收敛速度也较快，而中部收敛速度明显低于前两者，可能在于中部城市间的发展差距最大，落后地区难以追赶相对发达地区，使得收敛速度最慢。第三，流动人口增量对长江经济带经济增长的影响对于全样本和中部城市具有显著负向影响，但对于东部和西部城市群尽管表现出负向系数，但并不显著。综合前文结果发现，在截面数据和面板数据估计结果中，仅中部城市都显示流动人口增长对其经济增长具有负向影

响，有理由相信长江经济带中部城市人口流动可能因结构等因素不利于本地经济增长，这值得中部城市反思。另外，还有其他控制变量，从全样本来看，变量均显著，但分区域估计是有所差异，限于篇幅，这里先不急于分析，后续再空间面板数据模型中统一进行解释。

表 6-5　普通面板模型下条件 β 收敛检验

变量	（1）长江经济带（全样本）	（2）长江经济带（全样本）	（3）长江经济带（全样本）	（4）下游城市群（东部）	（5）中游城市群（中部）	（6）上游城市群（西部）
Lngdppc	−0.069 ***	−0.390 ***	−0.392 ***	−0.612 ***	−0.209 ***	−0.779 ***
	（0.010）	（0.022）	（0.022）	（0.050）	（0.026）	（0.051）
m			−0.088 *	−0.159	−0.098 *	−0.058
			（0.051）	（0.529）	（0.054）	（0.137）
K		0.005 **	0.005 **	−0.001	0.010 ***	−0.005
		（0.002）	（0.002）	（0.003）	（0.003）	（0.005）
L		−1.731 ***	−1.766 ***	−4.908 ***	−1.915 ***	−0.678
		（0.397）	（0.397）	（1.152）	（0.483）	（0.730）
innovation		0.081 ***	0.081 ***	0.118 ***	0.035 ***	0.103 ***
		（0.010）	（0.010）	（0.022）	（0.011）	（0.032）
FDI		1.399 ***	1.393 ***	0.890	1.109 **	1.314
		（0.382）	（0.382）	（0.597）	（0.431）	（2.014）
wage		0.059 ***	0.059 ***	0.057 ***	0.029 ***	0.225 ***
		（0.007）	（0.007）	（0.014）	（0.007）	（0.026）
常数	0.822 ***	3.505 ***	3.524 ***	5.894 ***	1.990 ***	6.559 ***
	（0.099）	（0.195）	（0.195）	（0.478）	（0.234）	（0.428）
观测值	1，664	1，664	1，664	400	832	432
R-squared	0.029	0.182	0.183	0.293	0.124	0.380

四、条件 β 收敛检验：空间面板数据模型

依次对长江经济带城市群进行空间滞后建模 SLM、空间误差建模 SEM、空

间自相关建模 SAC 和广义嵌套空间建模 GNSM，为了比较观察人口流动变量对估计经济增长的影响，对每个模型分别考虑不加入和加入流动人口增量变量进行估计，得到八个模型，结果报告于表 6-6。结果显示：第一，条件收敛的 β 系数依然在 1% 水平下显著，表明长江经济带经济增长条件收敛的结论比较稳健，总体上空间面板模型的 β 收敛系数要略高于普通面板模型，即空间因素可能在一定程度上促进了区域收敛，小幅度加快了区域均衡发展。第二，流动人口增量一致显著为负，依然表明从数量上来计量流动人口对经济增长率的影响并不利于区域增长，反而对经济增长有阻尼效应，每万人流动人口增量将使得经济增长下降约 0.1%；一般来说，流动人口增量多的地方为发达地区，增量少甚至负增量的地区为欠发达地区，总体则是抑制前者而促进后者经济增长。同时，基于区域流动人口规模与人均产出水平高度相关的合理性假设，流动人口增长量系数为负的结论表明人口流动能显著缩小区域经济差距。因此，人口流动的最终是利于区域均衡发展。第三，对比每类空间模型下的两个子模型，发现加入流动人口增量后 β 系数值略有增加，即收敛速度略加快，表明人口流动将促进区域经济均衡发展的加快。第四，流动人口增量的空间滞后项 $W \cdot m$ 显著为正（GNSM 模型中），表明目标城市的周边流动人口增量有利于本地经济增长，这与 m 形成对比，一正一负的结果表明地区之间是竞合关系。综合两者的效应，如果简单化计算，系数之和为正，人口流动对经济增长的总增长效应则为正，尽管这种简化测度值得商榷，但能在一定程度上说明，评估流动人口在城市经济增长中的效果时，应该考虑区域整体性和空间协同作用。第五，在其他控制变量方面，除了少数不显著的情况，总体上资本存量（K）、创新能力（innovation）、外商直接投资（FDI）和工资率（wage）对经济增长具有显著的促进作用，这与同类研究结论果一致，无须过多解释。但是劳动力比例 L 的估计结果显示：在前两类模型中对经济增长产生负影响，且 SLM 中系数显著，与一般的人口红利研究成果不一致；而在后两类模型中显著为正。产生不一致的原因可能一方面是模型设定本身，另一方面可能是该指标的含义是单位从业人员（主要是"国家工作人员"，而不是一般意义层面的 15～64 岁劳动人口）占总人口的比例，该比例高说明这个地区重要，经济规模较大、发展较好，需要的人员多；但政府工作人员多、规模庞大，有时候效率也较低（唐天伟，唐任伍，2011）；限于数据原因，本章选择该指标后，部分模型出现正向结果而部分为负向结果，不过均能合理解释。

表 6-6　空间面板模型下条件 β 收敛检验

变量	SLM		SEM		SAC		GNSM	
	(1)	(2)	(3)	(4)	(5)	(6)	(7)	(8)
lngdppc	−0.373***	−0.375***	−0.511***	−0.515***	−0.665***	−0.669***	−0.850***	−0.853***
	(0.020)	(0.020)	(0.025)	(0.025)	(0.024)	(0.024)	(0.026)	(0.026)
m		−0.088*		−0.105**		−0.108***		−0.110**
		(0.053)		(0.050)		(0.039)		(0.044)
K	0.003*	0.003*	0.003*	0.003*	0.002	0.002	0.002	0.002
	(0.002)	(0.002)	(0.002)	(0.002)	(0.002)	(0.002)	(0.002)	(0.002)
L	−1.500***	−1.535***	−0.609	−0.654	1.033***	0.967**	2.648***	2.574***
	(0.364)	(0.364)	(0.466)	(0.466)	(0.400)	(0.399)	(0.516)	(0.515)
innovation	0.083***	0.083***	0.112***	0.113***	0.038***	0.038***	0.014**	0.015**
	(0.009)	(0.009)	(0.010)	(0.010)	(0.010)	(0.010)	(0.008)	(0.008)
FDI	1.069***	1.063***	0.562	0.537	0.731***	0.705***	0.776**	0.746**
	(0.351)	(0.351)	(0.371)	(0.370)	(0.291)	(0.290)	(0.338)	(0.338)
wage	0.054***	0.054***	0.053***	0.053***	0.013**	0.014**	0.014*	0.014*
	(0.006)	(0.006)	(0.006)	(0.006)	(0.006)	(0.006)	(0.006)	(0.006)
$W \cdot$ Lngdppc							0.794***	0.799***
							(0.033)	(0.033)
$W \cdot m$								0.128*
								(0.074)
$W \cdot K$							−0.001	−0.001
							(0.002)	(0.002)
$W \cdot L$							−3.334***	−3.239***
							(0.559)	(0.560)
$W \cdot$ innovation							−0.018*	−0.020**
							(0.011)	(0.011)
$W \cdot$ FDI							−0.127	−0.109
							(0.438)	(0.437)
$W \cdot$ wage							0.018*	0.018*
							(0.010)	(0.010)
rho	0.341***	0.341***			0.589***	0.591***	0.732***	0.732***
	(0.028)	(0.028)			(0.034)	(0.034)	(0.027)	(0.027)
lambda			0.531***	0.533***	0.898***	0.899***	0.491***	0.491***
			(0.035)	(0.035)	(0.011)	(0.011)	(0.058)	(0.058)
观测值	1,664	1,664	1,664	1,664	1,664	1,664	1,664	1,664
R−squared	0.183	0.184	0.183	0.184	0.178	0.178	0.184	0.186

迁徙的力量：人口流动对中国经济社会的多维影响效应研究

五、空间效应分解：直接效应与空间溢出效应的估计

当存在空间溢出效应时，某个影响因素的变化不仅会影响本地经济增长及收敛性，可能还会影响其周边经济增长和收敛性，并通过循环反馈引起一系列变化调整。将各因素对经济增长的影响分解为直接效应和间接效应：某变量变动对本地区经济增长的总体影响称为直接效应，它包含了空间反馈效应，即目标城市某因素变动影响邻近城市经济增长、邻近城市经济增长反过来影响目标城市经济增长这一循环往复的过程；某变量变动对目标城市周边区域经济增长的影响为间接效应，即空间溢出效应。这里以 SAC 空间效应分解结果为例，结果报告于表 6-7。结果表明：第一，核心解释变量人均 GDP 对数 lngdppc 和流动人口增量 m 都显著，即表明两者都存在直接效应和空间溢出效应，并形成总效应。具体来说，lngdppc 的直接效应显著为负，说明目标城市是经济增长是收敛的，但其空间溢出效应为正，表明目标城市的 lngdppc 对其周边城市经济增长产生促进作用，能提升周边城市经济增长，从收敛性角度则其有发散作用，最后的综合作用即总效应依然显示是收敛的。m 的直接效应显著为负，表明流动人口增量对本地经济增长有消极作用，但其间接效应为正，表明目标城市的 m 对周边城市经济增长具有促进作用，提升周边城市经济增长率。因此，从空间效应分解角度说明人口流动对经济增长的影响评价需要全面分析，并充分考虑整个区域的空间相互作用，强调目标区域、城市与周边区域、城市的空间关联及空间溢出效应。第二，其他变量方面，资本存量系数都不显著，与前文 SAC 回归结果一致；而劳动投入、创新能力、外商直接投资和工资率的直接效应均为正，促进目标城市经济增长，而间接效应均为负，减缓周边城市经济增长，总效应均为正。

表 6-7   空间效应分解结果

变量	直接效应	间接效应	总效应
lngdppc	-0.719*** (0.026)	0.299*** (0.016)	-0.412*** (0.019)
m	-0.117*** (0.040)	0.049*** (0.016)	-0.069*** (0.023)
K	0.002 (0.016)	-0.001 (0.001)	0.001 (0.023)
L	1.035** (0.420)	-0.432** (0.177)	0.604** (0.44)
innovition	0.041*** (0.010)	-0.017*** (0.004)	0.024*** (0.006)
FDI	0.743*** (0.305)	-0.285*** (0.127)	0.458*** (0.179)
wage	0.014** (0.006)	-0.006** (0.003)	0.009** (0.004)

六、人口流动与经济收敛关系的复杂性：多维空间效应分析

当纳入空间相互作用或空间依赖性时，人口流动与经济增长及其收敛性的关系变得更加复杂，多种效应并存。为了更加清晰地表达前文空间计量分析中所反映的各种空间效应的作用机制，这里用简化的图示进行直观分析，如图6-2所示。其中，m表示目标城市人口流动变量（计量模型中表示流动人口增量），$W \cdot m$则表示邻近城市人口流动变量；g表示目标城市经济增长率，$W \cdot g$表示邻近城市经济增长率；箭头表示几种空间效应的作用方向：是来自目标城市还是来自周边城市的作用，是对目标城市还是对邻近城市的作用（为了表达方便，虽不完全科学，本章将$W \cdot m$对g的影响暂称为邻近效应）。首先，负向的直接效应表明目标城市流动人口增量在研究期内减缓了目标城市的经济增长（类似于传统研究的单维度分析所得到结论），正向的溢出效应表明目标城市流动人口增量促进了周边城市经济增长，正向的邻近效应表明周边城市流动人口增量促进了目标城市经济增长。

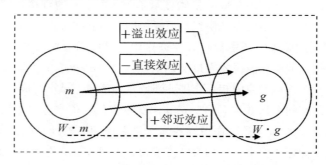

图6-2　人口流动与经济增长空间效应的作用机制

基于图6-2的分析及前文的空间计量分析结果，充分说明具有典型空间属性特征的人口流动与经济增长之间存在非常复杂的影响关系，传统研究中有且仅有的直接作用并不能完全反映两者之间的全部因果响应关系。从本章研究中可以看出，至少有三种效应发生作用。当然，本章绝不是要否认既有研究结论，而只是前人研究基础的拓展，是更加全面、深化人口流动对经济增长的研究。不过从图6-2中还可以看出，有条虚线指向的是周边城市人口流动对周边城市经济增长的影响，囿于方法限制本章未做讨论。不过至少说明考虑空间相互作用后，复杂性增加，评判人口流动对经济增长（包括经济均衡发展、缩小差距还是扩大差距等）需要更加全面客观的深化分解和综合研判，需要纳入区域整体分析而非个体定论。本章已有三种空间效应分解结果可以看出，

将系数汇总相加得到综合效应为正，具体数据表明每万人流动人口增长最终会促进全域城市平均经济增长 0.06%，这说明人口流动最终是提升经济增长的而非单维直接效应的阻碍经济增长，加上前文的分析，说明人口流动也会小幅度加速经济收敛。因此综合来看，人口流动对经济增长和经济均衡发展都是有利的，至少在长江经济带内的城市证实了该结论。

第四节　本章小结

本章主要证明两个问题：一是城市经济增长率具有典型的空间自相关或空间依赖性，经济收敛关联经济增长，因此需要考虑空间效应产生的复杂影响；二是人口流动对经济收敛和经济增长空间分布具有显著影响和解释作用。对于前者，本章认为城市经济增长差异及分布是一个典型的空间现象，内含有空间关系和空间规律，因此缺乏空间视角或者说是空间均质化假设下的研究结论值得商榷。经济增长差异的普遍规律可能因为空间尺度（省域或市域等）不同产生所谓"悖论"现象，所以摒弃空间相互独立的假设、考虑空间效应成为研究经济增长分布特征新的选择，空间计量模型便是有效方式。对于后者，人口流动是当前社会运行的基本过程，类似于长江经济带的大城市在一定时期内将持续保持高比例的流入人口，而中小城市或落后城市则可能继续保持一定比例的输出人口。

单纯从直接效应估计结果来看，人口流动对长江经济带特别是长江经济带中游城市经济增长带来阻尼效应，但不能因此而否定和阻止人口流动。首先，人口流动并未给东部和西部带来同样的经济增长，而恰恰这两个区域是中国经济差异的两端，西部有人口过剩的输出压力，东部有劳动力需要的动力。其次，流动人口自身有"用脚投票"的理性，"流"还是"留"自有分寸，外部需要做的是社会融合等服务性工作。最后，本章得到的人口流动的综合效应为正，即人口流动促进经济增长，该结果考虑到空间相互作用和空间效应，更加符合区域协同发展的事实。因此，本章的研究意义就在于对经济增长分布空间属性的深化认知，特别是对传统研究中有关区域增长研究建模过程中忽视空间自相关的不足做出了梳理。具体来说主要有以下研究突破：一是放松传统要素分布研究中隐含的空间相互独立假设条件的约束，应用空间模型在更大范畴内解释经济增长及空间溢出特征；二是应用了多种方法验证了基本研究结论，但本章并非要否定前人的研究成果，也并非要否定其研究方法，而是在具有共识的基础上考虑空间因素进一步深化人口流动对经济收敛影响的复杂性。

对于人口流动对长江经济带的经济增长具有负效应的结论，如果仅从直接效应来讲，流动并不有利增长，这与既有相关文献关于全国或其他局部区域的结论大体一致。但从本章综合估计效应来讲，人口流动显然是有利的，因此从地方政府竞争角度来讲，不论是流入地还是流出地，地方政府都乐于人口流动，但仅限于"流动"而已，并不是彻底福利化的改革。原因在于对发达的流入地来讲，可以使用外来廉价劳动力且不用承担其福利成本，以低成本保持地方竞争优势；而对于欠发达的流出地来讲，外出人口户籍保留在当地，从而能继续享受财政转移支付；同时流出人口收入增长在其回流后能拉动当地消费水平，有利于推动当地经济发展。鉴于此，理性的发达地区政府与欠发达发达地区政府，均以维持现有流动人口管理制度来获取人口红利，它们认为维持现状是有利可图的（张焕明，陈年红，2012）。从全国来讲，这种流动人口与城市福利剥离的管理制度的弊端是流动人口的社会福利、合法权益不能得到保障，他们长期处于一种相对弱势甚至相对贫困状态。因此，以户籍制度为背景的改革或以福利覆盖为基础的政策在当前的流动人口治理中推进缓慢，也导致以人为本的城镇化工作还有很多的阻力要破除。

鉴于研究结论及对当前流动人口治理困境的现实，本章认为人口流动总体是有利于区域经济增长的，同时，基于流动人口规模与人均产出水平的高度相关性，直接效应估计中流动人口增长量系数为负的结论表明人口流动能显著缩小区域经济差距，进一步说明人口流动对于促进经济增长和缩小区域差异的双重作用，因此需要正视人口流动的重大历史作用与现实意义。虽然特大城市因流动人口较多给城市治理带来一定挑战，但不能仅从人口规模单维角度看到城市治理的困境，而应反向考量人口聚集的规模效应如何转化为城市治理的优势。因此，要进一步了解人口流动的地理过程、时空演变规律，不仅不必过度担心中国大规模的流动人口，反而要应用其规律来助力疫情防控甚至是助力特大城市治理体系构建。因此，对于特大城市流动人口治理不能"一刀切"地"赶人"，而应该加大户籍制度改革力度，特别注重流动人口福利权益的保障。近年密集的改革举措确实都是有利于流动人口福祉的，也是以人为本的，只是希冀政策能真正"落地"。

第七章 人口流迁的区域经济差距效应

本章概要： 区域经济差距和经济收敛都是区域均衡发展的重要表现，在上一章基础上，本章进一步区分讨论人口流动和人口迁移在叠加空间溢出效应后对经济差距的非线性影响。本章以长江经济带城市群为分析样本，对长江经济带流动人口及迁移人口的空间格局与经济差距格局进行分析，再利用空间面板模型考察 21 世纪以来中国推行区域均衡发展重大战略——西部大开发以来的人口流迁对区域经济差距效应。

第一节 理论机制

欠发达地区在劳动力供给过剩的情况下往往还伴随着劳动岗位不足，相反发达地区劳动力需求盈余、劳动岗位充足，因此形成空间梯度，发达地区对欠发达地区的剩余劳动力产生"拉力"作用，吸引劳动力跨区域流动；同样欠发达地区对其劳动力产生"推力"作用，促使劳动力外流（见图 7-1）。另外，中国经济发展向大城市集聚，沿海地区优先于中西部地区，各类资本等生产要素由欠发达地区流向发达地区，使得发达地区创新水平、收入和消费水平等增长快于欠发达地区，所以改革初期区域之间的经济差距持续被拉大。近些年，因人口流动的自由迁徙、城镇化推进等动力影响，部分城市常住人口数量急剧增长，要素成本、交通、教育、房价以及污染等拥挤效应明显，带来一定的负面影响；加之经济发展开始转型，从高速增长转向高质量发展，发达地区经济增速有所放缓；再加上远距离流动需要考虑到小孩抚养和老人赡养等成本问题，"城市梦"的追求出现降温，流动人口就近就业的比例不断上升，欠发达地区发挥后发优势，经济迎来较快发展，因此区域之间的经济差距可能在缩小。从理论分析来看，区域经济差距处于动态变化过程，人口流动、人口迁移与区域经济差距理论上存在耦合关系，但人口流迁本身与区域经济差距表现为扩大效应还是缩小效应，或同时存在，这需要通过数据实证考察其内在耦合机制和量化关系。以上分析了本章的核心解释变量人口流动对区域经济差异的影响，不过影响区域经济差异的要素不仅限于人口流动，还有其他因素，这将在变量选择时再进一步分析。

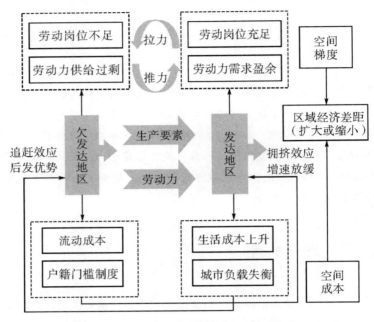

图7-1　人口流动与城市经济差距的理论分析框架

第二节　模型构建与变量处理

一、经济差距效应的空间计量模型构建

本章实证部分考虑两个问题：人口流迁与区域经济差距的非线性关系、对空间溢出效应的影响。因此本章构建的空间面板数据模型的核心解释变量为人口流动、人口迁移及其平方项。空间面板数据模型是在普通面板模型的基础上纳入空间效应。空间面板数据模型有多种形式，最为经典的两种模式是空间面板滞后模型和空间面板误差模型。其中，空间面板滞后模型是假定因变量存在空间依赖性，本章模型设定为

$$y_{it} = \alpha + \rho W y_{it} + \beta_1 m_{it} + \beta_2 m_{it}^2 + \varphi X_{it} + \varepsilon_{it} \qquad (7-1)$$

其中，W 为空间权重矩阵；ρ 为空间滞后系数；y 为因变量区域经济差距，m 为人口流动量或人口迁移量，X 为其他控制变量；i 和 t 分别为城市和年份；α 为截距项，β 和 φ 为变量系数，ε 为误差项。因此，判断 β_1 和 β_2 的显著性和符号方向即可得到两者非线性关系的具体形式。空间面板误差模型是假定误差存在空间依赖性（其中 λ 为空间误差系数），本章模型设定为

$$y_{it} = \alpha + \beta_1 m_{it} + \beta_2 m_{it}^2 + \varphi X_{it} + \varepsilon_{it} \qquad (7-2)$$

$$\varepsilon_{it} = \lambda W \varepsilon_{it} + u_{it} \qquad (7-3)$$

其中，u 为误差项。以上模型中的空间滞后系数 ρ 和空间误差系数 λ 并不能准确指代人口流迁对经济差距的空间溢出效应，需要通过直接效应和间接效应（空间溢出效应）联合估计两者的具体影响程度。根据 Elhorst（2012）关于解释变量对于被解释变量偏导数矩阵形式，矩阵对角线上的元素平均值为解释变量对其自身经济差距的直接效应，矩阵非对角线上的元素平均值为解释变量对其周边区域经济差距的空间溢出效应或间接效应。

二、变量选择与数据来源

因变量为区域经济差距，其中常见的定义方式为本城市人均 GDP 与全部城市人均 GDP 平均值的差值（鲁万波 等，2018），它被称为全局区域经济差距。为了进一步分析经济差距的局域性，还定义了另一种方式：本城市人均 GDP 与该城市所在省份所有城市人均 GDP 平均值的差值，它被称为省内区域经济差距。核心解释变量流动人口规模或迁移人口规模 m 及其平方项 m^2，对于流动人口规模，国家没有公开发布地市级及以上城市连续年份的流动人口统计数据，因而无法准确获取城市流动人口数量的精确面板数据。现有研究中关于城市流动人口数量的数据主要来自全国人口普查或抽样调查，这些数据均缺乏时间上的连续性，难以有效满足面板模型计量分析的要求。《中国城市建设统计年鉴》公布了城市暂住人口数据（中国住房和城乡建设部，2019），并将其界定为"离开常住户口地的市区或乡、镇，到本市居住半年以上的人员"，因此本章将其中公布的暂住人口界定为城市流动人口（杨晓军，2019），尽管半年以内的短期暂住人口未能纳入统计可能导致不完全精确，但在流动人口数据极其稀缺的情形下，它不失为可行的代理数据。对于迁移人口规模，其算法参照刘涛（2021）和李拓（2015）等的计算公式（迁移人口＝年末人口数−上

年末人口数－上年末人口数×人口自然增长率）；数据来源于《中国城市统计年鉴》，该年鉴上的人口数据为户籍人口数据，恰好为户籍迁移人口计算提供了较为精准的统计。

在其他控制变量方面，依据新古典增长模型，资本、劳动和人力资本等都是主要的增长因素，在此基础上参考其他相关经济增长的文献选择部分指标。具体选择的控制变量包括：①物质资本（K），选取固定资产投资总额占当年GDP 的比例。②劳动力数量（L），拟以劳动人口占总人口的比例表示，但因为没有单独统计劳动人口，仅有单位从业人口数，所以以单位从业人口数占总人口的比例表示，亦可称为劳动参与率或人口数量红利。③人力资本 H，选取高等学校在校人数占总人口的比例表示，亦表示人口质量红利。除了以上三者，还有诸多因素可能与区域经济差异或经济敛散性相关（贺芃斐，2021）。其中包括：④创新能力，科学技术是第一生产力，科技创新早已成为推动经济发展的重要动力，以城市发明专利数量来表示区域创新能力（innovation）。⑤消费动力亦是推动经济增长的重要渠道，尤其在中国更是作为驱动经济发展的“三驾马车”之一，以全社会消费零售总额占 GDP 总额的比例来表征消费动力（consumption）。⑥市场化水平是营商环境的重要指征，而良好的营商环境也可能会促进本地经济与其他区域经济的扩大（董雪兵 等，2020），以私营和个体从业人员数在总就业人数的比重表征市场化水平（marketization）。⑦研究显示，外商直接投资也会影响地区之间经济差距（周玲，2020），本章也将其纳入考量因素中，并以外商直接投资占 GDP 总额的比例表示外商直接投资（FDI），该指标也是区域对外开放程度的一种表示。⑧另外，城市化水平在中国现代化进程中也发挥了重要作用，不过其在经济差异上的角色需要进一步讨论，王英杰（2017）指出大城市化（城市人口达百万以上）会促进中国城市间经济的条件收敛，而一般意义上的城镇化有何影响还未有深入讨论，亦将该指标纳入分析。需要指出的是，中国各城市连续年份的城镇化人口或城镇化率并未有全面数据，以非农业人口的比重作为城镇化（urbanization）的代理指标。以上变量中，专利数据来源于中国研究数据服务平台①，其余指标来源于《中国城市统计年鉴》。

需要指出的是，由于部分城市、自治州等数据缺失而不能完整收集长江经济

---

① 资料来源：中国研究数据服务平台，https：//www. cnrds. com/Home/Login。

带全部城市的数据，比如《中国城市统计年鉴》未能统计诸如四川省凉山州、阿坝州、甘孜州等自治州数据。同时，时间跨度较长，行政区划变迁导致部分城市不能有长期连续数据，比如贵州的毕节市、铜仁市在撤地设市时变动较大，以致《中国城市统计年鉴》一直未做统计，安徽省巢湖市在区、地级市与县级市之间的变迁，使得数据也不完整。因此，最终收集的数据范围为 2001—2017 年长江经济带 104 个城市，即便如此，也还有少部分城市个别年份数据存在缺失，通过缺失数据的前后年份进行补缺处理。另外，城市数据包含市辖区及县、县级市全部县域单元，即整个市域区划，因此将研究对象定义为区域经济差异而不是实体城市经济差异。

第三节　结果分析

一、长江经济带流动人口及迁移人口空间格局分析

先看流动人口空间格局，将研究期内年均流动人口规模变动绘制如表 7-1。总体来看，江浙沪城市群流入人口基本都超过 10 万人，其中长三角及中西部省会等主要城市流入人口规模较大，在 50 万人以上。2001—2017 年上海年均有流动人口 671 万人，最高峰达到 996 万人。再看迁移人口空间格局，由于迁移人口的具体含义是户籍人口净迁入量，通过对该值的计算，可知部分城市净迁入量为正、部分城市为净迁入量为负（迁出）。为此，同样对研究时间段内所有年份迁移人口的均值做空间格局分析（见表 7-2）。长江经济带迁移人口数为正的城市并非绝对均位于东部城市，也不是增量为负的城市均位于中西部，而是东、中、西部均有分布，其中增量为正的城市主要是重点城市，比如直辖市和各省会城市等。统计得到，长江经济带迁入人口为正的城市个数为 49 个，为负的 55 个，净流出城市数量略多于净迁入城市。成都净迁入人口最大，年均达到 22 万人；合肥年均净迁入为 14 万人，位居第二。西部的资阳市和中部的六安市净流出最大，年均净迁出约为 9 万人。总体上，长江经济带所有城市平均净迁入 0.75 万人，说明长江经济带在全国层面具有吸引人口迁入的动力。

表 7-1　2001—2017 年长江经济带年均流动人口变动格局

年均流动人口	城市						
<5 万人	保山市	曲靖市	内江市	巴中市	广元市	广安市	娄底市
	德阳市	眉山市	资阳市	达州市	遂宁市	雅安市	张家界市
	亳州市	池州市	淮北市	淮南市	滁州市	铜陵市	湘潭市
	阜阳市	黄山市	宿迁市	上饶市	九江市	吉安市	安顺市
	抚州市	新余市	景德镇市	萍乡市	鹰潭市	衢州市	咸宁市
	孝感市	荆州市	鄂州市	黄冈市	黄石市	—	—
5 万~10 万人以内	玉溪市	乐山市	南充市	宜宾市	攀枝花市	自贡市	安庆市
	宣城市	宿州市	马鞍山市	宜春市	十堰市	宜昌市	荆门市
	襄阳市	随州市	岳阳市	常德市	株洲市	永州市	益阳市
	衡阳市	邵阳市	郴州市	遵义市	舟山市	—	—
10 万~50 万人	泸州市	绵阳市	六安市	芜湖市	蚌埠市	南通市	常州市
	徐州市	扬州市	泰州市	淮安市	盐城市	连云港市	镇江市
	南昌市	赣州市	丽水市	台州市	温州市	湖州市	金华市
	怀化市	长沙市	六盘水市	—	—	—	—
>50 万人	上海市	昆明市	成都市	合肥市	南京市	无锡市	苏州市
	嘉兴市	宁波市	杭州市	绍兴市	武汉市	重庆市	贵阳市

表 7-2　2001—2017 年长江经济带年均迁移人口变动格局

净迁入城市				净迁入城市			
上海市	铜陵市	宜春市	郴州市	玉溪市	雅安市	淮安市	孝感市
保山市	阜阳市	抚州市	长沙市	乐山市	六安市	盐城市	宜昌市
昆明市	马鞍山市	萍乡市	六盘水市	内江市	安庆市	九江市	荆州市
曲靖市	南京市	赣州市	遵义市	广元市	宣城市	吉安市	荆门市
南充市	常州市	嘉兴市	重庆市	广安市	宿州市	新余市	襄阳市
宜宾市	徐州市	宁波市	贵阳市	攀枝花市	池州市	景德镇市	鄂州市
巴中市	扬州市	杭州市	安顺市	泸州市	淮北市	鹰潭市	随州市
德阳市	无锡市	湖州市	—	眉山市	滁州市	丽水市	黄冈市
成都市	苏州市	绍兴市	—	绵阳市	蚌埠市	台州市	黄石市
亳州市	连云港市	金华市	—	自贡市	黄山市	温州市	岳阳市

迁徙的力量：人口流动对中国经济社会的多维影响效应研究

表7-2（续）

净迁入城市				净迁入城市			
合肥市	镇江市	武汉市	—	资阳市	南通市	衢州市	常德市
淮南市	上饶市	娄底市	—	达州市	宿迁市	十堰市	怀化市
芜湖市	南昌市	张家界市	—	遂宁市	泰州市	咸宁市	株洲市
永州市	衡阳市	邵阳市	—	湘潭市	益阳市	舟山市	—

二、长江经济带城市经济差距的空间格局分析

城市经济差距其实是经济发展水平在空间上的异质性表现，与城市经济发展水平本身含义不一样，差距含有（非）均衡的意义，更能体现空间或区域效应。本章先分析长江经济带城市经济差距的空间格局。2001—2017年各城市的全局区域经济差距和省内区域经济差距（见表7-3和表7-4）显示，全局区域经济差距高于均值2万元以上的城市集中于长三角地区，以上海、杭州和南京为核心，共14个城市；高于均值0~2万元的城市有24个。低于均值的城市占据多数，其中低于均值1万元以上的城市有32个，低于均值0~1万元的有34个（见表7-3）。省内区域差距分布较为均衡，也表明省内经济差距相对较小（见表7-4），其中高于均值1万元以上的除了长三角城市，中西部的省会及部分城市也位列其中。省内区域经济差距中，苏北与苏南的差距、浙南与浙北的差距比较明显，而中、西部省份的内部差距相对较小。

表 7-3　2001—2017 年长江经济带年均区域经济差距（全局）

	城市						
全局经济差距-全局均值≤-1万元	保山市	曲靖市	内江市	南充市	巴中市	广元市	广安市
	泸州市	达州市	遂宁市	亳州市	六安市	安庆市	宿州市
	淮北市	滁州市	蚌埠市	阜阳市	上饶市	吉安市	宜春市
	抚州市	赣州市	荆州市	岳阳市	张家界市	怀化市	永州市
	益阳市	衡阳市	遵义市	安顺市	—	—	—
-1万元<全局经济差距-全局均值≤0元	乐山市	宜宾市	德阳市	眉山市	绵阳市	自贡市	资阳市
	雅安市	宣城市	池州市	淮南市	黄山市	宿迁市	徐州市
	连云港市	九江市	景德镇市	萍乡市	鹰潭市	丽水市	衢州市
	十堰市	咸宁市	孝感市	荆门市	黄冈市	黄石市	娄底市
	常德市	湘潭市	郴州市	长沙市	六盘水市	重庆市	—

表7-3（续）

0<全局经济差距-全局均值≤2万元	昆明市	玉溪市	成都市	攀枝花市	合肥市	芜湖市	马鞍山市
	南通市	泰州市	淮安市	盐城市	南昌市	新余市	台州市
	嘉兴市	温州市	湖州市	金华市	宜昌市	襄阳市	鄂州市
	株洲市	邵阳市	贵阳市	—	—	—	—
全局经济差距-全局均值>2万元	上海市	铜陵市	南京市	常州市	扬州市	无锡市	苏州市
	镇江市	宁波市	杭州市	绍兴市	武汉市	随州市	舟山市

注：全局均值是指所有城市全局经济差距的均值。

表 7-4 2001—2017 年长江经济带年均区域经济差距（省内）

	城市						
省内经济差距-省内均值≤-1万元	巴中市	阜阳市	宿迁市	徐州市	淮安市	盐城市	连云港市
	丽水市	温州市	衢州市	荆州市	岳阳市	衡阳市	重庆市
-1万元<全局经济差距-省内均值≤0元	保山市	内江市	南充市	宜宾市	广元市	广安市	泸州市
	眉山市	绵阳市	资阳市	达州市	遂宁市	雅安市	亳州市
	六安市	安庆市	宿州市	滁州市	南通市	扬州市	泰州市
	上饶市	吉安市	宜春市	抚州市	赣州市	台州市	湖州市
	金华市	十堰市	咸宁市	孝感市	荆门市	黄冈市	娄底市
	张家界市	怀化市	永州市	湘潭市	益阳市	郴州市	安顺市
0元<全局经济差距-省内均值≤1万元	曲靖市	乐山市	德阳市	自贡市	宣城市	池州市	淮北市
	淮南市	蚌埠市	黄山市	九江市	景德镇市	萍乡市	鹰潭市
	嘉兴市	襄阳市	鄂州市	黄石市	常德市	株洲市	邵阳市
	长沙市	六盘水市	遵义市	—	—	—	—
全局经济差距-省内均值>1万元	上海市	昆明市	玉溪市	成都市	攀枝花市	合肥市	芜湖市
	铜陵市	马鞍山市	南京市	常州市	无锡市	苏州市	镇江市
	南昌市	新余市	宁波市	杭州市	绍兴市	宜昌市	武汉市
	随州市	贵阳市	舟山市	—	—	—	—

注：省内均值是指所有城市省内经济差距的均值。

为进一步分析经济差距的空间集聚特征，应用空间自相关方法检验长江经济带区域经济差距是否有空间依赖性和空间异质性。全局空间自相关检验显示，全局区域经济差距的全局 Moran's I 为 0.488 8，Z 统计检验量为 6.61，大于 5% 显著性水平统计值为 1.96，不存在空间自相关的概率为 0。这表明长江经济带区域经济差距存在显著的空间依赖性，即经济差距的空间分布并不是随机的，而有一定的空间规律，主要表现出空间集群性和异质性，也表明后续对区域经济差距进行分析需要考虑空间效应。省内区域经济差距的全局 Moran's I 为 0.257 1，与全局区域经济差距一致，不过 Moran's I 更小，说明聚集特征没有那么突出。局域空间自相关分析考察差异性的经济差距在空间上的集群性和连片性分布，通常采用局域 Moran's I，并做集聚图进行分析。全局区域经济差距的显著高高集聚区（H—H 区）集中在苏南区，是中国典型的发达区域；低低集聚区（L—L 区）集中于川东北区，是中国相对贫困的连片地区；高低集聚区（H—L 区）和低高集聚区（L—H 区）非常少，各自零散分布（见表 7-5）。省内区域经济差距的聚集特征相对不明显，其中苏北几个城市低低聚集区（L—L 区）较为集中，进一步说明东部省份内部的差距特征明显（见表 7-5）。

表 7-5 2001—2017 年长江经济带年均区域经济差距局域空间自相关集聚分布

全局					省内			
H—H 区	L—L 区	L—H 区	H—L 区		H—H 区	L—L 区	L—H 区	H—L 区
眉山市	昆明市	广元市	保山市	上海市	株洲市	湘潭市	遵义市	安顺市
绵阳市	曲靖市	广安市	—	—	永州市	益阳市	重庆市	舟山市
自贡市	玉溪市	德阳市	—	—	—	衡阳市	贵阳市	—
资阳市	乐山市	成都市	—	—	—	邵阳市	—	—
达州市	内江市	攀枝花市	—	—	—	郴州市	—	—
遂宁市	南充市	泸州市	—	—	—	长沙市	—	—
雅安市	宜宾市	—	—	—	—	六盘水市	—	—
亳州市	巴中市	—	—	—	—	—	—	—

三、人口流迁与城市经济差距的空间面板估计

空间面板估计结果如表 7-6 所示，其中第（1）列至第（4）列的解释变量是人口流动，第（5）列至第（8）列的解释变量是人口迁移。需要说明的是，面板数据估计采用固定效应方法，因为随机效应的假定要求未观测效应与解释变量不相关，固定效应则不需要如此严格假定，允许未观测效应与解释变量可以存在相关关系（Miller et al., 2002）。随机效应的这种假定被认为不太合适（彭国华，2015；周少甫 等，2020），需要运用固定效应进行估计。因此，本章从先验理论出发，也直接使用固定效应方法，依次对长江经济带城市群人口流动、人口迁移与区域经济差距进行空间滞后建模 SLM、空间误差建模

SEM，得到 8 个模型。

从人口流动的影响来看：对于全局区域经济差距和省内区域经济差距，结果均显示人口流动量的一次项显著为正，二次项显著为负，表明长江经济带人口流动与区域经济差距呈现倒"U"形关系，即在门槛范围内，人口流动会扩大区域间经济差异，表现出扩大效应，当超过一定阈值，人口流动将缩小区域间经济差异，表现出收敛效应，即综合来看，人口流动最终是有利于区域经济均衡发展的。这与中国宏观发展战略不谋而合，中国改革开放以来提出"先富带动后富，最终实现共同富裕"的阶段化发展战略，不仅适用于群体，也适用于区域。在改革开放初期，中国通过区域梯度发展模式率先推进部分区域先行发展，促进了人口从欠发达地区流动到发达地区，加剧了区域间经济发展差距。随着区域均衡发展战略的理念响应和政策落实，比如西部大开发、中部崛起等战略，人口流所扮演的角色转变为区域均衡发展的驱动者，流动人口规模的增长反而缩减了区域经济差距。其中，内在机制可能是人口返流规模或就近流动规模的增加，流动人口规模的增长主要表现在邻近市县流动规模上，而长距离跨省流动规模有所放缓，因此，人口流动在更大程度上提升了欠发达地区的经济发展水平从而缩小区域经济差距。长江经济带是横跨东、中、西部并能代表中国梯度发展战略的横轴及交通走廊，符合中国全局发展战略。

从人口迁移的影响来看，对于全局区域经济差距，人口迁移与全局区域经济差距呈现倒"U"形关系，这与人口流动的影响一致。但是对于省内区域经济差异，人口迁移的一次项显著为正，二次项虽为负，但均不显著，表明人口迁移对于长江经济带省内各城市间经济差距仅表现为扩大效应而无收敛效应，这与人口流动的影响不一致。其中主要可能与人口流动和人口迁移的户籍变迁及其所连带的公共服务供给变迁有关，尽管省内人口流动和人口迁移方向都主要集中于少数核心城市，比如省会城市、计划单列市等，但不同于人口流动，人口迁移之后户籍发生变更，对于迁出地生产行为、消费行为都是一种完全性输出（人口流动是类似一种半城镇化或半输出性的状态），按"人头"配置的政府公共服务亦会缩减，迁入地的集聚效应进一步拉大与迁出地的区域经济差距，宏观的表现是以人口迁入为主的核心城市与以人口迁出为主的普通城市间的差距持续加大，在研究时间范围内未见收敛趋势。尽管不排除未来可能有缩小区域经济差距的可能，当前的人口迁移对于省内区域经济差距依然表现为扩大作用。

表 7-6　人口流迁与区域经济差异的空间面板估计结果

变量	（1）	（2）	（3）	（4）	（5）	（6）	（7）	（8）
	人口流动				人口迁移			
	全局差异		省内差异		全局差异		省内差异	
	SLM	SEM	SLM	SEM	SLM	SEM	SLM	SEM
人口流动/迁移（m）	0.654*** (0.105)	0.695*** (0.104)	0.450*** (0.080)	0.477*** (0.082)	0.574*** (0.222)	0.578*** (0.220)	0.422** (0.168)	0.411** (0.169)
人口流动/迁移平方（m^2）	−0.043*** (0.010)	−0.047*** (0.010)	−0.041*** (0.008)	−0.044*** (0.008)	−0.262* (0.151)	−0.267* (0.149)	−0.067 (0.114)	−0.065 (0.114)
物质资本（K）	−1.026*** (0.144)	−0.955*** (0.152)	−0.294*** (0.110)	−0.349*** (0.112)	−1.054*** (0.145)	−1.036*** (0.152)	−0.279** (0.111)	−0.315*** (0.111)
人力资本（H）	0.001*** (0.000)	0.001*** (0.000)	0.003*** (0.000)	0.003*** (0.000)	0.001*** (0.000)	0.001*** (0.000)	0.003*** (0.000)	0.003*** (0.000)
劳动投入（L）	2.048*** (0.467)	2.154*** (0.461)	−0.104 (0.355)	−0.035 (0.360)	2.464*** (0.469)	2.555*** (0.466)	0.140 (0.355)	0.164 (0.360)
创新能力（innovation）	0.091*** (0.029)	0.168*** (0.033)	0.051** (0.022)	0.055** (0.023)	0.119*** (0.030)	0.188*** (0.033)	0.062*** (0.022)	0.060*** (0.023)
消费动力（consumption）	−0.668*** (0.108)	−0.788*** (0.115)	−0.593*** (0.083)	−0.621*** (0.086)	−0.678*** (0.109)	−0.803*** (0.117)	−0.592*** (0.083)	−0.592*** (0.086)
市场化水平（marketization）	0.001*** (0.000)	0.001*** (0.000)	0.000*** (0.000)	0.000*** (0.000)	0.001*** (0.000)	0.001*** (0.000)	0.000*** (0.000)	0.000*** (0.000)
外商直接投资（FDI）	−6.248*** (1.365)	−6.179*** (1.378)	−2.187** (1.036)	−1.986* (1.040)	−5.958*** (1.380)	−5.777*** (1.393)	−1.940** (1.043)	−1.745* (1.044)
城镇化水平（urbanization）	−0.639*** (0.110)	−0.957*** (0.138)	−0.330*** (0.084)	−0.357*** (0.088)	−0.631*** (0.111)	−0.889*** (0.136)	−0.316*** (0.084)	−0.317*** (0.085)
rho	0.217*** (0.025)	—	−0.103*** (0.029)	—	0.198*** (0.025)	—	−0.118*** (0.029)	—
lambda	—	0.286*** (0.031)	—	0.002 (0.035)	—	0.253*** (0.031)	—	−0.041 (0.034)
观测值	1 768	1 768	1 768	1 768	1 768	1 768	1 768	1, 768
R^2	0.610	0.607	0.371	0.369	0.615	0.619	0.392	0.389

从空间参数来看，除了（4）和（8）2个模型，SLM和SEM的空间参数均显著，说明经济差距具有空间自相关性，即因变量的空间滞后项和误差项的空间滞后项具有关联影响效应，基于此，应用空间面板数据模型能更好地刻画人口流迁与区域经济差距的关系。其中，全局区域经济差距空间参数均显著为正，即邻近城市的经济差距将显著扩大目标城市与其他城市间的差距；省内区域经济差距空间参数 rho 均显著为负，而 lambda 均不显著，说明省内经济差距适合空间滞后建模，结果表明在省域内，邻近城市的经济差距将显著缩小目标城市与其他城市间的差距。在其他控制变量方面，物资资本（K）的系数显著为负，表明城市物资资本投资会缩小区域间经济差距，对于中、西部地区来

说，投资作为促进经济发展的主要推动力，在提升本地经济发展水平的同时也是国家从宏观上追赶和缩减与发达区域经济差距的重要手段。城市人力资本水平（H）、创新能力（innovation）均显著扩大全局和省内区域经济差距。事实上，城市人力资本和创新能力两者本质一样，均是科技水平的代名词，而科技作为第一生产力会显著提升本地经济发展水平进而扩大其与周边区域的发展差距。劳动力比例（L）的估计结果显示：显著扩大全局区域经济差异，而不显著影响省内区域经济差异。这里 L 是单位从业人口数占总人口比例（一般层面的劳动比例是 15~64 岁人口占总人口比例），其中单位从业人口主要是"在各级国家机关、党政机关、社会团体及企事业单位中工作，获得工资或其他形式的劳动报酬的全部人员"，也就是说单位从业人员主要是"国家工作人员"。该群体在某城市越多，间接表明该城市越重要，国家对该城市投入也越大，这会拉大其与其他城市的经济差距；但对于某个省域来说，其中的某个城市得到"重用"，对于全省都是有利的，总体会缩小省内城市的经济差距。消费动力（consumption）显著缩小全域经济差距及省内经济差距，可能的原因是目标城市尤其是大、中城市的消费品很多是来源于周边小城市，目标城市的消费不仅会促进本地经济增长也会促进周边城市的经济增长，从而缩小区域差距。市场化水平（marketization）显著扩大两者区域经济差距，因为市场化水平不仅能表征经济活力，还能反映营商环境，高水平的经济活力和良好的营商环境会不断吸引周边区域的资源流入和投资，从而扩大本地与周边城市的经济差距。外商直接投资（FDI）对区域经济差距具有显著的收敛作用，表明吸引外资对于区域均衡发展具有正向效应，其中的机制可能为资本的挤出效应，FDI 的大量引入可能会对本地资本造成挤出，而投向周边区域，促进周边城市发展而缩小本地与周边的经济差距。城镇化水平（urbanization）会显著缩小区域经济差距，缘由可能为城镇化过程是农村地区或落后地区剩余劳动人口融入城市的过程，从人口数量相对变化特征来看，这将提升落后区域的人均经济水平而降低发达地区的人均经济水平，即城镇化会缩小经济差距。

四、空间效应分解：直接效应与空间溢出效应的估计

当存在空间溢出效应时，某个影响因素的变化不仅会影响本地与其他区域间的经济差距，可能还会影响其邻近区域与其他区域间的经济差距，并通过循环反馈引起一系列变化调整。进一步将各因素对经济差距的影响分解为直接效应和间接效应（LeSage et al., 2009）：某变量变动对本地区经济的总体影响称为直接效应，它包含了空间反馈效应，即目标区域某因素变动影响邻近区域经

济发展、邻近区域经济发展又反过来影响目标城市经济发展这一循环往复的过程；某变量变动对目标城市周边区域经济的影响为间接效应，即空间溢出效应。

从空间效应分解结果（见表7-7）可以看出：

第一，对于全局区域经济差距，无论人口流动还是人口迁移，核心解释变量 m、m_2 与表7-6中的回归结果一致，空间效应也存在倒"U"形关系，且均显著，表明两者都存在直接效应和空间溢出效应，并形成总效应。具体来说，m 的直接效应和溢出效应显著为正，m_2 直接效应和溢出效应显著为负，直接效应的解释与前文一致，不再赘述。空间溢出效应的倒"U"形关系的含义是目标区域的人口流迁对周边区域间经济差距在阈值内是扩大效应，超过阈值后则存在收敛效应。另外，间接效应和直接效应的估计系数符号相同，作用方向一致，前者具有强化作用，因此，总效用均大于直接效应，表明人口流迁对于区域经济差距的影响比常规方法估计的要高，传统方法估计的效应存在一定的低估。从空间效应分解角度来看，说明人口流迁对区域经济差距的影响评价需要全面分析，并充分考虑整个区域的空间相互作用，强调目标区域与周边区域的空间关联及空间溢出效应。

第二，对于省内区域经济差距，人口流动影响带来的直接效应和间接效应中的 m 和 m^2 均显著，即存在"U"形关系，而人口迁移影响带来的直接效应和间接效应中的 m 显著而 m^2 不显著，即不存在倒"U"形关系或"U"形关系，而是线性关系，结果基本与表7-6一致。不一致的地方或者说值得关注的点是，省内区域经济差距的间接效应与直接效应作用方向相反，前者具有弱化作用，也变得相对复杂，需要综合的视角来判断。比如人口迁移的间接效应为负，削弱了直接效应为正带来的区域经济扩大效果，即存在均衡化经济效应，从这个角度来说，总体上人口迁移最终有经济均衡性作用。

第三，在其他变量方面，对于全局区域经济差异，所有控制变量的直接效应和间接效应作用一致，并且作用方向与基础回归相同，即对于全局区域经济差异，间接效应均在强化直接效应的影响，使得总效应增加。对于省内区域经济差异，控制变量均表现出直接效应和间接效应相反的作用，且直接效应与基础回归作用方向一致，而间接效应与基础回归相反，即对于省内区域经济差异，间接效应在削弱直接效应的影响，使得总效应降低。比如物资资本（K）缩小本城市与省内其他城市的差距，但扩大周边城市与省内城市的差距，其他解释类似，不再赘述。从估计结果来看，在考虑空间效应后，各变量对区域间经济差距的影响变得相对复杂，不能简单判断其影响效应，而是要综合判断直接效应和间接效应的双重影响。

表 7-7　空间效应分解结果

变量	人口流动				人口迁移			
	全局差异		省内差异		全局差异		省内差异	
	直接效应	间接效应	直接效应	间接效应	直接效应	间接效应	直接效应	间接效应
m	0.658*** (0.105)	0.163*** (0.035)	0.449*** (0.079)	−0.041*** (0.012)	0.573*** (0.220)	0.127** (0.051)	0.419*** (0.166)	−0.043** (0.020)
m^2	−0.043*** (0.011)	−0.011*** (0.003)	−0.041*** (0.008)	0.004*** (0.001)	−0.263* (0.154)	−0.058* (0.036)	−0.066 (0.116)	0.007 (0.012)
K	−1.034*** (0.136)	−0.255*** (0.047)	−0.292*** (0.103)	0.026** (0.011)	−1.061*** (0.137)	−0.235*** (0.045)	−0.277*** (0.104)	0.028** (0.012)
H	0.001*** (0.000)	0.000*** (0.000)	0.003*** (0.000)	−0.000*** (0.000)	0.001*** (0.000)	0.000*** (0.000)	0.003*** (0.000)	−0.000*** (0.000)
L	2.093*** (0.478)	0.517*** (0.134)	−0.089 (0.360)	0.008 (0.034)	2.506*** (0.474)	0.556*** (0.131)	0.155 (0.357)	−0.016 (0.038)
innovation	0.092*** (0.030)	0.023*** (0.008)	0.050** (0.022)	−0.005** (0.002)	0.120*** (0.030)	0.027*** (0.008)	0.061*** (0.023)	−0.006** (0.003)
consumption	−0.672*** (0.106)	−0.167*** (0.036)	−0.592*** (0.080)	0.054*** (0.015)	−0.681*** (0.107)	−0.151*** (0.034)	−0.591*** (0.080)	0.061*** (0.016)
marketization	0.001*** (0.000)	0.000*** (0.000)	0.000*** (0.000)	−0.000*** (0.000)	0.001*** (0.000)	0.000*** (0.000)	0.000*** (0.000)	−0.000*** (0.000)
FDI	−6.350*** (1.338)	−1.567*** (0.382)	−2.216** (1.006)	0.202* (0.110)	−6.047*** (1.350)	−1.339*** (0.347)	−1.971* (1.014)	0.206* (0.120)
urbanization	−0.645*** (0.109)	−0.160*** (0.035)	−0.330*** (0.082)	0.030*** (0.010)	−0.636*** (0.110)	−0.141*** (0.032)	−0.316*** (0.083)	0.033*** (0.011)

第四节　本章小结

　　本章主要研究两个问题：一是人口流迁与区域经济差距的非线性关系，二是空间溢出效应对区域经济差距的影响。对于第一个问题，本章认为人口流迁与区域经济差距的既有争论恰恰间接证明前者对后者影响的非线性，既可能是扩大差距也可能是缩小差距，两者可能并存，因此基于非线性的研究才是比较全面的策略。对于第二个问题，本章认为区域经济差异及分布是一个典型的空间现象，内含有空间关系和空间规律，因此缺乏空间视角或者说是空间均质化假设下的结论值得商榷。基于以上考虑，本章可能的创新在于证实具有典型空间属性特征的人口流迁与区域经济差距之间存在非线性影响关系。同时，传统研究中有且仅有的直接作用并不能完全反映两者之间的全部因果响应关系，本章纳入空间效应来综合评判人口流迁究竟是缩小差距还是扩大差距，充分考虑区域协同作用，而非空间独立假设所得到的结论。

具体实证结果显示，长江经济带人口流动、人口迁移与全局区域经济差距、人口迁移与省内区域经济差距均呈现倒"U"形非线性关系，即表现出先扩大再收敛的阶段性效应，这与中国"先富带动后富，最终实现共同富裕"的阶段化发展战略相吻合。而人口迁移与省内区域经济差异仅为线性关系，表现为扩大效应而无收敛效应，这可能与人口迁移之后，经济行为的输出与公共财政的缩减拉大迁入地迁出地区域经济差距有关。从空间效应角度来看，区域经济差距具有空间自相关性，因此空间模型能更好刻画流动人口变动与区域经济差距的关系。空间效应分解显示，总体上人口流动和人口迁移最终均具有均衡化经济效应，人口流迁像"看不见的手"，对中国区域经济均衡发展产生了推动作用。

本章存在以下不足：①由于部分城市数据的缺失，本章仅研究了长江经济带 104 个城市样本，有 20 多个样本因数据限制未能纳入研究，可能会造成估计偏差。②由于缺乏各城市连续年份的流动人口精确统计数据，本章以城市暂住人口来表征流动人口，尽管是官方权威数据，但两者毕竟不能完全等同，可能有一定影响。③限于篇幅，本章未能从时空角度深入讨论人口流迁对区域经济差距影响扩大效应和均衡效应的转变过程和内在机制，也缺乏对具体省份或城市群内部的差异性比较分析。这些都是下一步需要研究的重点。

人口流迁是当前社会运行的基本过程，类似于长江经济带的大城市在一定时期内将持续保持高比例的输入规模，而中、小城市或落后城市则可能继续保持一定比例的输出人口。对人口流迁与区域经济差距关系的争论也将长期存在。从区域均衡发展角度来看，促进人口流迁的长远目标在于缩小差距并促进区域协调发展。中国梯度发展战略和"先富带动后富，最终实现共同富裕"的理念的最终目的很明显有利于全域均衡发展、全民均衡发展和全面均衡发展。人口流迁在中国区域发展战略中扮演了复杂的角色，从本章估计结果来看，早期人口流动和人口迁移对长江经济带全局区域经济差距是扩大效应，后期或现阶段表现出收敛效应，说明人口流迁最终是利于区域均衡发展的。尽管人口迁移对省内区域经济差距的作用主要表现出扩大效应，不利于省内区域均衡发展，但这仅限于直接效应，其间接效应或溢出效应是有利有区域均衡发展的，省域地方政府如能处理好人口迁移的规模和方向，同样可以最大化发挥其均衡效应，缩小省内区域差距。长江经济带的实证研究显示，人口流迁不仅有利于区域经济增长，而且有利于区域经济均衡。

因此，本章的边际贡献在于对人口流迁与区域经济差距关系的深化认知，也为人口流迁在区域均衡发展中的角色做了比较全面、客观的研究和总结。合理引导并促进人口在区域间流动、进一步改革户籍制度是有益的，也是历史的趋势。要进一步了解人口流动的地理过程、时空演变规律，不仅不必过度担心中国大规模的流动人口，反而要应用其规律来助力疫情防控甚至是助力特大城市治理体系构建。因此，对于特大城市流动人口的治理不能"一刀切"地"赶人"，而应该加大户籍制度改革力度，特别注重流动人口福利权益的保障。近年密集的改革举措确实都是有利于流动人口福祉的，也是以人为本的，只是希冀政策能真正"落地"。

第八章 人口流动的城市创新效应

本章概要： 在人口规模转入负增长时期，人口流动的作用可能越来越重要，流动人口或许是未来城市人力资本竞争的关键，也是城市创新发展的核心动力之一。在城市化进程中，人口流动促进了不同社会和文化背景的人相互交流、碰撞，形成竞争与合作关系，激发了城市的整体创新活力。基于此，本章首先对城市创新水平的空间格局进行分析，其次利用中国 205 个地级市 2010—2018 年的空间面板数据，纳入地理距离，研究人口流入对城市创新及空间溢出效应的影响。

第一节 问题的提出

城市创新、溢出效应、人口流动、地理距离四维是密切联系的要素，传统文献要么是研究人口流入对城市创新空间溢出效应的影响，忽略地理距离的作用，要么是结合地理距离讨论城市创新的空间溢出效应，忽略人口流入在其中的作用，表现出明显的"割裂性"。将人口流动、空间溢出和地理约束同时纳入统一分析框架来研究城市创新还比较少见，存在局部研究的不足。本章结合四维要素，在丰富既有研究基础之上，进一步讨论人口流入叠加地理距离后对城市创新及其空间溢出效应的影响，从更加全面立体的角度切入，推进人口流入、地理距离与城市创新及其溢出效应之间的关系研究。

第二节 理论分析、模型构建与数据处理

一、理论机制分析

一般认为，人力资本，尤其是高端人力资本的提高会显著提升区域或企业

的创新能力。人力资本理论指出，人力资本是创新活动中的主要投入要素（Schultz，1961）。内生增长理论认为，人力资本和研发资本的积累是区域创新能力提升和经济增长的内生动力（Lucas，1998；Romer，1989），而且随着知识经济的到来，人力资本的重要性远远超越研发资本，研发资本对区域创新的影响大小在很大程度上也取决于人力资本的存量和结构。显然，人口流动会带来的人力资本积累，即流动人力资本会提升区域人力资本存量、优化区域人力资本结构，并显著影响人口流入区域创新发展水平。具体来讲，流动人力资本主要通过以下途径对区域的创新发展产生影响，如图8-1所示。

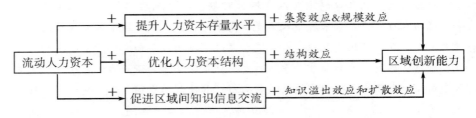

图 8-1　流动人力资本对区域创新作用机制

一是提升区域人力资本存量水平。相关研究表明，人力资本存量水平越高，区域创新产出效率水平越高（周凡馨，2011），人力资本积累是区域创新的内生动力，在当前少子老龄化背景下流动人力资本能够迅速有效提升区域人力资本存量。同时，人力资本具有集聚效应，流动人力资本流入能够提升区域人力资本集聚水平，创造集体学习氛围，强化集体创新意识，产生"1+1>2"的创新集聚效应。此外。罗默和卢卡斯的新经济增长理论认为，人力资本具有规模报酬递增的性质，流动人力资本带来的区域人力资本积累会提升区域创新产出效率。

二是优化区域人力资本结构。人力资本作为创新的投入要素，其结构禀赋决定了创新产出效率。一般而言，区域创新能力同人力资本结构呈现较强的相关性，人力资本结构中高质量人力资本占比越多，其整合生产要素、提升生产效率的能力越强，区域创新产出效率水平越高（周凡馨，2011），同时研究表明对区域起作用的主要是高级人力资本（王艳涛，崔成，2019）。根据2015年人口抽样调查统计数据，全国人口、省内跨市流动人口和省际流动人口中本科以上学历人口占比分别为6.51%、9.97%和11.51%，说明流动人力资本中高质量人力资本占比要高于区域自有人力资本中的高质量人口占比，人力资本流入会优化区域人力资本结构，最终促进区域创新发展水平。

三是促进区域间信息和知识交流。一般来说，区域间创新具有正向溢出效应（赵勇，白永秀，2009），主要通过区域间知识溢出来实现。而人力资本是知识溢出的介质，知识溢出是人力资本流动的内因。流动人力资本能够减少区域间知识传播成本，推进显性知识自由流动，破除隐性知识在区域间的传播障碍，有效促进区域间信息和知识交流，提高区域创新产出效率。此外，流动人力资本能够加强区域间人才和经济的交流合作，导致知识交流与扩散的速度不断加快，区域创新覆盖范围扩大，使区域间创新能力差距减小，带动区域整体创新能力提升（汪彦 等，2018）。

基于以上分析，本章认为流动人力资本能够通过提升人力资本存量、优化人力资本结构和促进知识信息交流等途径提升区域创新水平，并基于此视角分析中国城市的创新能力。

二、实证模型构建

城市创新可能存在空间关联，则需进行空间计量分析。本章通过构建空间计量模型，分析人口流入对城市创新水平的影响，如式（8-1）所示。本章并根据 Lesage 和 Pace（2009）的研究，对公式进行偏微分处理，进一步把人口流入对城市创新水平的影响分解为直接效应和间接效应。

$$\begin{cases} I_{it} = \tau\, I_{i(t-1)} + \rho\, w_i I + m_{it}\beta_1 + x_{it}\beta_2 + \varphi_i m_t \delta_1 + \varphi_i x_t \delta_2 + u_i + \gamma_t + \varepsilon_{it} \\ \varepsilon_{it} = \pi\, \theta_i + v_{it} \end{cases} \quad (8-1)$$

其中，w_i 为空间权重矩阵 w 的第 i 行，I_{it} 为城市创新水平，$I_{i(t-1)}$ 为城市创新水平的一阶滞后，ρ 为空间回归系数。m_{it} 表示人口流入规模，x_{it} 表示其他控制变量，$\varphi_i m_t \delta_1$ 为解释变量的空间滞后项，$\varphi_i x_t \delta$ 为控制变量的空间滞后项。u_i 为个体效应，γ_t 为时间效应，ε_{it} 随机扰动项。如果 $\pi = 0$ 且 $\tau = 0$，则为静态空间杜宾模型（SDM）；如果仅 $\pi = 0$，则为动态空间杜宾模型；如果 $\pi = 0$ 且 $\delta = 0$，则为空间自回归模型（SAR）；如果 $\rho = 0$ 且 $\delta = 0$，则为空间误差模型（SEM）。若城市创新水平存在空间自相关性，则需建立 SAR 模型；若扰动项存在空间依赖，城市创新水平的遗漏变量存在空间自相关性，或不可观测的随机冲击存在空间相关性，则需建立 SEM 模型；而 SDM 同时将被解释变量和扰动项的空间相关性纳入考察，理论上能得到更稳健的估计结果。

在此基础上，为了观察当参与空间回归的城市间距离变动时，城市创新空间溢出效应随地理距离的变化趋势及规律，设定不同距离阈值的权重矩阵分别代入模型（8-2）进行回归。地理距离权重矩阵 W_t 根据如下原理构建：

$$W_t = \begin{cases} W_{ij} = 1\, if\, d_{ij} < d \\ W_{ij} = 0\, if\, d_{ij} \geqslant d \end{cases} \quad (8-2)$$

其中，d_{ij}表示市域i地理中心与市域j地理中心的距离。W_t表示根据不同距离阈值t所建立的地理距离权重。实证过程中以每50千米为界，连续做计量回归，观察相关系数随距离的动态变化，得到地理距离在人口流动与城市创新关系之间的中介作用。

三、变量与数据

（一）因变量

城市创新水平（innovation）。城市是创新型国家与省份建设的基础单元，当前学术界尚未对城市创新水平形成统一衡量体系，国内学者大多采用专利申请量或专利授权量来衡量城市的创新能力（李勇辉，2021）。因为专利数量作为创新的直接成果，可以客观反映出创新能力的大小，所以本章拟采用发明专利授权量来衡量城市创新能力大小。

（二）核心自变量

城市流入人口（m）。由于国家没有公开发布地级市以上行政区划连续年份的流入人口统计数据，本章无法准确获取城市流入人口数量的面板数据。现有研究中关于城市流入人口数据主要来自全国人口普查或抽样调查，这些数据均缺乏时间上的连续性，难以有效满足面板模型分析要求。《中国城市建设统计年鉴》公布了城市暂住人口数据，并将其界定为"离开常住户口地的市区或乡、镇，到本市居住半年以上的人员"，因此本章将其中公布的暂住人口界定为城市流入人口（杨晓军，2019）。

（三）控制变量

影响城市创新水平的要素较多，参考相关文献后，本章主要选择的控制变量包括：劳动力数量（L），本章欲以劳动人口占总人口的比例表示，但因为没有单独统计劳动人口，仅有单位从业人口数，所以以单位从业人口数占总人口的比例代替；资本存量（K），选取当年资本存量占当年GDP的比例表示，资本存量借鉴张军等（2004）的算法得到；全要素生产率（TPF），本章参考Battese和Coelli（1992）的模型，采用随机前沿模型（SFA）进行计算得出；政府支持力度（FOV），本章使用科学事业支出在财政总支出的占比表示。

（四）数据来源

为了保持数据的连续性、可比性和统计口径的一致性，本章在样本中剔除了香港、澳门、台湾地区和新疆、西藏、内蒙古、青海、云南等少数民族地区以及海南；同时，因时间跨度较大，黑龙江、吉林、辽宁地区较多城市存在部分年份数据缺失情况，也予以剔除。由于部分城市、自治州等数据《中国统计年鉴》未做统计，最终只选取了 2010—2018 年 205 个地级市的数据。即便如此，也还有少部分城市个别年份数据存在缺失，本章通过缺失数据的前后年份进行补缺处理。专利数据来源于中国研究数据服务平台，其他数据全部来源于《中国统计年鉴》《中国城市统计年鉴》、各城市国民经济和社会发展统计公报和相关政府网站等。

第三节　中国城市创新的空间分布格局分析

中国各城市之间创新水平参差不齐，为了更直观反映城市创新在空间上的分布，本章制作出城市创新水平的空间分布格局表，并根据自然断点法将 2010 年和 2018 年城市创新水平划分为低水平、中等水平和高水平三种类型，如表 8-1 和表 8-2 所示。

2010 年，大部分城市创新处在低水平，只有少数沿海城市和部分省会城市处于高水平，创新能力明显不足（见表 8-1）。2018 年，整体城市创新水平提升，东部沿海地区以北京、天津、上海、深圳等城市形成多中心化的创新网络空间格局，创新节点大都由中心城市与省会城市组成（见表 8-2）。多中心化的创新网络空间格局缩小了区域间的创新差异，但也加大了城市之间的创新差异。处在西北部边缘、中部地区及毗邻网络中心的城市，自身经济发展水平相对落后、创新吸收能力不足，导致创新要素流失，创新水平相对较低。

总体来看，2010 年以来城市创新水平整体大幅提升，但区域差距日益凸显，呈现出沿海城市强于内陆城市、省会城市强于非省会城市的空间格局。创新的提高很大程度决定于过去区域创新的积累，沿海城市是各种人才、优惠政策、创新要素的聚集地，创新基础相对较好，创新能力得以迅速提高。创新资源在空间上分布不均，加上创新本地化特点，加速了创新的中心化效应，导致城市创新空间差异愈发明显。城市创新具有"强者愈强，弱者愈弱"的"马太效应"，创新要素具有空间依赖性，这实际上是城市创新水平空间集聚性的表现。

表 8-1　2010 年城市创新水平的空间分布格局

低水平						中等水平	高水平
太原市	安庆市	东营市	孝感市	揭阳市	雅安市	天津市	北京市
大同市	黄山市	烟台市	荆州市	云浮市	巴中市	南京市	苏州市
阳泉市	滁州市	泰安市	黄冈市	南宁市	资阳市	无锡市	杭州市
长治市	阜阳市	威海市	咸宁市	柳州市	昆明市	常州市	宁波市
晋城市	宿州市	日照市	随州市	桂林市	曲靖市	南通市	上海市
朔州市	六安市	临沂市	株洲市	梧州市	玉溪市	温州市	深圳市
晋中市	亳州市	德州市	湘潭市	北海市	保山市	嘉兴市	成都市
运城市	池州市	聊城市	衡阳市	防城港市	昭通市	绍兴市	—
忻州市	宣城市	滨州市	邵阳市	钦州市	丽江市	金华市	—
临汾市	福州市	开封市	岳阳市	贵港市	普洱市	台州市	—
吕梁市	莆田市	洛阳市	张家界市	玉林市	临沧市	厦门市	—
徐州市	三明市	平顶山市	益阳市	百色市	兰州市	济南市	—
连云港市	泉州市	安阳市	郴州市	贺州市	嘉峪关市	青岛市	—
淮安市	漳州市	鹤壁市	永州市	河池市	金昌市	潍坊市	—
盐城市	南平市	新乡市	怀化市	来宾市	白银市	济宁市	—
扬州市	龙岩市	焦作市	娄底市	崇左市	天水市	郑州市	—
镇江市	宁德市	濮阳市	韶关市	自贡市	武威市	武汉市	—
泰州市	南昌市	许昌市	珠海市	攀枝花市	张掖市	长沙市	—
宿迁市	景德镇市	三门峡市	汕头市	泸州市	平凉市	广州市	—
湖州市	萍乡市	南阳市	江门市	德阳市	酒泉市	佛山市	—
衢州市	九江市	商丘市	湛江市	绵阳市	庆阳市	东莞市	—
舟山市	新余市	信阳市	茂名市	广元市	定西市	中山市	—
丽水市	鹰潭市	周口市	肇庆市	遂宁市	陇南市	重庆市	—
合肥市	赣州市	驻马店市	惠州市	内江市	西宁市	—	—
芜湖市	吉安市	黄石市	梅州市	乐山市	海东市	—	—
蚌埠市	宜春市	十堰市	汕尾市	南充市	—	—	—
淮南市	抚州市	宜昌市	河源市	眉山市	—	—	—

表8-1（续）

低水平						中等水平	高水平
马鞍山市	上饶市	襄阳市	阳江市	宜宾市	—	—	—
淮北市	淄博市	鄂州市	清远市	广安市	—	—	—
铜陵市	枣庄市	荆门市	潮州市	达州市	—	—	—

表 8-2　2018 年城市创新水平的空间分布格局

低水平			中等水平				高水平	
大同市	防城港市	白银市	太原市	龙岩市	许昌市	河源市	北京市	成都市
阳泉市	钦州市	天水市	晋中市	宁德市	南阳市	清远市	天津市	—
长治市	贵港市	武威市	徐州市	南昌市	商丘市	揭阳市	南京市	—
晋城市	玉林市	平凉市	南通市	九江市	信阳市	南宁市	无锡市	—
朔州市	百色市	庆阳市	连云港市	鹰潭市	周口市	柳州市	常州市	—
运城市	贺州市	定西市	淮安市	赣州市	驻马店市	桂林市	苏州市	—
忻州市	河池市	陇南市	扬州市	吉安市	黄石市	泸州市	盐城市	—
临汾市	来宾市	海东市	镇江市	宜春市	十堰市	德阳市	杭州市	—
吕梁市	崇左市	—	泰州市	抚州市	宜昌市	绵阳市	宁波市	—
淮北市	自贡市	—	宿迁市	上饶市	襄阳市	昆明市	温州市	—
黄山市	攀枝花市	—	金华市	淄博市	荆门市	曲靖市	嘉兴市	—
宿州市	广元市	—	衢州市	枣庄市	孝感市	玉溪市	湖州市	—
景德镇市	遂宁市	—	舟山市	东营市	荆州市	兰州市	绍兴市	—
萍乡市	内江市	—	丽水市	烟台市	黄冈市	张掖市	台州市	—
新余市	乐山市	—	芜湖市	潍坊市	咸宁市	酒泉市	合肥市	—
鹤壁市	南充市	—	蚌埠市	济宁市	株洲市	西宁市	福州市	—
三门峡市	眉山市	—	淮南市	泰安市	湘潭市	—	厦门市	—
鄂州市	宜宾市	—	马鞍山市	威海市	衡阳市	—	泉州市	—
随州市	广安市	—	铜陵市	日照市	邵阳市	—	济南市	—
张家界市	达州市	—	安庆市	临沂市	岳阳市	—	青岛市	—
郴州市	雅安市	—	滁州市	德州市	益阳市	—	郑州市	—
永州市	巴中市	—	阜阳市	聊城市	韶关市	—	武汉市	—

表8-2(续)

低水平			中等水平				高水平	
怀化市	资阳市	—	六安市	滨州市	珠海市	—	长沙市	—
娄底市	保山市	—	亳州市	开封市	汕头市	—	上海市	
茂名市	昭通市	—	池州市	洛阳市	江门市	—	广州市	
阳江市	丽江市	—	宣城市	平顶山市	湛江市	—	深圳市	
潮州市	普洱市	—	莆田市	安阳市	肇庆市	—	佛山市	
云浮市	临沧市	—	三明市	新乡市	惠州市	—	东莞市	
梧州市	嘉峪关市	—	漳州市	焦作市	梅州市	—	中山市	
北海市	金昌市	—	南平市	濮阳市	汕尾市	—	重庆市	

本章首先运用空间探索性分析（ESDA）中全局空间自相关分析计算出2010—2018年各年城市创新水平的全局莫兰指数，以此检验城市创新水平在空间上是否存在集聚特征。如表8-3所示，2010—2018年，城市创新水平全局莫兰指数均大于0，呈现全局空间正自相关。这表明各城市创新水平在空间分布上并不独立，城市创新水平在空间分布上存在明显集聚特征。从数值变化特征分析发现，全局莫兰指数在2014年达到峰值之后，持续下降，但下降幅度不大。总的来看，随着时间的推移，城市创新水平的空间依赖程度显著增强。

表8-3　2010—2018年全局莫兰指数

年份	2010	2011	2012	2013	2014	2015	2016	2017	2018
Moran's I	0.145 2	0.296 3	0.316 9	0.340 3	0.350 5	0.350 4	0.332 1	0.316 9	0.300 3
p 值	0.005	0.001	0.001	0.001	0.001	0.001	0.001	0.001	0.001
z 值	4.213	8.493	8.957	9.557	9.935	9.974	9.082	8.683	8.195

本章其次通过局部空间自相关分析弥补全局自相关分析的不足。如表8-4所示，整体分布呈现：东部沿海城市"高高集聚"，"高高集聚"表示中心区域与相邻区域的城市创新能力水平相同且属性值均较高；西部内陆地区城市"低低集聚"，"低低集聚"表示中心区域与相邻区域的城市创新能力水平相同但属性值均较低。对比四种空间集聚类型的变化可知，东部沿海地区的"高高集聚"集聚逐渐增强，创新水平高的地区不断吸收各种创新要素，创新能力越来越强，形成局部聚集的"虹吸效应"。增加了佛山、韶关、泰州、扬州等"高高集聚区"，说明珠江三角洲城市群、长江流域上流城市群正在进入创新协同发展阶段。西部内陆地区创新水平"低低集聚"逐渐减弱，在创新驱

动发展战略的推动下，新的技术逐渐输送到内陆地区，带动了部分城市创新能力提高。例如，张掖、兰州、天水、酒泉、玉溪等城市充分发挥地域稀缺资源优势，形成新材料、新能源、装备制造的产业集群，有力提振了西部地区科技综合实力，打造出西部地区创新高地。

表 8-4　城市创新水平 Lisa 集聚分布（2010 年和 2018 年）

2010 年					2018 年			
H—H 区	L—L 区		L—H 区	H—L 区	H—H 区	L—L 区	L—H 区	H—L 区
北京市	太原市	张掖市	泰州市	武汉市	北京市	太原市	舟山市	武汉市
天津市	阜阳市	酒泉市	舟山市	重庆市	天津市	大同市	宣城市	长沙市
上海市	南昌市	陇南市	宣城市	成都市	上海市	临汾市	河源市	成都市
无锡市	湛江市	西宁市	江门市	—	无锡市	阜阳市	清远市	—
常州市	茂名市	—	惠州市	—	常州市	邵阳市	—	—
苏州市	南宁市	—	—	—	苏州市	湛江市	—	—
南通市	梧州市	—	—	—	南通市	南宁市	—	—
镇江市	北海市	—	—	—	扬州市	梧州市	—	—
宁波市	钦州市	—	—	—	镇江市	钦州市	—	—
嘉兴市	贵港市	—	—	—	泰州市	贵港市	—	—
湖州市	玉林市	—	—	—	宁波市	玉林市	—	—
绍兴市	贺州市	—	—	—	湖州市	贺州市	—	—
金华市	攀枝花市	—	—	—	绍兴市	来宾市	—	—
台州市	泸州市	—	—	—	金华市	攀枝花市	—	—
广州市	南充市	—	—	—	台州市	泸州市	—	—
深圳市	宜宾市	—	—	—	广州市	南充市	—	—
珠海市	巴中市	—	—	—	深圳市	宜宾市	—	—
佛山市	保山市	—	—	—	珠海市	巴中市	—	—
东莞市	普洱市	—	—	—	佛山市	临沧市	—	—
中山市	临沧市	—	—	—	江门市	兰州市	—	—
—	兰州市	—	—	—	惠州市	天水市	—	—
—	嘉峪关市	—	—	—	东莞市	平凉市	—	—
—	金昌市	—	—	—	中山市	陇南市	—	—
—	天水市	—	—	—	—	西宁市	—	—

第四节　人口流动的城市创新效应证据

一、人口流入对城市创新的影响

本章采用固定效应估计面板数据，是因为随机效应要满足未观测效应与解释变量不相关的假定，固定效应则没有这种严格假定，且通过豪斯曼检验也验证了这一说法。估计 OLS 模型和 SEM、SAR 和 SDM 模型，结果如表 8-5 所示。

表 8-5　混合 OLS 模型及空间面板模型的估计结果

	混合 OLS 回归	SAR	SEM	SDM
m	2.152*** (3.92)	3.917*** (16.69)	3.633*** (15.83)	3.649*** (15.71)
$\ln l$	0.275*** (8.83)	0.073 5*** (5.29)	0.041 6** (3.02)	0.049 7*** (3.56)
$\ln k$	3.617*** (39.05)	1.337*** (23.18)	1.562*** (25.32)	1.566*** (24.19)
lntpf	3.646*** (36.51)	0.043 8* (1.46)	0.075 6* (2.42)	0.073 0* (2.32)
lngov	0.197*** (4.57)	1.347*** (20.98)	1.578*** (23.24)	1.580*** (22.40)
$W \cdot m$	—	—	—	−0.919* (−1.70)
$W \cdot \ln l$	—	—	—	0.050 6** (2.52)
$W \cdot \ln k$	—	—	—	−0.796*** (−7.65)
$W \cdot \ln$TPF	—	—	—	−0.045 7* (−0.84)
$W \cdot \ln$GOV	—	—	—	−0.857*** (−7.01)
Rho/Lamda	—	0.310*** (11.08)	—	0.431*** (13.82)
R^2	0.604 1	0.702 6	0.519 4	0.472 3
观测值	1 845	1 845	1 845	1 845
Moran's I	—	—	—	18.356***
LMerror	—	—	—	328.033***
R− LMerror	—	—	—	228.090***
LMlag	—	—	—	125.004***
R− LMlag	—	—	—	25.061***

注：括号内为 t 值；***、**、*分别表示 1%、5%、10%的显著性水平。

　　SDM 通过了 LR 和 Wald 检验，SDM 分别在 1% 和 5% 的显著水平上拒绝了 SDM 会退化为 SAR 和 SEM 的原假设，表明 SDM 不会退化成 SAR 或 SEM，进一步确定了 SDM 是最优选择。在 SDM 模型中，m 的回归系数显著为正，流入人口对于城市创新具有显著的正向促进作用。城市流入人口规模不断扩大，在城市内集聚，形成规模效应，城市规模扩大不仅直接提高城市创新水平，还与本地人力资本产生交互作用，共同促进城市创新水平的提高。作为人力资本和创新要素的载体，人口流入带来创新要素转移，不同文化背景的人交流碰撞、竞争合作，激发城市整体创新活力。人口流入在实现人口集聚的同时，也实现了人力资本集聚，相比于一般劳动力，高技能劳动力往往拥有更大的流动性，高技能劳动力流入会提高城市人力资本水平，带动城市创新发展。从微观层面来说，所谓"外来和尚好念经"，大多数流入人口都是不满足于现状和愿意冒险的人，这种"流动人口基因"使他们既不受移出地规则束缚，也较少受移入地规则约束，从而为城市创新水平提高注入新鲜血液。

在主要控制变量上，劳动力数量（L）、资本存量（K）、全要素生产率（TPF）、政府支持力度（GOV）的系数都显著为正，表明劳动力数量、资本存量、全要素生产率、政府支持力度都能够为城市创新能力的提升带来帮助。创新思维源于实践，广大劳动者的劳动过程就是城市创新最大的源泉。资本存量提高则为城市创新提供了扎实的创新基础。全要素生产率的提高说明劳动效率在不断提高，这种提高往往伴随着创新能力的不断加强。政府对科技事业的帮扶则会直接反映为城市创新能力的提高。

在空间面板模型的估计结果下，城市创新的空间回归系数显著为正，表明城市创新存在空间效应，目标城市与周边城市创新水平之间存在相互作用关系，城市创新的空间溢出效应已成为中国城市创新水平提升的重要途径。

二、空间效应分解：直接效应与间接效应的估计

当存在空间效应时，某个影响因素的变化不仅会影响本地城市的创新水平，还可能会影响其邻近城市与周边城市的创新水平，其包含了空间反馈效应、空间溢出效应，即目标区域城市创新变动会带动邻近区域创新水平，邻近区域创新提高反过来会影响目标城市创新发展，并通过循环反馈引起一系列变化。将各影响因素对城市创新的空间效应分解为直接效应和间接效应：某影响因素的变动对本地区创新水平的总体影响称为直接效应；某影响因素的变使目标城市的创新水平提高从而对周边城市创新水平产生的影响称为间接效应，即空间溢出效应。空间效应分解结果如表8-6所示。

表8-6　空间效应分解结果

变量	直接效应	间接效应	总效应
m	3.990*** （16.18）	1.714*** （6.78）	5.704*** （12.92）
$\ln l$	0.074 1*** （5.44）	0.031 8*** （4.41）	0.106*** （5.29）
$\ln k$	1.364*** （24.48）	0.585*** （8.10）	1.949*** （19.80）
$\ln$GOV	0.044 3*** （1.49）	0.018 8 （1.49）	0.063 0* （1.50）
$\ln$TPF	1.375*** （22.08）	0.590*** （8.02）	1.965*** （18.53）

注：括号内为 t 值；***、**、* 分别表示1%、5%、10%的显著性水平。

结果发现，第一，核心解释变量 m 的直接效应、间接效应和总效应都显著为正，这说明城市流入人口的增加，会对城市创新产生正向的空间反馈效应

和空间溢出效应。人口流动可以激发个人创新，从而带动整体创新。创新其实是一种思维破局，人聚集得越多，创新想法就越多，来自不同文化背景的人相互交流，也更容易产生新想法，这就是所谓的"碰撞效应"，即流入人口对本地区城市创新的直接效应。同时，创新产品类似于公共物品，当本地区的创新水平提高，专利发明增多，周边城市也可以利用本地区的专利发明，从而带动当地创新水平提高，产生空间溢出效应。因此，需要对城市流入人口与城市创新的空间效应进行全面分析，并充分考虑城市之间的空间相互作用，强调目标城市与周边城市之间创新的空间反馈及溢出效应。第二，在其他控制变量方面，劳动力数量（L）、资本存量（K）、全要素生产率（TPF）的直接效应、间接效应和总效应都显著为正，这些影响因素的变化，对本地区城市存在直接效应，对周边城市存在空间溢出效应。但特别注意，政府支持力度（GOV）的间接效应不显著，不存在空间溢出效应。这是因为各地区政府财政对于城市创新的支持只局限于对本城市的支持。

三、城市创新水平的空间溢出效应随地理距离的变化

在以上分析基础上，结合式（8-3）建立不同地理距离的空间权重矩阵，分别进行回归，依次分解出人口流入对城市创新的空间溢出效应与空间回归系数。距离阈值从 50 千米开始，每 50 千米进行一次空间回归，一直到 1 000 千米，并将不同的距离情况下得到空间溢出效应和空间回归系数记录下来。考虑到距离阈值超出 1 000 千米之后，空间溢出效应和空间回归系数不显著，因此本章仅采纳 1 000 千米以内的结果。相应距离阈值下得出的空间溢出效应和空间回归系数曲线如图 8-2 所示。

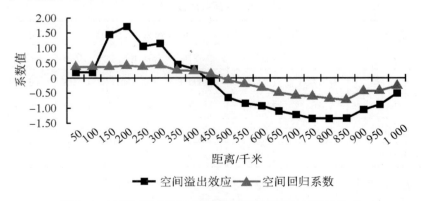

图 8-2　空间回归系数和空间溢出效应与地理距离的关系

观察图 8-2 中的两条曲线可得，空间回归系数曲线与空间溢出效应曲线的变化趋势大体一致，都具有类似"N"形特征，即都呈现先上升、再连续下降、最后回升的特点。这说明在不同地理距离下，流入人口的变化与地理距离的远近都会影响城市创新的溢出效应，导致城市创新水平的空间差异，进而影响城市创新的空间分布格局，这也符合地理学第一定律，"任何事物都与其他事物相关，只不过相近的事物关联更紧密"。

叠加两条曲线大致可划分为三个部分，第一部分是 50~200 千米，这段距离之内称为城市创新的"密集溢出"区，溢出效应显著为正且呈上升趋势。50~200 千米以内大概在一个省或者两三个市的范围，这说明城市创新最显著的溢出范围是在省内各城市之间。如北京—天津、杭州—嘉兴、南京—无锡、广州—广东省内大部分城市等，这些城市距离都在 200 千米以内，大多位于相同省份，且创新水平都较高。在省内，各城市之间存在着相互合作的关系，共同利用省内各种创新要素，优先使用省内创新专利，局部创新集聚效应显著，带动省内各城市创新水平的提升，形成了创新水平协同发展的关系链。第二部分为 200~400 千米以内，称"边缘溢出"区，溢出效应还是显著为正但呈下降趋势，主要是跨省及各省份的周边地区，如北京—石家庄、郑州—武汉、武汉—长沙、南昌—南京等。这段距离，创新水平溢出效应随距离递减而下降，主要原因在于获得技术外溢的成本随距离增加，省界提高了创新成果传播的成本。同时，创新成果不可能无约束地传播，创新产权的自我保护对于远距离竞争者是非常不利的。第三部分则是"空间收敛"区，集中在 400~1 000 千米，空间回归系数显著为负，直至不相关。400~1 000 千米这段距离主要体现为中国城市群之间创新要素的竞争关系。京津冀城市群中北京、天津等城市与长江三角洲城市群中上海、杭州、南京等城市的平均距离在 900 千米左右；珠江三角洲城市群中广州、深圳等城市与长三角城市群武汉、长沙等城市平均距离在 800 千米左右。上述城市都是创新水平的"高高集聚"区（见图 8-2），各城市群形成了以中心城市或省会城市为核心的创新集聚区，各个集聚区之间对有限的创新要素进行争夺，存在创新溢出壁垒，阻碍了城市群之间创新水平的空间外溢。

对比两条曲线发现，空间溢出效应曲线更为陡峭，空间回归系数曲线更为平缓，后者系数明显小于前者，说明地理距离对城市创新溢出效应的影响要小于不同距离下人口流入对城市创新溢出效应的影响，人口流入是影响城市创新空间溢出更加重要的要素。因为城市创新本身的空间溢出必然会受地理距离的约束，距离越远，城市创新溢出效应的影响越小，但流动人口作为人力资本和创新要素的载体在空间上是自由的，受到的地理距离约束较小，能增强城市创新溢出效应的影响。人口流入叠加地理距离后会产生更大的创新溢出效应，证实了人口流动的重要性和地理距离的重要性，也为从政策层面关注城市流动人口提供了依据。

第五节　本章小结

在中国人口自然增长开始出现负增长的新时期，人口机械增长或人口流动成为各地人口变化的主要动力。随着流动人口规模不断扩大，流入人口带来的创新推力已然成为城市创新发展的重要因素之一。本章利用 2010—2018 年中国 205 个地级市的面板数据，分析城市创新的空间分布格局特征，利用空间自相关分析城市创新的空间关联性，并采用 SEM、SAR、SDM 等空间计量模型，基于地理距离视角，通过构建不同距离的地理权重矩阵，综合分析人口流入、地理距离与城市创新及其空间溢出效应的关系。研究发现：①2010 年以来，城市创新水平整体得到提升，但城市创新呈现明显的局部集聚现象，东、西部之间的创新差距持续扩大，主要表现为东部沿海地区"高高集聚"，西部内陆地区"低低集聚"。城市创新的马太效应，在创新要素竞争日益激烈的时代，表现得愈发强烈。②在 SDM 模型中，人口流入的相关系数显著为正，人口流入对城市创新水平具有正向促进作用，是城市创新水平提高的重要助推器。同时，劳动力数量、资本存量、全要素生产率、政府支持力度也都是城市创新水平的重要影响因素。③在空间效应分解中，发现城市创新水平具有空间溢出效应，当某城市的流入人口增多，会使目标城市的创新水平提高，与此同时也会带动周边城市创新水平的提高。④结合地理距离进一步分析后，发现人口流入和地理距离都是影响城市创新空间溢出效应的重要因素，但人口流入是影响城市创新空间溢出更加重要的要素，它与地理距离叠加会产生更大的创新溢出效应。同时，划分出 50~200 千米以内是城市创新水平空间溢出效应的密集溢出区、200~400 千米以内是边缘溢出区、400~1 000 千米是空间收敛区。

根据研究结论得出以下政策启示：①重视人口流动的历史和现实意义，人口作为人力资本和创新要素的载体，它的流动是城市创新发展的核心动力，也是未来城市竞争的关键。各城市应放宽对流入人口的限制，消除阻碍人口流入以及社群融合的制度，推进户籍制度改革，释放人口红利。不能误以为流动人口是所谓的"低端人口"，高技能人才往往更加具有流动性，要加强流动人口的相关优惠落户政策。此外，城市应该完善相关配套措施，扩大基本公共服务覆盖面，将流入人口纳入社区卫生服务体系、住房保障体系、城镇社会保障体系，合理吸纳流动人口。②深挖城市创新的空间溢出效应，最大限度克服城市创新空间溢出效应在地理距离上的局限性。加强省域之间创新联系，打破行政区域界限，促进创新要素流动，降低创新成本，实现省域之间创新协调发展。同时，各城市群之间也要加强合作与交流，对城市群之间创新要素进行整合，最大限度发挥创新水平的空间溢出效应，促进中国整体创新水平提升。③在中西部城市创新差距持续扩大的严峻形势下，应从两个方面出发寻求"两翼突破"。一是以经济发展为中心，吸引流出人口主动回流，为城市创新发展积蓄人才力量。二是加强国家倾斜力度，把更多科技创新项目"嵌入"西部，发挥西部区域所长，紧跟国家战略需求，建立新式国家自主创新区，发挥后发优势。例如，"天眼工程"利用西南净空环境，以及西部稀缺资源优势打造光热电站。同时，加强东、西部科技创新合作，通过科技创新为东、西部地区高质量发展双向赋能，实现科技共享、科技互联，实现协调发展。

第九章 人口流动的外商直接投资效应

本章概要：从空间角度看，不管是人口流动还是外商直接投资（FDI）都具有典型的空间集聚效应，而往往流动人口越多的地域，也是发达地区，FDI也会较多，人口流动和FDI两者的空间相关性较强。因此，本章提出了"人口流动是否对FDI区域选择有影响及影响的空间差异"的研究议题。首先，本章探究了人口流动与FDI的空间演变轨迹。其次，本章再利用空间面板模型，考察了中国2000—2020年31个省、自治区、直辖市人口流动和FDI的耦合关系。

第一节　问题的提出

不管是FDI还是人口流动，空间上是不平衡的，但许多研究都假定空间的均质性和空间相互独立，没有考虑空间相关性或空间依赖性，其结论的精确要受影响。而且普通面板模型的存在"空间"缺陷，这一模型在估计固定效应或随机效应时没有纳入空间自相关的因素，因此估计结果也可能存在一定的误差。为了解决以上传统研究的不足，需要寻求新的解决办法，即考虑了空间依赖性的空间面板数据模型。有了研究方法和工具的支撑，本章的实证研究则旨在验证和回答人口流动是否对FDI有影响，如果有，又是否存在区域性的差异。

第二节　研究变量与数据来源

本章的主要目的是考察人口流动对FDI的影响机制和耦合关系，同时检验FDI是否有空间选择性，特别是这种选择是否与人口流动有关。鉴于此，本章的因变量设定为省际 FDI 规模，核心解释变量为流动人口规模。为了考察人口流动的范围对 FDI 的不同影响，将流动人口分为省内流动人口（inside province，IP）和省外流动人口（outside proivnce，OP）。需要说明的是，这里的流动人口是指某省拥有或者说吸引的总流动人口规模，IP 是指该省拥有的省内跨乡镇、街道和市县的流动人口，这一指标反映各省内部的发展差异导致的人口近距离流动和迁移；OP 是指该省拥有的外省来源流动人口，反映的省际的发展差异导致的人口长距离流动和迁移。其他控制变量的选择是基于 FDI 的主要宏观影响因素，一个是政府一般财政支出（fiscal expenditure，FE），另一个是人均 GDP（per capita GDP，PcGDP）。FE 的选择是基于政府作为和服务的考虑，政府提供高质量的公共服务对 FDI 有显著的作用（赵祥，2009），这种公共服务包括方便的基础设施、培训专业的技术人才、营造良好的投资环境等，而这些服务主要包括在政府的一般财政支出当中。而对于人均 GDP 的选择显然是经济发展水平的考虑，FDI 大都选择经济发展水平的较高的区域。因此，本章的解释变量包括流动人口、政府服务和经济发展三个方面四个指标。

研究的时间跨度是 2000—2020 年，由于本章所涉及的流动人口在一般的人口统计数据中没有省级迁移的数据，这里分别应用 2000 年、2010 年、2020 年的人口普查数据，即用这三年的数据来表征面板数据[①]的时间维度。研究的区域是中国 31 个省、自治区、直辖市（不含香港、澳门、台湾地区）。其他指标数据主要来源于相关年份的《中国统计年鉴》。各指标的描述性统计结果见表 9-1（对数化数据）。结果显示，中国 FDI 及其决定因素具有显著的空间异质性。本章考察的关键变量中，FDI 的空间差异大于流动人口的空间差异，而其中省外流动人口的差异又大于省内流动人口的差异性，表明中国省际的人口流动具有明显的空间不平衡性，省内的人口流动差异相对较少，而这种省际和省内的差异对 FDI 的区域选择有何影响需要进一步分析。

表 9-1　各变量描述性统计结果

变量	平均值	最大值	最小值	标准差
lnFDI	15. 159 4	19. 430 4	10. 420 7	1. 941 1

---

① 本章使用的虽不是 2000—2020 年连续性的数据，但面板数据研究中，这并不影响计量结论；实际上，受制于数据收集难度等原因，等间隔的数据获取方式是面板模型中最为常见和有效的处理方法。具体可参见 Baltagi（2004）的《面板数据计量经济分析》等探讨面板数据理论模型的专著。

表9-1（续）

变量	平均值	最大值	最小值	标准差
lnIP	15.328 3	17.249 9	11.478 1	1.070 3
lnOP	14.033 6	17.204 0	11.596 0	1.118 0
lnFE	7.308 3	9.765 9	4.093 8	1.442 2
lnPcGDP	10.094 1	12.013 0	7.886 6	1.030 4

数据来源：2000年、2010年的人口普查数据和1995年、2005年的1%人口抽样调查数据，以及相应年份的《中国统计年鉴》。

第三节　中国人口流动与FDI的空间演变分析

一、人口流动与FDI的空间差异与变化

表9-1的描述性统计结果指出了中国FDI与人口流动的空间差异现实，表9-2则给出了两者差异以及差异演变的空间现状。图9-2显示，2000年和2020年中国FDI主要分布格局并没有发生太大的变化，基本维持从东到西依次递减的规律。FDI投资最多的区域全部位于东南沿海，从广东、福建沿海角线北上延伸到山东、辽宁。省内流动人口规模反映各省之间内部发展差异引起的人口流动，2000—2020年，省内流动人口大省主要集中在传统的几个人口大省，包括山东、四川、河南、广东等。在省际人口流动层面，吸引外省流动人口的省份当然集中于比较发达的区域，2000年主要是广东和环渤海区域，2020年发生了"南下"的微小变化，除了北京、天津，其他都集中于东南沿海。值得一提的是，新疆也是一个吸引外省流动人口的主要区域。

表9-2　2000—2020年中国FDI与流动人口空间演变

2000年FDI规模				2020年FDI规模			
低水平	中等水平	较高水平	高水平	低水平	中等水平	较高水平	高水平
山西	吉林	天津	北京	内蒙古	山西	天津	北京
内蒙古	黑龙江	河北	辽宁	吉林	黑龙江	河北	上海
贵州	安徽	浙江	上海	西藏	江西	辽宁	江苏
云南	江西	湖北	江苏	甘肃	河南	浙江	山东

表9-2（续）

西藏	河南	海南	福建	青海	湖南	安徽	广东
甘肃	湖南	—	山东	宁夏	重庆	福建	海南
青海	广西	—	广东	新疆	贵州	湖北	—
宁夏	重庆	—	—	—	云南	广西	—
新疆	四川	—	—	—	陕西	四川	—
—	陕西	—	—	—	—	—	—

2000 年省内流动人口				2020 年省内流动人口			
低水平	中等水平	较高水平	高水平	低水平	中等水平	较高水平	高水平
天津	北京	河北	辽宁	北京	内蒙古	山西	河北
海南	吉林	山西	江苏	天津	吉林	辽宁	江苏
西藏	上海	内蒙古	浙江	上海	黑龙江	浙江	安徽
甘肃	广西	黑龙江	山东	海南	重庆	福建	山东
青海	重庆	安徽	河南	西藏	贵州	江西	河南
宁夏	贵州	福建	湖北	青海	云南	湖南	湖北
新疆	云南	江西	广东	宁夏	甘肃	广西	广东
—	陕西	湖南	四川	—	新疆	陕西	四川

2000 年省外流动人口				2020 年省外流动人口			
低水平	中等水平	较高水平	高水平	低水平	中等水平	较高水平	高水平
吉林	黑龙江	天津	北京	吉林	山西	河北	北京
安徽	河南	河北	上海	黑龙江	内蒙古	辽宁	天津
江西	湖南	山西	江苏	西藏	安徽	湖北	上海
西藏	广西	内蒙古	浙江	甘肃	江西	重庆	江苏
甘肃	海南	辽宁	福建	青海	河南	四川	浙江
青海	重庆	山东	广东	宁夏	湖南	云南	福建
宁夏	贵州	湖北	新疆	—	广西	陕西	山东
—	陕西	四川	—	—	海南	—	广东
—	—	云南	—	—	贵州	—	新疆

二、人口流动与 FDI 的空间自相关分析

（一）全局空间自相关分析

空间自相关分析是考察人口流动和 FDI 规模分布在空间上有没有集群性和连片性，这种考察是空间计量建模的前提，如果检验存在显著的空间自相关性，则进一步借助空间计量方法进行分析。空间自相关的检验方法通常采用全局 Moran's I。检验发现，2000 年 FDI、IP 和 OP 的全局 Moran's I 分别为 0.117 7、0.131 9 和 0.022 3，表明 FDI 在当时具有显著的空间集聚性，FDI 的空间选择性明显，这与图 9-1 中 FDI 的空间分布一致；而人口流动并没有显著的空间特性，存在空间随机性，特别是省外流动人口空间自相关系数接近为 0，这可能与 2000 年改革开放的深度还不够有关，特别是西部地区，人口远距离流动还没有形成规模。2020 年 FDI、IP 和 OP 的全局 Moran's I 分别达到 0.142 3、0.117 3 和 0.131 9，三者都存在显著的空间依赖性；表明随着改革不断深入，包括西部大开发后，中西部流动人口开始形成大规模的方向性流动，人口流向劳动需求量大的东南沿海区域全局空间自相关性分析的结论表明，流动人口和 FDI 分布区域具有历史路径依赖性，空间集聚效应和空间不平衡性有扩张趋势。

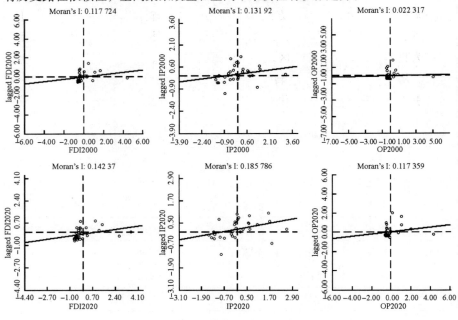

图 9-1 FDI、省内流动人口、省外流动人口 Moran's I

（上图为 2000 年、下图为 2020 年）

（二）局域空间自相关分析

为了进一步在全局 Moran's I 基础上揭示这种集聚特征的显著性，用局域的 LISA 指标绘制出 $z(I_i)$ 检验显著性概率 p<0.05 的集聚表。表 9-3 显示，2000 年 FDI 的 LISA 表仅有两种类型，其中"高—高"集聚模式包括北京、上海和广东（以下简称"北上广"）和山东、福建、江苏、海南；其中海南和福建与华侨投资有重大关系；"低—低"集聚模式几乎囊括了整个西部地区，说明整个西部的 FDI 非常少，该年没有"高—低"集聚模式；2020 年 FDI 的 LISA 图发生了显著变化，整个东南沿海成为"高—高"集聚模式，除了传统的北上广地区，还包括浙江、江苏、山东和福建，且海南已经不是该模式了，变成了"低—高"模式，说明海南的 FDI 吸引力在衰退。"低—低"集聚模式与 2000 年的主要变化是西藏、青海和四川退出了该模式，变为不显著地区。在省内流动人口方面，2000 年显著的区域非常少，"高—高"区域有安徽、福建和河北，"低—低"区域有新疆、甘肃、西藏，没有"高—低"区域，而"低—高"区域有上海和江西；到了 2020 年，变化并不大，主要更新在于湖北、湖南和江西变为"高—高"区域，甘肃变为"不显著"区域；这些特征说明省内流动人口并未发生较大的变化，与之前省内流动人口重心演变不显著的结论一致。省外流动人口方面，2000 年吸引外省流动人口比较显著的区域是上海、福建、山东和广东；到了 2020 年，吸引外省流动人口比较多的区域则成为我们熟知的北上广地区，还包括福建、江苏、浙江；新疆的模式变化比较大，从"高—低"模式反转为"低—低"模式；而四川、甘肃、青海一直是吸引外省流动人口比较弱化的区域；海南和广西则一直是"低—高"模式，是外省流动人口吸引力的塌陷区。

表 9-3　中国 FDI 与流动人口 LISA 集聚

2000 年 FDI 规模						2020 年 FDI 规模					
不显著区		H—H 区	L—L 区	L—H 区	H—L 区	不显著区		H—H 区	L—L 区	L—H 区	H—L 区
黑龙江	河南	北京	内蒙古	—	—	黑龙江	安徽	北京	内蒙古	海南	重庆
吉林	江苏	上海	新疆	—	—	吉林	江西	上海	新疆	河南	
辽宁	安徽	福建	甘肃	—	—	辽宁	云南	江苏	甘肃		
河北	重庆	广东	陕西	—	—	河北	贵州	广东	陕西		
湖北	浙江	江苏	青海	—	—	山西	广西	浙江	宁夏		
天津	湖南	山东	西藏	—	—	天津	四川	福建	—	—	
宁夏	江西	海南	四川	—	—	青海	—	山东			
贵州	云南	—	—	—	—	西藏	—				
广西	湖北	—	—	—	—	湖北	—				

表9-3(续)

2000年省内流动人口						2010年省内流动人口					
不显著区		H—H区	L—L区	L—H区	H—L区	不显著区		H—H区	L—L区	L—H区	H—L区
黑龙江	江苏	安徽	新疆	上海	—	黑龙江	广西	江西	新疆	上海	—
内蒙古	重庆	福建	甘肃	江西	—	内蒙古	河南	湖北	西藏	—	—
吉林	浙江	河北	西藏	—	—	吉林	江苏	湖南	—	—	—
辽宁	湖南	—	—	—	—	辽宁	安徽	—	—	—	—
四川	云南	—	—	—	—	甘肃	海南	—	—	—	—
湖北	贵州	—	—	—	—	河北	重庆	—	—	—	—
北京	广西	—	—	—	—	北京	上海	—	—	—	—
山西	广东	—	—	—	—	山西	浙江	—	—	—	—
天津	海南	—	—	—	—	天津	四川	—	—	—	—
陕西	山东	—	—	—	—	陕西	云南	—	—	—	—
宁夏	—	—	—	—	—	宁夏	贵州	—	—	—	—
青海	—	—	—	—	—	青海	广东	—	—	—	—
河南	—	—	—	—	—	山东	—	—	—	—	—
2000年省外流动人口						2020年省外流动人口					
不显著区		H—H区	L—L区	L—H区	H—L区	不显著区		H—H区	L—L区	L—H区	H—L区
黑龙江	江苏	山东	内蒙古	广西	新疆	黑龙江	西藏	北京	新疆	安徽	—
吉林	安徽	上海	陕西	海南	—	吉林	河南	上海	四川	广西	—
辽宁	湖北	福建	四川	—	—	辽宁	湖南	福建	甘肃	海南	—
西藏	重庆	广东	甘肃	—	—	内蒙古	重庆	广东	青海	—	—
河北	浙江	—	青海	—	—	河北	江西	江苏	—	—	—
北京	湖南	—	宁夏	—	—	山西	云南	浙江	—	—	—
山西	江西	—	—	—	—	天津	贵州	—	—	—	—
天津	—	—	—	—	—	陕西	—	—	—	—	—
云南	—	—	—	—	—	宁夏	—	—	—	—	—
青海	—	—	—	—	—	湖北	—	—	—	—	—
河南	—	—	—	—	—	山东	—	—	—	—	—

三、人口流动与 FDI 的重心演变分析

本章研究的时间序列为 2000—2020 年,将 31 个省、自治区、直辖市的 FDI、省内流动人口规模、省外流动人口规模属性值和相应中心坐标代入重心计算模型,得到各指标的重心坐标(见表 9-4),并与时间顺序建立连接,得到各年份重心移动轨迹,并将三者轨迹显示在同一坐标系中,如图 9-2 所示。

表 9-4　1995—2010 年 FDI 与人口流动规模重心演变

年份	FDI 重心		省内流动人口重心		省外流动人口重心	
	东经 E	北纬 N	东经 E	北纬 N	东经 E	北纬 N
2000	116°32′49″	30°41′25″	114°25′19″	32°39′6″	114°16′55″	29°46′35″
2010	117°0′39″	31°34′3″	114°1′44″	32°34′35″	115°31′12″	30°44′53″
2020	114°86′29″	29°20′25″	113°50′12″	32°52′47″	114°89′06″	30°91′97″

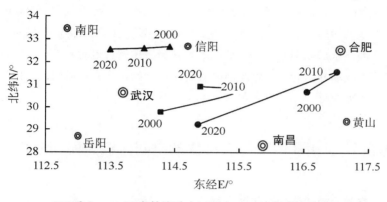

图 9-2　FDI 和流动人口重心演变轨迹

由图 9-2 可以看出下列特征：

第一，总体上，FDI、省内流动人口规模、省外流动人口规模重心位于中国华中地区，即武汉、南昌和合肥地区，与中国的几何中心（甘肃兰州附近）相差甚远。具体分经纬度来看，其中 FDI 重心在经度上偏东 2 度左右（约 222 千米），而人口流动规模重心偏西；纬度上，FDI 与外省流动人口规模纬度大致相当，而省内流动人口纬度比前两者偏北 1.5 度左右（约 166 千米）。

第二，FDI 重心轨迹呈西南—东北走向，特别是从 2000 年到 2010 年基本遵循这一演变方向，说明 FDI 这十年的投资区域越来越趋向于中国东部沿海区域，但有从南方向北方过度的趋势，这与中国改革开放从珠三角地区开始逐步过渡到向长三角、环渤海地区的外部环境和经济地理演变的空间关系一致。但 2010—2020 年之后，发生了迅速的西移，这一转变与中国西部大开发有关。21 世纪以来中国调整了区域发展战略，实施西部大开发战略，内陆的吸引力开始显现，经过几年的发展，使得 FDI 的空间选择开始西移。

第三，外省流动人口规模的重心轨迹基本呈西北—东南走向，其中

2000—2010 年这一特征十分明显，说明以珠三角区域为中心的东南部最为吸引跨省的流动人口。同样，2000—2020 年外省流动人口有从东往西变化趋势，这一趋势与 FDI 的演变格局基本一致。说明西部大开发后，随着产业转移，西部的人口吸引力开始显。

第四，省内流动人口规模的重心轨迹几乎呈东西走向。因为省内流动人口规模与全国性的经济地理差异没有直接的关系，这种特征仅表明省域内部的人口流动活力，或者说与人口就近转移的趋势有关。2000—2020 年的几次转变并没有显著的变化，基本维持同一地理空间；但值得一提的是，2000—2010 年突然性地偏西转变，可能的解释是，2008 年发生了全球性金融危机，危机之前中西部往东部流动的人口在危机之后开始考虑就近流动和就业，大规模的远距离跨省流动开始衰退，近距离的省内流动开始扩张，从而引起省内流动人口规模的显著西移。

第四节 中国 FDI 与人口流动空间面板建模与分析

一、空间面板实证模型构建

本章旨在通过包括流动人口、政府服务和经济发展三个方面的四个解释变量来考察其对 FDI 的影响机制[1]，特别是验证和回答人口流动是否对 FDI 有影响，如果有，又是否存在区域性的差异。所以设置的解释变量为省内流动人口规模（IP）、省外流动人口规模（OP）、政府一般性财政支出（FE）和人均 GDP（PcGDP），被解释变量即省域 FDI 规模。设置的普通面板模型为

$$\ln FDI_{it} = \beta_1 \ln IP_{it} + \beta_2 \ln OP_{it} + \beta_3 \ln FE_{it} + \beta_4 \ln PcGDP_{it} + \mu_i + \varepsilon_{it}$$

考虑到空间影响，设置的空间滞后面板模型和空间误差面板模型分别为

$$\ln FDI_{it} = \rho \sum_{j=1}^{n} w_{ij} y_{jt} + \beta X_{it} + \mu_i + \varepsilon_{it}$$

$$\ln FDI_{it} = \beta X_{it} + \mu_i + \varphi_{it}, \quad \varphi_{it} = \lambda \sum_{j=1}^{n} w_{ij} \varphi_{it} + \varepsilon_{it}$$

---

① 研究流动人口与 FDI 的关系，或者说流动人口规模对 FDI 规模的影响，理论上需要构建推导模型，本章没有这一步骤，直接构建回归模型，可能会有"流动人口规模是否直接作用于 FDI"的疑问。需要说明的是，实际经验中流动人口规模作为人力因素的一部分，会吸引投资，反过来投资也会导致人口流动，所谓"资本追逐劳动"和"劳动追逐资本"就是两者关系写照，本章构建 FDI 与流动人口规模的回归模型即研究"资本追逐劳动"的例证，尽管没有证明流动人口直接还是间接作用于 FDI。

其中，X_{it} 为普通面板数据模型中 $\ln IP_{it}$、$\ln OP_{it}$、$\ln FE_{it}$ 和 $\ln PcGDP_{it}$。i 为省份，t 为时间，即 2000 年、2010 年和 2020 年。

二、模型估计与结果分析

为了详细考察人口流动对 FDI 的影响，本章给出多个模型的估计结果。先以普通混合面板模型和空间混合模型进行估计和分析，在此基础上给出固定效应或随机效应模型。从混合估计面板估计结果来看，表 9-5 显示，三个模型中，各变量对 FDI 的影响弹性系数都为正，与现实预期相符，其中省内流动人口和省外流动人口对 FDI 的影响显著性都通过 1% 检验，表明人口流动确实对 FDI 的空间选择有显著性影响；人均 GDP 至少通过 5% 以上的显著性检验，也是一个重要因素；而政府一般性财政支出的未通过检验。另外，所有数据都经过对数处理，因此根据弹性系数的大小即可判断各自对 FDI 的影响程度，表 9-5 显示，普通面板和滞后面板模型中，省外流动人口的弹性系数最大，省内流动人口的弹性系数次之；误差面板模型中则同样显示两者最大，但省内比省外流动人口系数稍大；可见流动人口在本章考察的三个因素中影响相对较大，也证明了本章的研究议题，即流动人口对 FDI 有影响，且影响非常显著。从 SLM 和 SEM 的空间弹性系数 ρ 或 λ 来看，显示前者系数不显著，后者系数显著，初步看 SEM 模型较优，不过还需进一步检验和分析确定。

表 9-5 混合面板模型估计结果

变量	普通混合面板		空间滞后混合面板 SLM		空间误差混合面板 SEM	
	弹性系数	t 值	弹性系数	t 值	弹性系数	t 值
$\ln IP$	1.048 ***	6.34	0.837 0 ***	4.76	0.518 9***	2.58
$\ln OP$	0.467 1***	4.18	0.532 1***	3.63	0.605 1***	4.27
$\ln FE$	0.618 7***	3.02	0.346 2**	1.69	0.085 9	0.38
$\ln PcGDP$	1.280 **	5.46	0.652 7***	2.36	0.489 0**	1.91
ρ	—	—	0.251 8***	2.47	—	—
λ	—	—	—	—	0.562 2***	4.35
R^2	0.842 8	—	0.913 7	—	0.898 1	—
logL			−88.250		−86.087 5	
NO. Obs	93	—	93	—	93	—

注：***、**、* 分别表示通过 1%、5% 和 10% 的系数显著性检验。logL 表示模型的极大对数似然值，NO. Obs 表示样本个数。

依照 Anselin 等提出的判别准则得到检验结果如表 9-6 所示，可以看出，空间误差模型的拉格朗日乘数及其稳健形式下的 LMERR 和 R-LMERR 都显著，而空间滞后模型下的 LMLAG 显著而 R-LMLAG 不显著，表明 SEM 优于 SLM 模型，判定方程存在随机误差自相关性，证明空间误差机制影响着区域 FDI 的空间选择行为。

表 9-6　SLM 和 SEM 面板估计模型判别检验

检验指标	假设	检验值	P 概率
LMLAG	no spatial lag	15. 368 3	0. 167 0
R-LMLAG		0. 733	0. 282 9
LMERR	no spatial error	52. 981	0. 009 0
R-LMERR		46. 395 1	0. 000 0

为了进一步判断这两种模型与固定效应或随机效应的空间面板模型的优劣，本章采用空间 Hausman 方法进行了固定效应和随机效应模型的检验，结果表明固定效应模型好于随机效应模型。所以，这里仅给出空间固定效应、时间固定效应和时空双固定效应模型估计，如表 9-7 所示（本章未给出随机效应模型结果，事实上，通过空间 Hausman 检验，拒绝了随机效应模型。比如，空间固定效应的 Hausman 检验显示，空间滞后随机模型中的 Hausman 统计值 -16.73，概率为 0.005，空间误差随机模型的 Hausman 统计值 19.23，概率为 0.001 7，都表明固定效应优于随机效应模型。其他检验结果同理，这里不再赘述）。

表 9-7　空间、时间和时空固定效应下 SLM 和 SEM 面板模型估计结果

变量	空间固定效应		时间固定效应		时空双固定效应	
	SLM	SEM	SLM	SEM	SLM	SEM
lnIP	0. 554 * (2. 58)	0. 157 (0. 54)	0. 890 *** (4. 83)	0. 948 *** (5. 10)	-0. 063 3 (-0. 23)	-0. 105 5 (-0. 38)
lnOP	0. 325 ** (1. 58)	0. 383 * (1. 88)	0. 442 ** (3. 12)	0. 467 *** (3. 30)	0. 269 1 (1. 35)	0. 296 0 (1. 46)
lnFE	-0. 209 (-0. 98)	0. 471 * (2. 36)	-0. 338 (-1. 09)	-0. 461 (-1. 43)	0. 570 3 * (1. 57)	0. 633 5 * (1. 78)

表9-7(续)

变量	空间固定效应		时间固定效应		时空双固定效应	
	SLM	SEM	SLM	SEM	SLM	SEM
lnPcGDP	0.361 (1.23)	0.241 (0.83)	1.323*** (5.07)	0.195** (1.44)**	0.4516* (0.11)	0.3348** (1.20)
ρ	0.540*** (6.25)	—	−0.102 (−1.25)	—	0.3875*** (3.33)	—
λ	—	0.678*** (7.79)	—	−0.1974* (−1.44)	—	0.3877*** (3.06)
R^2	0.9223	0.8828	0.8910	0.8975	0.8666	0.8664
logL	−27.9975	−30.5473	−104.9434	−104.2101	−22.1545	−22.8751
NO. Obs	93	93	93	93	93	93

注：括号里为显著性检验的 t 值。***、**、*分别表示通过 1%、5% 和 10% 的系数显著性检验。logL 表示模型的极大对数似然值，NO. Obs 表示样本个数。

考虑空间固定效应、时间效应和时空双固定效应的空间滞后回归模型和空间误差回归模型估计结果如表 9-7 所示。首先从拟合优度 R^2 来看，考虑了固定效应的模型估计结果远比未考虑固定效应模型的估计结果更优。然后分效应类型来看，空间固定效应模型中，省内流动人口的弹性系数为正，但仅 SLM 模型通过了 10% 的显著性检验，同时空间滞后项和误差项的弹性系数也不显著，表明可能不存在空间固定效应；时间固定效应模型中，绝大多数的弹性系数都通过了 5% 的显著性检验，同时空间滞后项和误差项的弹性系数显著，表明可能存在时间固定效应；时空双固定效应模型中，政府财政支出和人均GDP 的弹性系数分别通过 10% 和 5% 的显著性检验，其他系数则未通过，同时空间滞后项和误差项的弹性系数也不显著，表明可能不存在时空双固定效应；综上，考虑了时间固定效应模型的估计结果最为理想。针对流动人口规模进一步分析发现，6 个模型中，省内流动人口规模的弹性系数有 3 个模型通过 10% 以上的显著性检验，而省外流动人口规模的弹性系数有 4 个模型通过 10% 以上的显著性检验，表明省外流动人口对 FDI 的空间选择影响比省内流动人口的影响大，换句话说，中国流动人口的跨省迁移流动是在中国经济社会发展空间格局不平衡的基础形成的，而这种长距离的迁移流动对 FDI 的空间选择影响显著。事实上，这和前面的结论一致，即中国 FDI 的投资区域与中国省外流动人口规模有很类似的空间趋势，2000—2010 年两者都有显著的从西向东流动的趋势，而 2010—2020 年，在外省流动人口规模有西转的趋势，FDI 的西转趋势同样开始发生，两者的步调可谓有密切的相关性。这也进一步证明了本章的议题，即流动人口，尤其是外省流动人口对中国 FDI 的空间演变格局有重大影响。

第五节　本章小结

人口流动是一个空间现象，内含有空间关系和空间规律，存在空间依赖性。因此，缺乏空间视角或者说是空间均质化假设下的人口流动研究结论值得商榷。所以摒弃空间相互独立的假设、考虑空间依赖性成为研究人口流动特征新的选择，空间计量模型便是有效方式。本章的研究意义就在于对中国流动人口和 FDI 的空间属性再认知，特别是其对两者的空间格局演变趋势和耦合关系进行多维分析。具体来说主要有以下几个方面的研究突破：一是放松传统研究中隐含的空间相互独立假设条件的约束，应用空间计量模型能更准确反映人口流动和 FDI 的空间特征；二是本章进行了学科交叉研究，结合了其他相关学科理论和知识，特别是空间理论和 GIS（地理信息系统）技术，使一些传统研究难以克服的困难得到很好的解决；三是应用空间面板数据，在时间和空间双维度上考察了中国 2000—2020 年 31 个省、自治区、直辖市的人口流动和 FDI 的时空演变关系。

基于以上考虑，实证分析空间不平衡性、人口流动和 FDI 的区域选择的议题后，通过空间自相关分析、重心演变分析和空间面板数据模型分析等，本章得出的主要结论有：

第一，中国 FDI 与人口流动的空间差异显著，东部沿海是 FDI 和省外流动人口的主要空间选择区域，人口流动基本维持从东到西依次递减的规律。2000—2010 年，FDI 规模最大的区域全部位于东南沿海，从广东、福建沿海角线北上延伸到山东、辽宁；省内流动人口大省主要集中在传统的几个人口大省，包括山东、四川、河南、广东等。外省流动人口较多的省份集中于中国发达区域，2000 年主要是广东和环渤海区域，2010 年发生了"南下"的微小变化，除了北京天津，其他都集中于东南沿海。

第二，中国省域 FDI、流动人口存在空间自相关性，且这种趋势越来越显著，即 2020 年的 Moran's I 指数比 2000 年的 Moran's I 指数更为显著；说明流动人口和 FDI 的空间选择性随之加强，已经形成的流动人口和 FDI 分布区域具有历史路径依赖性，空间集聚效应和空间不平衡性有扩张趋势。

第三，中国 FDI 和流动人口的重心位于武汉、南昌和合肥附近的华中核心地区；且 FDI 的重心演变自 2000—2020 年基本呈西南—东北走向，2010—2020 年开始向西部微转；外省流动人口重心自 2000—2010 基本呈西北—塘沽东南走向，2010—2020 年也开始向西部微转；省内流动人口重心 2000—2020 未发生显著变化，基本维持在一个核心区域，但西移趋势明显，具体应该是 2008 年金融危机后，三者西移的转向开始发生。

第四，通过空间面板数据模型分析了人口流动、政府服务和经济发展水平对 FDI 空间选择的影响；证实考了空间依赖的面板模型比普通面板模型更具优越性，更能刻画中国流动人与 FDI 的空间关系。同时证实，考虑了固定效应尤其是时间固定效应的面板模型最为理想。另外，对比不同固定效应下的几种模型，显示省外流动人口对 FDI 的空间选择影响比省内流动人口的影响大，换句话说，中国流动人口的跨省迁移的长距离流迁对 FDI 的空间选择影响更为显著。

上述研究结论对引导中国人口合理有序流动及其影响的 FDI 优化选择和配置有一定的意义。当然，本章也有进一步改进的空间：由于人口流动数据的限制，本章不能使用 2000—2020 年的连续年份数据，使用的是四个重要时间节点的人口普查和人口抽样调查数据，若能充分利用连续时间的面板数据对中国人口流动和 FDI 的区域差异和空间选择进行估计研究，相信可获得更加科学、准确的研究结论。

第十章　人口流动的转变：人口回流的经济效应

本章概要：中国劳动力流动趋势在发生结构性变化，其中人口回流是新的重要特点，其带来的人力资本再分配也深刻影响各地区经济发展。本章将以人口回流这一新的劳动力流动特点作为切入点，对人口回流现状进行基本描述，同时利用中国家庭金融调查（CHFS）的回流个体数据和中国地级市级面板数据，运用固定效应模型与门限回归模型，探究人口回流对经济增长与生产效率提高影响机制。

第一节　问题的提出

人口是重要的生产要素，对劳动要素的合理利用是实现中国经济高质量发展、形成经济发展新动能的关键。近年随着人口结构的变化，中国"人口红利"逐渐消失，近年多个城市出台包括放开落户限制、支持创业就业、提供人才安居等方面的人才吸引政策，吸引具有一定的工作经验与技能的高质量劳动力，并演变为各地区间的"抢人大战"（吴耀国，2020）。这种现象成为验证中国各地区高质量劳动力资源缺乏的证据。其中，吸引人口回流也成为区域竞争的重要"抓手"，在人口流动的新转变背景下，人口回流对经济增长的影响成为新的议题。

因此，本章将以人口回流这一新的劳动力流动特点作为切入点，利用中国家庭金融调查（CHFS）的回流个体数据和中国地级市级面板数据，重点考察人口回流对回流地经济增长的拉动作用及该作用产生的条件与空间特征。本章可能的创新点与边际贡献主要有：首先，关注了目前较少有学者关注的回流人群所带来的对回流地经济增长的拉动作用的相关问题，且采用中国 55 个地级市的市级面板数据进行实证分析，验证人口回流对回流地经济增长具有积极影响；其次，目前对于人口回流研究的变量选择主要停留于对于回流意愿的探究，而本章则通过 CHFS 人口回流数据进行研究，能够最有针对性地识别回流人群，使得对人口回流经济效应地研究更加科学。最后，本章关注了人口回流对经济增长的拉动作用在不同地区所存在的地区差异性，并通过空间计量探究该影响的空间溢出效应。在新的人口流动特点出现的背景下，为不同地区针对其目前经济发展状况，引导回流人口实现合理有序流动与配置，释放回流人群经济活力，助推回流地经济高质量发展提供参考。

鉴于此，本章基于 2011 年、2015 年和 2017 年中国家庭金融调查数据，借由其对回流人口的精确定义分类对回流人口的基本信息及各地回流人口比率进行统计。同时，以人均 GDP 增长率与全要素生产率分别作为因变量建立计量经济模型，验证人口回流是否对回流地经济发展及经济效率的提高具有正向作用，并通过门限回归模型以资本存量作为门限变量对该人口回流的经济拉动作用发生的条件进行分析，最后通过空间杜宾模型对其空间溢出效应进行探讨。该研究可以为各地区利用好回流人口这一重要的发展动力，推进劳动力结构改善，调整经济发展方式，推动地区经济转变发展方式提供政策建议。

第二节　中国人口回流现状的基本描述

关于人口回流的精准识别，在目前的各类公开调查数据中均不常见，这也在一定程度上限制了人口回流的研究进展。本章关于人口回流的数据来自来西南财经大学中国家庭金融调查与研究中心开展的中国家庭金融调查（China household finance survey，CHFS）。该数据共覆盖全国 29 个省（自治区、直辖市）、345 个县（区、市）。该数据库详细采集了受访家庭的人口统计特征、人口流动状况、收入与消费信息。与其他数据库不同的是，CHFS 在 2011 年、2015 年、2017 年数据中对回流人口进行界定，能够为精准度量各地的回流人口比例与回流人口状况提供数据支撑。

在界定流动与回流过程中，CHFS 主要考虑访问时样本的常住地与户籍地是否一致，且是否具有外出居住与工作的经历。因此，本章中回流人口指具有在户籍所在地以外居住或工作半年及以上后返回户籍所在地的群体。通过分析 CHFS 数据中 16 岁以上的人口群体，得出 2011 年、2015 年以及 2017 年回流人口的基本情况如表 10-1 所示。

表 10-1　回流人口基本情况

年份	样本总数	回流人口数	回流人口比重/%
2011	29 234	288	3.44
2015	133 183	7 368	5.53
2017	127 012	17 013	13.39

从表 10-1 可以看出样本中回流人口规模不断扩大，回流人口比重也由 2011 年的 3.44% 增长至 2017 年的 13.39%，这可以反映出回流人口的规模不断扩大的趋势。在中国经济结构变化及户籍改革的背景下，选择回流成为越来越多外出人口的选择。

表 10-2 展示了回流人口的性别、户口类型及受教育水平特征，可以看出回流人口中男性占比高于女性，但同时男女比例差距逐渐缩小，体现出回流人口逐渐从个人行为转向家庭行为。而在户口类型上，回流人口中多数为农村户口，多涉及进城务工人员。而随着回流进程的深入，回流群体的受教育程度逐渐提高，平均工作年数也有着一定的增加，体现出目前回流人口中受教育人群与具有工作经验个体占比提高，是人力资本质量提高的体现。

表 10-2　回流人口基本人口学特征

年份	性别/%		户口类型/%			受教育水平/%			平均工作年数
	男	女	城市	农村	统一户口	低学历	中等学历	高学历	
2011	62.15	37.85	22.10	77.82	—	38.54	22.78	20.07	7.67
2015	65.44	35.56	23.92	72.43	3.65	50.69	60.93	49.55	6.56
2017	59.00	41.00	40.58	47.71	11.70	10.77	16.29	30.38	9.90

数据来源：对应年份的 CHFS 数据。

注：低中高受教育水平分别对应小学及以下学历、初高中学历及大专及以上学历。统一户口类型为城乡居民户籍管理制度改革后回流人口所持有的城乡统一户口。

第三节　研究假设与数据处理

一、研究假设与模型构建

根据上文的理论假设与研究目的，本章将通过构建固定效应模型对人口回流现象的经济影响提出以下假设：

在对人口流动影响经济增长的实证研究中，学者们主要利用人口流动指标与人均 GDP 之间的关系，对人口流动现象是否促进流入地经济增长进行验证。例如，何雄浪（2020）利用中国 276 个地级城市数据进行实证检验，发现人口流入能够促进地区经济的发展。而人口回流作为人口流入的重要组成部分，同样具有对流入地经济增长的拉动作用，即人口回流能够提高当地人均 GDP，对经济增长起到正向作用。基于此提出假设 1。

H₁：人口回流能够推动回流地的经济增长。

同时流动人口特别是回流人口这类具有人力资本与禀赋优势的群体对流入地的经济影响不仅仅停留于当初的促进流入地经济总量的提升。基于来自各地级市的经验总结，新生代高学历人口回流比重不断增加（杨雪，2019），劳动力与人才的流入能够对流入地的生产效率产生积极影响（曹芳芳 等，2020）。而人口回流现象能够带动人力资本与产业资本由经济发达地区流向落后地区，从而带动回流地的资源配置效率的提高，对流入地的经济发展与生产效率具有正向作用。基于此，以流入地区的全要素生产率为切入点，提出假设 2。

H₂：人口回流能够提高回流地的全要素生产率。

由于各地的经济状况与经济发展状况的不同，人口回流的影响也存在着差异。在人口流动过程中，东部地区主要通过引入高技术人才或生产技术熟练工人从而推动当地经济增长。而中、西部地区则通过劳动密集型产业获得经济的增长（彭国华，2015）。因此，回流人口作为具有发达地区工作经验和一定资本禀赋的群体，在不同经济发展程度的地区的经济推动作用多存在差异性。基于此，本章将从中国中、东、西部地区的经济差异性出发，比较人口回流对经济增长的拉动作用在不同经济环境下的不同。基于此，提出假设 3。

H₃：人口回流对不同地区经济增长的推动作用存在差异。

为了验证人口回流是否能够推动经济发展的，构建模型（1）：

$$GDPP = \beta_0 + \beta_1 Hui + \beta_2 GDPD + \beta_3 GOV + \beta_4 OPEN + \beta_5 TECH + \varepsilon$$

为了验证人口回流是否能够提高地区经济效益，本文构建模型（2）：

$$QUAN = \beta_0 + \beta_1 Hui + \beta_2 GDPD + \beta_3 GOV + \beta_4 OPEN + \beta_5 TECH + \varepsilon$$

根据本章模型构建，依据假设条件，模型（1）中人口回流对人均 GDP 的影响系数应当为正且显著，即更大规模的人口回流会带来地区经济的更好发展。模型（2）中人口回流对全要素生产率的影响系数应当为正且显著，即更大规模的人口回流提高了人力资本质量会带来更高的经济效益。

二、变量选择与数据来源

本章主要从经济增长与生产绩效两个维度对中国各地级市人口回流对流入地经济的积极影响进行探讨，通过 2011 年、2015 年以及 2017 年 53 个地级市数据构建面板数据模型对人口回流的经济影响进行分析。

被解释变量：本章的因变量主要分为各地级市的经济增长与生产效益两个维度，分别以地区人均 GDP 与地区全要素生产率为代理变量。其中，各地区全要素生产率以当地的资本与劳动即地区资本存量与年末城镇就业人数为投入，以当地的人均 GDP 作为产出，通过数据包络模型（DEA）计算出相应的全要素生产率。

解释变量：本章主要关注人口回流对于经济产生的影响，因此在自变量的选取上主要关注各市回流人口占总人口的比重。通过中国家庭金融调查数据中各市回流人口相关数据得出各市样本总数及回流人数并以此计算其回流人口比重。经过数据匹配，最终得到 53 各城市的平衡面板数据。

控制变量：为保证模型的解释能力，根据前人关于人口流动的研究，对于控制变量的选取往往控制影响流入地经济发展潜力的变量（马红梅，2021）。因此本章将地区的经济增长率、政府支出、对外开放程度与科学技术水平作为控制变量。其中人均 GDP 增长率代表着地区的发展现状，而政府支出代表着政府对于当地经济发展的支出，而对外开放程度与科技水平代表着地区经济发展的国际化程度与科技实力。第二产业增加值占 GDP 比重则代表当地产业结构能够表现该地区经济发展条件。在数据来源方面，人均 GDP、人均 GDP 增长率、政府支出、吸引外资及申请专利数、第二产业生产总值占比主要来自《中国统计年鉴》、中经网数据库、Wind 数据库及各省市统计年鉴。

表 10-3　变量说明

类别	符号	变量名称	代表指标
被解释变量	GDPP	人均 GDP	采用 GDP 平减法修正的地区真实人均 GDP
	QUAN	全要素生产率	地区全要素生产率
解释变量	Hui	人口回流	回流人口占比
控制变量	GDPD	经济增率	人均 GDP 增长率
	Gov	政府支出	地区全年政府支出
	Open	对外开放程度	地区吸引外商投资额
	Tech	科技水平	地区全年申请专利数
	Str	产业结构	第二产业增加值占 GDP 比重

注：各地区全要素生产生产率将以当地的资本与劳动即地区固定资产投资总额与年末就业人数为投入，以当地的人均 GDP 作为产出，通过数据包络模型（DEA）计算出相应的全要素生产率。

第三节　结果分析

一、人口回流经济效应的基本结果

（一）基准回归结果

通过 Hausman 检验得到的卡方统计量 $X = 10.52(P = 0.055\ 2)$，说明该模型适用于变系数固定效应模型。而模型（2）通过 Hausman 检验得到的卡方统计量 $X = 14.20(P = 0.014\ 4)$，同样适用于变系数固定效应模型。根据表 10-4 中模型（1）的回归结果，可以看出解释变量人口回流现象于经济增长即人均 GDP 的提高具有较强的正效应，且在 1% 的置信水平上显著。同时模型 F 值在 1% 的置信水平下显著，模型的拟合状况较好。

表 10-4　人口回流经济效应基础回归分析

	（1）	（2）	（3）	（4）
	人均 GDP	全要素生产率	人均 GDP	全要素生产率
回流人口比重	12.778 5 *** (6.21)	5.604 3 * (1.83)	8.713 7 ** (2.43)	5.809 6 *** (3.27)
GDP 增长率	—	—	0.451 2 (0.87)	-0.034 2 (-1.24)
政府支出	—	—	-0.004 0 *** (-3.21)	-0.147 4 (-0.03)
对外开放程度	—	—	-0.000 6 (-0.33)	-0.002 1 (0.27)
科技水平	—	—	0.043 8 ** (2.54)	-0.023 9 *** (-0.28)
产业结构	—	—	-0.017 6 (-0.38)	-0.039 1 (-1.40)
截距项	5.208 8 *** (30.20)	1.251 6 *** (4.17)	2.341 9 (1.10)	7.464 9 *** (5.66)
R^2	0.320 1	0.031 1	0.215 0	0.562 0

注：第（1）列和第（2）列括号中为该变量的 t 检验值，*、**、*** 分别表示 10%、5%、1% 的显著性水平，下同。

表 10-4 中第（1）列与第（2）列分别代表未加入控制变量与加入变量的

模型结果。回归系数显著为正，表明回流人口总体上促进了流入地的经济发展，在效应大小上表现为回流人口占比每增加 1% 将导致流入地的人均 GDP 提高 580.96 元。这体现出人口回流为经济发展提供的人力资本能够有效转化为经济增长从而推动回流地人均 GDP 的提高。

为进一步研究人口回流对经济效率的影响，本章重点针对人口回流对全要素生产率的影响进行模型检验。从表 10-4 回归结果可以看出，解释变量人口回流占比对于全要素生产率的提高的正向作用，且在 5% 的置信水平上显著。同时模型 F 值在 1% 的置信水平下显著，模型的拟合状况较好。

表 10-4 中第（3）列与第（4）列分别代表未加入控制变量与加入变量的模型结果。回归系数显著为正，表明回流人口总体上促进了流入地的经济效益的提高。在效应大小上表现为回流人口占比每增加 1% 将导致流入地的全要素生产率提高 8.713 7%，即回流人口的所带来的高质量的劳动力与资本将使得流入地的生产效益得到显著上升. 从而证明了 H_2。

（二）区域异质性分析

由于不同中、东、西部不同地区经济发展状况与资本状况存在一定地区异质性，本章按照各地级市所属的中、东、西部地区的不同进行分组回归，结果如表 10-5 所示。

表 10-5　分地区人口回流推动经济增长分组回归结果

地区	（1）东部	（2）中部	（3）西部
回流人口比重	2.774 6 (0.96)	5.819 5*** (2.84)	-3.965 9 (-0.87)
常数项	10.434 7** (2.69)	6.671 6*** (4.48)	2.035 9 (1.02)
控制变量	是	是	是
R^2	0.562 2	0.664 3	0.746 3

对比表 10-5 中第（1）列至第（3）列的分区域经济增长回归结果，发现人口回流对经济增长的推动作用只在中部地区的城市显著，而在东部和西部地区城市则出现非显著的特点。这代表着城市间的人口回流现象对经济增长的推动作用存在差异性。东部城市主要为人口回流的流出省份，因此部分从中西部城市流入的人群并未呈现出显著的禀赋优势，对推动其经济增长作用不大。而对于西部城市呈现非显著特点的主要原因在于人口回流的劳动力与人才只有转

化为劳动力与生产力，才能够促进经济的较快增长。而与之关联较大的便是当地的产业基础与投资情况。相比于人口回流推动经济增长显著的中部地区，西部城市由于先天禀赋不足未能形成较为有效的投资与产业基础，无法发挥回流人群所具备的人力资本的优势。而中部地区承接较多东部转移的部分产业，工业化水平有所发展，导致其在产业发展过程中能够较好地承接此类人口回流人群的就业与创业活动。人口回流对推动中部地区城市经济增长的作用较为显著。由此初步证明了 H3。

二、稳健性检验

为了缓解回归过程中的内生性问题，进一步验证人口回流对于经济增长回归结果的稳健性，本章采用了以下方法对相关回归结果进行进一步的验证：首先，本章的基准回归模型包含了样本包括了东部地区的相关地市，但依照吴瑞君等（2020）学者对于人口回流这一新的人口迁移特点相关研究，其主要态势为东部地区相关城市向中西部地区迁徙，因此东部地区多为人回流的流出省份，其受到人口回流的经济影响较小，因此加入东部地区的城市样本无法有效区分该经济增长是否是由人口回流带来的。因此本章参照韩先锋（2015）等学者的相关做法，通过剔除部分城市样本对相关模型进行重新估计，即剔除东部城市的相关样本，保留中、西部城市样本，对人口回流对经济增长的拉动作用进行重新估计。

表 10-6　面板模型回归稳健性检验结果

检验方法	（1）剔除东部城市	（2）剔除东部城市	（3）更换解释变量	（4）更换解释变量
被解释变量	人均 GDP	全要素生产率	人均 GDP	全要素生产率
回流人口比重	5.819 5 *** (2.84)	0.374 6 *** (2.90)	18.311 3 * (1.76)	0.226 7 ** (2.53)
GDP 增长率	−0.074 9 ** (−1.92)	0.030 9 (0.79)	−0.044 6 (−1.45)	0.017 3 (0.53)
政府支出	−3.264 9 (−0.12)	−0.015 5 (−4.69)	−2.926 (−0.53)	−0.000 7 (1.01)
对外开放程度	0.005 3 (0.39)	0.000 2 (3.67)	0.001 6 (0.14)	0.001 3 (−1.16)
科技水平	0.036 6 (1.56)	0.158 8 (0.69)	0.030 1 *** (4.22)	0.014 2 *** (2.89)

表10-6(续)

检验方法	（1） 剔除东部城市	（2） 剔除东部城市	（3） 更换解释变量	（4） 更换解释变量
产业结构	−0.031 6 (−1.01)	−0.339 1 (−1.46)	−0.050 4 (−1.81)	0.017 88 (0.57)
截距项	6.671 6*** (4.88)	3.761 1 (3.23)	8.469 0*** (6.62)	−1.778 (−1.08)
R^2	0.664 3	0.250 6	0.532 1	0.112 3

从表 10-6 的第（1）列和第（2）列可以看出，在剔除了东部城市后，对相关模型进行重新估计，结果显示，人口回流对于经济增长的拉动作用依旧显著。这表明在人口回流的主要流入地的中西部城市，人口回流对于经济增长的拉动作用较为显著，体现出人口回流能够对经济增长起到拉动作用。同时其对于生产效率提高的正向作用同样显著。与上文的回归结果只是系数数值上的差异，基本结论具有一致性，从而检验相关回归结果的准确性。

对于各地人口回流的情况，除了通过回流人口比重这一相对量之外，还能够利用各城市的回流人口总数的绝对量对该地的回流情况进行度量，因此本章通过更换解释变量指标的方式，以各城市的回流人口总数表征当地的人口回流情况，通过变量的替换验证基准回归的稳健性。从表 10-6 中的第（3）列和第（4）列可以看出，当对相关模型进行重新估计，结果显示，人口回流总数对于经济增长与生产效率提高的影响依旧显著，即随着人口回流总数的增加当地的经济也会得到一定程度的增长，同时对回流地的生产效率提高具有正向作用。相关回归结果与前文的主要结论的差异主要是数值上的差异，保证了相关结果的可靠性。

三、区域异质性及其机制分析

基于前文异质性回归结果，发现人口回流对经济增长的拉动作用的显著性在中部与西部这两大主要流入地存在较大差异，这表明人口回流的经济增长作用存在其发生作用的相关条件。张静宜等（2021）指出目前返乡的就业与创业发展呈现新的特征即回流过程更大程度上表现的是劳动力追求就业与创业机会的决定，但目前此类返乡行为的资金缺口是首要难题。因此，本章将以资本存量为切入点，探究中部地区与西部地区人口回流对经济增长拉动作用差异产生的原因，通过构建面板门限估计模型以地区的资本存量为门限变量，考察随着回流地资本状况的变化对此类经济增长拉动作用的变化情况。本章以此为基础，得出回流地利用回流人口推动经济增长所必须具备的资本条件。

资本积累对于衡量某一城市的基础设施建设与产业发展状况具有重要的意义，在中国政府主导的投资发展之下，各城市间的产业发展状况也随着投资情况地不同出现较大差异。因此，本章将以各城市的资本存量作为门限变量，用以验证在不同的资本积累条件下人口回流对经济增长的拉动作用。其中资本积累的测算按照刘常青等（2015）学者对于中国地级市及以上城市地资本存量测度方法进行，相关数据主要来自各省级统计年鉴、《城市统计年鉴》以及相关统计公报。

$$GDPP = \beta_0 + \beta_1 \text{Hui} \cdot I(K < \gamma_1) + \cdots +$$

$$\beta_n \text{Hui} \cdot I(\gamma_{n-1} \leq K < \gamma_n) + \sum \text{Control} + \varepsilon_{it}$$

其中，γ 为待估门限变量资本存量的门限值，I 为指标函数，当满足括号中不等式时，取值为 1，反之，取值为 0。门限效应检验的原假设为 $H_0: \beta_1 = \beta_2$。若拒绝原假设，则认为存在门限效应，对门限值 γ 进行估计，构建 LR(γ) 统计量来测算置信区间，最终，用参数 γ、β_1、β_2 的估计值表示不同经济体量下人口回流对经济效益的影响。

首先本章对人口回流与资本存量的门限效应进行测度（见表 10-7、表 10-8）。结果显示，使用 Bootstrap 自抽样 500 次得到相应的 F 检验的 P 值，发现单一门限下通过 10% 的显著性检验，单一门限与三重门限的检验结果并不显著。这表明该模型存在显著的双重门限效应。

表 10-7　门限效应检验结果

检验	F 检验	P 值	自抽样次数	临界值		
				10%	5%	1%
单一门限	30.68***	0.000 0	500	14.758 9	17.226 1	24.377 3
双重门限	3.69	0.762 0	500	12.537 6	16.030 2	24.072 3
三重门限	2.82	0.872 0	500	11.530 9	13.996 0	20.207 3

表 10-8　门限值估计结果　　　　　　　单位：亿元

门限变量	门限个数	门限值	95%的置信水平
资本存量	单一门限检验	3 319	[3 152, 3 356]

通过双重门限模型检验得到资本存量的门限值为 3 319 亿元。根据面板门限估计的结果如表 10-9 所示。在未加入控制变量的情况下，人口回流对经济

增长的正向作用在所有城市都在1%的显著水平下显著，但当资本存量更高时，人口回流对经济增长的回归系数远大于未超过门限值时的情况。这表明当资本存量较高即该城市承接地投资项目及当地基础设施发展较好时，人口回流地就业与创业活动能够得到较好的承接，随之带来的是人口回流对于经济拉动作用的强化。这表明人口回流需要相应的产业与投资基础用以对该人力资本活力的释放，从而更好地带动各地经济的快速发展。

表 10-9　门限回归结果（双重门限）

	（1）	（2）
回流人口比重_ 1 （ $K < 3\,319$ ）	9.273 5 *** （8.49）	−0.700 9 （−0.31）
回流人口比重_ 2 （ $K \geqslant 3\,319$ ）	28.113 4 *** （5.30）	9.022 2 *** （4.76）
控制变量	否	是
Cons	5.268 0 *** （32.99）	6.370 4 *** （5.98）
R^2	0.465 0	0.634 0

　　在加入控制变量的情况下，城市资本存量跨过门限值后，人口回流对经济增长的拉动作用在1%的置信水平下显著为正。而当该城市资本存量未能高于门限值，人口回流对经济增长的效果则不显著。综上可以看出，回流地的资本存量情况是回流现象拉动经济增长的重要基础，即只有回流城市的资本存量高于门限值时，人口回流才能够较为有效地促进经济增长。该结果在一定程度上解释了中、西部城市回流现象对经济拉动作用的差异：西部地区较低的资本存量代表着当地对于产业基础的不足，其工业化程度与产业发展仍处于较低水平，工业发展能力难以承接回流人群的就业，使得回流人口无法完全发挥既有能力并投入回流地的经济建设，回流人口效能未能与当地有效匹配，因此西部地区人口回流对当地经济增长的拉动作用不显著。与之相比，中部地区更高的资本存量代表已经较好地实现了相关基础设施与产业投资，从而能够充分发挥对于经济的拉动作用。结合回流人口多为有技术的熟练工人或返乡创业者的特征，该类人群对于具有产业投资基础的地区的经济增长拉动作用较为显著，因此中部地区能够较好地匹配和利用回流人口所带来的人力资本优势，推动劳动力资源的合理配置进而有效地促进当地经济的平稳健康发展。

四、空间溢出效应分析

人口流动与人口回流显然涉及不同区域，这是典型的空间问题，许多文献指出了人口流动的空间溢出效应（周少浦，2020），而空间溢出可能会进一步影响经济增长。当纳入空间溢出效应来研究人口流动对经济增长的影响则问题相对复杂，因此该议题的研究还不多见，但有必要。本章希望进一步探究人口回流对经济增长的空间集聚及溢出效应，从而更好地为各地区更具针对性地承接回流人口在当地就业与创业、顺应经济增长地差异化政策提供相关建议。

首先根据 Moran's I 指数的测算可以发现，相关年份各城市的莫兰指数均显著为正，说明样本呈现显著的空间依赖性，能够通过构建空间计量模型对人口回流与经济增长的关系进行估计与检验。LM 检验结果（见表 10-10）显示，相关样本存在空间误差效应与空间滞后效应，因此本章拒绝混合 OLS 模型假设，需要运用空间面板模型对该问题的空间状况进行探讨。

表 10-10　人口回流的 Moran's I 测算与 LM 检验结果

年份	Moran's I	Z 值	LM 检验 Spatial error	LM 检验 Spatial lag
2011	0.341***	3.185	6.834 (0.000)	3.508 (0.061)
2015	0.383***	3.365		
2017	0.315**	1.589		

（一）空间计量模型的选择与设定

中国的人口回流及经济增长存在着显著的空间相关性，因此引入空间面板计量模型对相关问题进行探究。空间杜宾模型（SDM）能够同时对空间误差效应与空间滞后效应进行无偏估计，是一种更广义的空间面板估计模型，结合对 SDM、SEM 和 SAR 模型进行 LR 检验与 Wald 检验，均拒绝退化假设，因此，本章综合上述结果通过构建空间杜宾模型对人口回流的经济增长效应进行探讨，具体模型如下式所示：

$$GDPP = \rho \cdot W \cdot GDPP + X\beta + WX\gamma + \varepsilon$$
$$\varepsilon = \theta W\varepsilon + \mu$$

其中，GDPP 为 i 城市的人均 GDP，X 表示包括人口回流占比在内的相关变量，β 则为待估参数向量，W 为空间权重矩阵，ρ 为空间自相关系数，ε 与 μ 为随机扰动项。同时，为了衡量地理因素对人口回流拉动经济增长的影响，本章设定邻接标准矩阵对相关地理特征进行表征，即若两个地级市所在省份在空间上相邻，则两个地级市属于相邻地区，其空间邻接矩阵记为1，反之则记为0。

（二）空间杜宾模型实证结果

基于中国 53 个地市的人口回流及经济数据构建面板数据，本章通过 Hausman 检验结果，运用固定效应的空间杜宾模型对人口回流的增长效应的拉动作用及其空间溢出效应进行测度。根据表 10-11 中的结果可以看出，空间自相关系数在邻接空间权重矩阵下显著为正。其空间自相关系数为 0.363 0，结果表明中国的人口回流与经济增长存在着显著的自相关关系，模型拟合较好。

表 10-11　人口回流对经济增长的空间效应：空间 SDM 模型

估计方法	估计系数	t 值
	空间效应 SDM 模型	空间效应 SDM 模型
回流人口比重	0.058 4***	3.68
GDP 增长率	−0.006 4**	−2.00
政府支出	0.000 2***	2.80
对外开放程度	−0.034 3***	−2.74
科技水平	−0.006	−0.64
产业结构	0.003 3	1.15
$W \cdot$ 回流人口比重	0.003 9	0.16
$W \cdot$ GDP 增长率	−0.016 2***	−2.39
$W \cdot$ 政府支出	−0.000 3***	−2.91
$W \cdot$ 对外开放程度	0.039 5*	1.88
$W \cdot$ 科技水平	0.001 0	0.41
$W \cdot$ 产业结构	−0.002 8*	−0.66
ρ	0.362 9***	5.52
截距项	0.012 0***	8.62
R^2	0.553 0	0.553 0

从系数来看，人口回流对经济增长的回归结果在 1% 的置信水平下显著为正，表明在人口回流较多的省份其对经济增长的拉动作用也较为明显。这进一步体现了人口回流对于流入地的经济增长具有显著的促进作用。而其空间自相关系数的结果体现本区域的经济增长对周边地区的经济增长具有正向的溢出作

用。但 W·人口回流的估计系数不显著，代表着邻近地区的人口回流对该地区的经济增长的溢出效应并不显著。这表明回流人口多在自己回流地即自己的户籍所在地就地就业，而不会进行二次流动或迁移，因此对邻近地区的经济增长的影响较小。

进一步通过偏微分效应分解对人口回流拉动经济增长的传导机制进行分析，可以发现（见表10-12）：在直接效应上人口回流对经济增长的影响显著为正，进一步验证了人口回流能为流入地带来优质的人力资本和相应的资源禀赋。在后人口红利时期，人口回流能够为地区经济的发展注入新的活力，高质量的人力资本与劳动力能带动当地经济的高效增长。而在间接效应方面，人口回流对于邻近地区的经济增长效果即人口回流的经济影响的空间溢出效应不具有显著性。这可能是因为人口回流人群户籍所在地的经济改善或出于自己的家庭原因选择返回户籍所在地。因此，较少有回流人群选择继续到邻近的省份进行工作或者创业，进而人口回流的空间溢出与虹吸效应不显著。

表 10-12　各因素影响效应分解

	估计系数	直接效应	间接效应	总效应
回流人口比重	0.058 4 ** (2.01)	0.065 0 *** (2.90)	0.020 0 (0.93)	0.085 0 *** (2.48)
GDP 增长率	−0.006 4 (−1.64)	−0.010 8 ** (−2.53)	−0.015 3 ** (−2.54)	−0.026 0 *** (−2.91)
政府支出	0.000 2 *** (3.57)	0.000 2 ** (2.46)	−0.000 2 (−2.28)	−0.000 1 (−0.58)
对外开放程度	−0.034 3 *** (−2.86)	−0.029 3 *** (−2.93)	0.022 3 *** (3.39)	−0.007 0 (−0.55)
科技水平	−0.000 6 (−1.10)	−0.000 5 (−0.73)	0.000 5 (0.23)	0.000 1 (0.01)
产业结构	0.003 3 (0.78)	0.003 5 (0.80)	−0.001 0 (−0.21)	0.002 4 (0.33)

第四节　本章小结

中国人口迁移趋势正在发生显著变化，回流已经成为人口流动重要的组成部分，但关于人口回流及其经济效应的研究还不足。本章以人口回流现象为切入点，以 CHFS 数据估算城市层面回流规模和比例，结合中国 53 个地级市的相关面板数据，探究人口回流对经济增长拉动作用的大小、作用基础以及两者的空间关联性。研究发现：①人口回流对回流地经济增长与生产效率的提高具有显著的正向作用，在一系列稳健性检验之后，结论依然成立。在区域从非均衡发展到均衡发展的转换过程中，人口回流是一个重要渠道和路径。②人口回流对经济增长的拉动作用呈现出明显的地区差异性。中部城市人口回流对其经济增长具有较强的正向作用，东部城市由于多为人口流出城市，人口回流对于经济增长的正效应呈现不显著的特点。西部地区则因为缺乏相应的工业基础，其人口回流对经济增长的正向作用同样不显著。③以地区资本存量为门限变量，通过门限回归发现人口回流对于经济增长的拉动作用需要相应的资本投入为基础。当资本存量低于门限值时，人口回流对于经济增长的正向作用不显著；而当资本存量跨过门限值时，更高的资本存量代表该地区已经较好地进行了相关基础设施与产业投资，为承接人口回流的就业工作与创业行为提供了相应的条件，从而能够充分发挥回流人群对于经济发展的拉动作用。这在一定程度上也解释了人口回流在中部作用显著而西部不显著的原因。④利用空间杜宾模型对人口回流对经济增长的拉动的空间效应进行分析，结果发现人口回流对经济增长的回归系数依旧显著，代表人口回流现象对回流地经济发展具有重要的促进作用。但在溢出效应上人口回流的相关系数则不显著，代表邻近城市的人口回流现象对当地经济增长的空间溢出效应不显著。

上述的研究结论的政策启示也较明显。

首先，依据目前回流人口的群体特征与流动方向发现，回流人口在回流地城镇的长期居住与工作的相关意愿有所上升并趋于稳定。回流人口就近、就地转移的群体规模持续扩大，成为推动中西部就近、就地城镇化发展的重要推动因素。因此，对于承接回流人口的空间载体问题的解决，应当关注多层次流动人口城镇化承载空间的建立，创新城乡双向流动和循环机制。同时关注回流人口的生活需求与发展要求，推进公共服务均等化的同时帮助回流人群更好地适应当地生活。

其次，各地区政府应当推动户籍制度进一步改革，适当放宽落户限制与条件。根据总体回归结果，人口回流都会对流入地区的经济增长与生产效率提高起到带动作用，因此使得回流人口的自由流动、保证回流人口这一优质人力资本的有效配置，将是推动地区特别是具有一定工业基础但仍需进行转型升级地区发展的重要举措，这不仅对中西部地区经济增长有利，更是缩小同东部地区发展、促进区域均衡发展的路径。而这其中的关键便是推动户籍制度改革，合理放宽落户限制条件，在回流人口自由流动的条件下吸引该人群前往户口所在地，带动家乡经济建设。幸运的是，当前中西部城市正在不断放宽的落户标准。

最后，对于回流地应当加强当地产业基础建设，解决回流人口的就业问题。本章的分组回归与门限回归结果表明，人口回流对于经济增长与生产效率的提高主要发生在具有一定产业基础的中东部地区。这说明一方面各地尤其是西部地区应当加强当地产业基础建设，通过改善就业吸收回流人口，利用该人群所带来的生产与管理经验，缓解回流人口返回户口所在地后没有工作机会与创业机会的窘迫局面。同时要对有工作经验的回流劳动力与技术人才参与经济建设进行引导，并制定相应的自主培育策略，利用高质量回流劳动力带动当地人口素质及劳动力质量的提高。回流人口的原流入地应当正确看待劳动力回流所带来的机遇与挑战，一方面推动自身产业向高精尖方向转型，另一方面以回流人口为纽带，加强地区间交流互动，使得各区域人力资本积累的不平衡得到有效缓解，从而实现先富带后富的良性循环。

第十一章 结论与启示

第一节 研究结论

人口是一切经济社会活动的基础，人口问题也是一个全局性、战略性和长期性的问题，中国历来也重视人口问题的研究。人口流动和流动人口问题是中国人口转变过程的重要一环，在中国经济社会发展中扮演了重要角色。新中国成立特别是改革开放以来，中国经历了历史上最快的经济发展以及最为深刻的变迁。1992年进一步开放后，人口和劳动力的大规模流动是其中最主要的变化之一。在此期间，中国流动人口的年均增长率约为7%。奔忙在全国各地的流动人口，已在时代大潮和日新月异的发展中，拼凑出一个生动且动态的"流动中国"图景，不断改变着中国人口的分布版图，也深刻影响着个体的社会生活。

在经历过长期的大规模流动和高速增长后，中国的人口流动近年步入调整期。进入2010年以来，流动人口增速步入相对调整期，年均增速降为2%，并且从2015年开始，流动人口在增速下降的同时规模也开始减少。当前，中国人口流动正处在深刻的新的转变过程中，这一转变过程不仅涉及结构转变、流动原因转变等，同时也包括了家庭结构、教育结构、职业结构等更为丰富的内涵，是全方位的转变，中国的人口流动和流动人口特征也呈现出新的特征。

中国人口流动的宏大转变过程对经济社会也产生了巨大影响。改革开放以来，人口跨区域流动频率增加使得流动人口已成为促进区域经济发展的因素之一。中国经济能取得伟大成就，普遍认为人口红利是主要因素，而其中流动人口或劳动力在全国范围内的自由迁徙发挥了重要作用，为此，人口流动塑造了中国人口动态分布格局，也刻画了中国经济发展版图，深刻影响着中国经济社会的快速变迁。为此，本书以中国人口流动为切入点，从多维视角分析了其对中国经济社会的深刻影响，以深化理解人口流动在形塑中国经济社会版图中的巨大作用。基于本书选择所实证的几个视角做的研究分析，得到的主要结论有：

第一，描述、模型化表达与预测是人口迁移流空间结构研究的三个不应分割的系统过程或基本程式，国内对该框架的体系化理论和实证研究还不足，本书将人口迁移流空间结构的描述、模型化表达和预测的"标准程式"整合：采用乘法分量模型、对数线性模型和双边比例调整法分别来描述、模型化表达和预测中国人口迁移流空间结构特征。实证表明，三个系统程式对于研究人口流动空间结构具有现实应用意义，能够基于人口迁移流矩阵的内生规律和数据自我生成过程来全景式刻画研究中国跨区域人口迁移流空间结构，在方法论上具有重要意义。

第二，基于空间 OD 模型和中国省际迁移流数据，本书实证研究中国人口省际迁移流的地缘效应、驱动机制与男女差异，发现中国人口迁移流内含显著的空间依赖，其中迁出、迁入地独立的空间自相关效应促进人口迁移，而迁出地—迁入地交互的空间自相关效应阻碍人口迁移。总体上，中国人口省际迁移流受迁出地的推力作用弱于迁入地的拉力作用，表明人口迁移更多的是出于对迁入地的"美好预期"，而非对迁出地的"过度抱怨"。人口迁移流的驱动机制有显著的性别差异：女性迁移流受驱动因子的影响大于男性，女性的失业风险、就业歧视更为明显；男性在人口迁移的空间选择上受空间依赖的影响大于女性，这与性别禀赋和社会环境有关。

第三，人口流动在区域经济收敛过程中产生重要作用。基于对长江经济带城市经济收敛案例的分析，本书发现人口流动对经济增长具有显著的阻尼效应，但这限于直接效应，而间接效应、邻近效应及综合效应均为促进作用。基于区域流动人口规模与人均产出水平的高度相关性，本书有理由相信人口流动对于促进经济增长和缩小区域差异有双重作用。

人口流动在区域经济差距过程中同样产生重要影响。基于长江经济带城市经济差距案例分析，本书发现对于全局区域经济差距，人口流动、人口迁移与经济差距存在倒"U"形的非线性关系：早期为扩大效应，后期为收敛效应，这与中国梯度发展战略和"先富带动后富，最终实现共同富裕"的阶段化发展理念吻合。对于省内区域经济差距，人口流动亦表现为先扩大后收敛的作用，人口迁移则仅表现为扩大效应而无收敛效应。人口流动与人口迁移的作用差异来源于后者户籍变更所带来的经济行为和资源配置空间转换。考虑空间效应后，本书发现人口流动和人口迁移最终是利于区域均衡发展的，其中溢出效应发挥了重要作用。

　　中国劳动力的流动趋势在发生结构性变化，其中人口回流是新的重要特点。基于人口回流视角探究人口回流对经济增长与生产效率提高影响机制，本书发现人口回流能够有效地带动回流地经济增长并推动地区全要素生产率提高。人口回流对经济增长的拉动作用存在地区差异性，资本存量在对人口回流对经济增长的拉动中表现出门限效应。资本存量较高时，人口回流对经济增长的影响较强。人口回流的经济增长效应主要来自直接效应，空间溢出与虹吸效应不显著。

　　第四，人口流入规模的扩大对城市创新水平具有显著的促进作用。人口流动与城市创新水平存在空间溢出效应，创新外溢有利于区域均衡发展，人口流入的直接效应、间接效应、总效应均显著为正，表明流动人口是城市创新产生溢出效应的推动因素。人口流入对城市创新外溢的影响受地理距离的约束，城市创新水平的外溢效应随着距离的扩大而收缩。

　　第五，中国省际流动人口规模和外商直接投资和的重心位置相近，位于中国武汉、南昌和合肥附近的华中核心地区，表明两者的空间相关关系明显。空间面板数据模型证实了人口流动对 FDI 空间选择具有重要影响，而且省外流动人口规模对 FDI 的空间选择影响比省内流动人口的影响大，换句话说，中国流动人口的跨省迁移的长距离流迁对 FDI 的空间选择影响更为显著。

第二节　研究启示

　　中国经济社会发展取得的成就表明，人口流动过程和流动人口群体扮演着重要角色，需要正视在人口流动和流动人口在中国经济社会发展中的历史作用。中国的人口流动主要是农村人口的流动，农民从农业向非农业、从农村向城市的转移是传统农业社会向现代工业社会转变的必经之路，是经济发展和现代化的必然趋势。但在乡—城流动的长期过程中，确实还存在着对于人口流动认识不足、对流动人口的不公平待遇甚至是歧视现象，流动人口的社会融合在早期进展缓慢，其中户籍制度改革经历了较为长期的摸索实践。

　　从治理角度来看，城市户籍福利与流动人口切割的管理制度对地方政府是有利的，但对流动人口本身是权益与福祉的破坏。流动人口曾长期被排斥在政府构建的城镇社会保障体系之外，社会保障制度对流动人口的制度性缺陷，特别是社会保障基金跨地区转移的难题和各级政府公共财政的保障范围限于户籍人口的制度设置，忽视了流动人口的重大历史贡献。为此，需要加快流动人口治理与深化福利制度改革。可喜的是，近年来以户籍制度为改革重点的系列措施在不断推动流动人口权益的保障和落实。比如 2022 年 3 月国家发展改革委员会公布了《2022 年新型城镇化和城乡融合发展重点任务》，坚持把推进农业转移人口市民化作为新型城镇化首要任务，重点针对存量未落户人口深化户籍制度改革，健全常住地提供基本公共服务制度，提高农业转移人口融入城市水平。文件还明确提出"城区常住人口 300 万以下城市落实全面取消落户限制政策"，应该说户籍制度改革比较彻底，对流动人口是利好。

户籍改革作为国家层面对于流动人口权益保障的基础性制度推进，应该是流动人口治理政策优化的鲜明标志。不过，总体来看，政策推进和优化的空间依然存在，摆在前面的事实还包括对人口流动和流动人口认识、研究的不足，这也限制了政策的衍生深化。因此，学界和政府都需要加强人口流动议题的研究和制度设计，尤其是通过认识人口流动规律来为经济社会服务，充分挖掘流动人口红利，持续推动高质量发展。本书作为对人口流动经济社会影响效应的多维度研究，就是试图尝试深化认识人口流动规律，这既是对流动人口历史贡献的正视，更是为更好发挥其作用、助力经济社会发展寻求证据。基于实证研究内容，本书得到了如下相应的研究启示和政策启示，并尝试提出相应制度建议。

第一，加强空间人口学研究。人口迁移流动是规范人口学研究的基本组成部分，然而在中国生育制度的政策影响、老龄化及健康中国建设背景下，对于生育、死亡（健康）的研究比人口迁移的影响要更深远。需要加强人口迁移流动的理论和应用研究，本书以人口迁移流空间结构为例，尝试引入和搭建国内该议题研究的体系框架或基本程式，未来需要从全局上推进中国人口空间统计或空间人口学的研究与应用。着重于人口迁移流动独特的空间属性：连接流入地与流出地双重空间，这既是对人口学研究的新挑战，更是人口学研究的创新突破点。如此，既能深化人口流动规律的认识，又能推进流动人口治理，发挥流动人口红利，持续推进经济社会发展。

第二，把握国家户籍制度改革任务的核心要点。区域经济收敛和区域经济差距分析结果均显示人口流动有利于区域均衡发展，这似乎恰好成为理性的发达地区政府与欠发达发达地区政府维持既有流动人口管理制度的充分理由，使得户籍制度改革推进缓慢。从全国来讲，这种流动人口与城市福利剥离的管理制度的弊端是流动人口的社会福利、合法权益不能得到保障，他们长期处于一种相对弱势甚至相对贫困状态。因此，以户籍制度为背景的改革或以福利覆盖为基础的政策在当前的流动人口治理中推进缓慢，也导致以人为本的城镇化工作还有很多的阻力要破除。近年来，国家不断坚持把推进农业转移人口市民化作为新型城镇化首要任务，重点针对存量未落户人口深化户籍制度改革，这是利好政策。不过从现实表现来看，农业专业人口落户的动力并没有预期中的强度，各城市也开启了所谓的"抢人大战"，部分城市效果明显，多数不明显。显然，如何真正推进"以人为本"的城镇化、解决落户人口的后顾之忧是落实户籍改革任务的核心要点。

第三，深挖人口流动红利。有充分的证据表明人口流动对中国经济社会发展做出巨大贡献，事实上，中国人口红利的主要来源包括流动人口红利。而且，在中国总人口规模达峰并将转向负增长的情形下，流动人口规模持续扩大，这是中国人口红利持续保持的路径之一，需要充分挖掘。尤其要预测好人口大规模回流带来的影响，人口流出地和人口流入地面临人口回流潮要提前谋划思考如何应对和发挥作用，设计好就近城镇化、返校创业、省内劳动力空间配置等应对策略。

第四，提升流动人口治理水平。中国人口流动将持续保持活跃状态，形塑中国经济社会的作用也将持续。近四亿的流动人口规模对中国人口治理提出了新挑战，需要多维度提升流动人口治理水平。政策需要下沉到低层和底层，应努力避免类似"一刀切"的管理策略，构建流动人口生活、生产的友好环境。

参考文献

李树茁，1993. 80 年代中国人口迁移的性别差异研究 [J]. 人口学刊（5）：16-21.

顾朝林，蔡建明，张伟，等，1999. 中国大中城市流动人口迁移规律研究 [J]. 地理学报（3）：204-212.

赵君丽，2002. 人口迁移的性别选择性与女性移民问题 [J]. 南京人口管理干部学院学报（2）：29-32.

杨云彦，徐映梅，向书坚，2003. 就业替代与劳动力流动：一个新的分析框架 [J]. 经济研究（8）：70-75，93.

李强，2003. 影响中国城市流动人口的推力与拉力因素分析 [J]. 中国社会科学（1）：125-136.

蔡昉，2004. 人口转变、人口红利与经济可持续性：兼论充分就业如何促进经济增长 [J]. 人口研究，28（2）：2-9.

王剑，2004. 外商直接投资区域分布的决定因素：基于空间计量学的实证研究 [J]. 经济科学（5）：116-125.

张文新，朱良，2004. 近十年来中国人口迁移研究及其评价 [J]. 人文地理（2）：88-92.

胡琦，2005. 增长循环中的衰退与转型：中国东北地区产业结构变动研究 [D]. 上海：复旦大学.

彭国华，2005. 中国地区收入差距、全要素生产率及其收敛分析 [J]. 经济研究（9）：19-29.

张善余，俞路，彭际作，2005. 当代中国女性人口迁移的发展及其结构特征 [J]. 人口与发展（2）：13-19.

朱玉杰，周楠，2005. 中国 FDI 区位因素的实证分析 [J]. 财经问题研究（11）：51-58.

孙峰华，李世泰，杨爱荣，等，2006. 2005 年中国流动人口分布的空间格局及其对区域经济发展的影响 [J]. 经济地理, 26 (6): 974-977.

黄建山, 冯宗宪, 2006. 陕西省社会经济重心与环境污染重心的演变路径及其对比分析 [J]. 人文地理 (4): 112-117.

麻永建, 徐建刚, 2006. 基于 ESDA 的河南省区域经济差异的时空演变研究 [J]. 软科学 (5): 51-54.

谭永生, 2007. 农村劳动力流动与中国经济增长: 基于人力资本角度的实证研究 [J]. 经济问题探索 (4): 80-84.

李习保, 2007. 区域创新环境对创新活动效率影响的实证研究 [J]. 数量经济技术经济研究 (8): 13-24.

李国平, 陈晓玲, 2007. 我国外商直接投资地区分布影响因素研究: 基于空间面板数据模型 [J]. 当代经济科学, 29 (3): 43-48.

曹志冬, 王劲峰, 高一鸽, 等, 2008. 广州 SARS 流行的空间风险因子与空间相关性特征 [J]. 地理学报 (9): 981-993.

段平忠, 2008. 我国人口流动对区域经济增长收敛效应的影响 [J]. 人口与经济 (4): 1-5.

王弟海, 龚六堂, 李宏毅, 2008. 健康人力资本、健康投资和经济增长: 以中国跨省数据为例 [J]. 管理世界 (3): 27-39.

严浩坤, 徐朝晖, 2008. 农村劳动力流动与地区经济差距 [J]. 农业经济问题 (6): 52-58, 111.

符淼, 2009. 地理距离和技术外溢效应: 对技术和经济集聚现象的空间计量学解释 [J]. 经济学 (季刊), 8 (4): 1549-1566.

许庆明, 孙菲菲, 范帅邦, 2009. 自然条件、人口流动与区域经济均衡发展 [J]. 兰州商学院学报, 25 (6): 58-62.

赵祥, 2009. 地方政府竞争与 FDI 区位分布: 基于我国省级面板数据的实证研究 [J]. 经济学家 (8): 53-61.

赵勇, 白永秀, 2009. 知识溢出: 一个文献综述 [J]. 经济研究 (1): 144-156.

顾宝昌, 2010. 中国人口: 从现在走向未来 [J]. 国际经济评论 (6): 5, 95-111.

钟水映, 李魁, 2010. 人口红利、空间外溢与省域经济增长 [J]. 管理世界 (4): 21-30, 193-194.

樊士德, 姜德波, 2011. 劳动力流动与地区经济增长差距研究 [J]. 中国人口科学 (2): 27-38, 111.

胡陈冲，朱宇，林李月，等，2011. 流动人口的户籍迁移意愿及其影响因素分析：基于一项在福建省的问卷调查 [J]. 人口与发展，17（3）：2-10.

胡振球，2011. 社会关系网络视野下的人口迁移研究 [D]. 合肥：安徽大学.

季民河，武占云，姜磊，2011. 空间面板数据模型设定问题分析 [J]. 统计与信息论坛，26（6）：3-8.

唐天伟，唐任伍，2011. 中国政府技术效率测度：2001—2009 [J]. 北京师范大学学报：社会科学版（5）：123-129.

张浩然，衣保中，2011. 地理距离与城市间溢出效应：基于空间面板模型的经验研究 [J]. 当代经济科学，33（3）：117-123.

周凡磬，2011. 人力资本、人力资本结构与区域创新效率的随机前沿分析：基于 2001—2008 中国省域面板数据的检验 [J]. 情报杂志，30（S2）：282-285.

陈前虎，杨萍萍，2012. 农民工市民化意愿影响因素的实证研究：以浙江省为例 [J]. 浙江工业大学学报（社会科学版），11（3）：315-319，341.

黄启日，2012. 明清会馆的产生原因及政治效应 [J]. 西安社会科（2）：75-76.

宁光杰，2012. 自选择与农村剩余劳动力非农就业的地区收入差异：兼论刘易斯转折点是否到来 [J]. 经济研究，47（S2）：42-55.

于文丽，2012. 基于空间自相关的中国省际人口迁移流分布模式与动力机制研究 [D]. 南京：南京大学.

蔡昉，2013. 理解中国经济发展的过去、现在和将来：基于一个贯通的增长理论框架 [J]. 经济研究（11）：4-16.

张车伟，蔡翼飞，2013. 人口与经济分布匹配视角下的中国区域均衡发展 [J]. 人口研究，37（6）：3-16.

毛新雅，翟振武，2013. 中国人口流迁与区域经济增长收敛性研究 [J]. 中国人口科学（1）：46-56.

张焕明，陈年红，2013. 经济分权、人口迁徙与大国发展之路：基于人均产出增长地区差异的实证分析 [J]. 财经研究，39（12）：142-146.

王学义，曾永明，2013. 中国川西地区人口分布与地形因子的空间分析 [J]. 中国人口科学，33（3）：85-93.

吴康，方创琳，赵渺希，等，2013. 京津城际高速铁路影响下的跨城流动空间特征 [J]. 地理学报，68（2）：159-174.

张战仁，2013. 中国创新发展的区域关联及空间溢出效应研究：基于中国经济创新转型视角的实证分析 [J]. 科学学研究，31 (9)：1391-1398.

董上，2014. 中国省际人口迁移流时空模型研究 [D]. 南京：南京大学.

纪韶，朱志胜，2014. 中国城市群人口流动与区域经济发展平衡性研究：基于全国第六次人口普查长表数据的分析 [J]. 经济理论与经济管理 (2)：5-16.

刘晏伶，冯健，2014. 中国人口迁移特征及其影响因素：基于第六次人口普查数据的分析 [J]. 人文地理 (2)：129-137.

童玉芬，王莹莹，2014. 中国城市人口与雾霾：相互作用机制路径分析 [J]. 北京社会科学 (5)：4-10.

杨成钢，曾永明，2014. 空间不平衡、人口流动与外商直接投资的区域选择：中国 1995—2010 年省际空间面板数据分析 [J]. 人口研究，38 (6)：25-39.

张龙，2014. 农民工市民化意愿的影响因素研究 [J]. 调研世界 (9)：40-43.

张鹏，郝宇彪，陈卫民，2014. 幸福感、社会融合对户籍迁入城市意愿的影响：基于 2011 年四省市外来人口微观调查数据的经验分析 [J]. 经济评论 (1)：58-69.

朱国忠，乔坤元，虞吉海，2014. 中国各省经济增长是否收敛？[J]. 经济学：季刊，13 (3)：1171-1194

白俊红，蒋伏心，2015. 协同创新、空间关联与区域创新绩效 [J]. 经济研究 (7)：174-187.

曾相豁，赵彦云，贺飞燕，2015. 中国人口的多边流动与再分布均衡 [J]. 调研世界 (10)：7-11.

段学军，虞孝感，邹辉，2015. 长江经济带开发构想与发展态势 [J]. 长江流域资源与环境，24 (10)：1621-1629.

冷智花，付畅俭，许先普，2015. 收入差距与人口迁移：人口学视角的城市化动因研究 [J]. 重庆大学学报 (社会科学版)，21 (6)：35-44.

李倩，秦尊文，2015. 中部地区流动人口对经济增长的影响研究 [J]. 湖北社会科学 (5)：61-68.

李拓，李斌，2015. 中国跨地区入口流动的影响因素：基于 286 个城市面板数据的空间计量检验 [J]. 中国人口科学 (2)：73-83.

李扬，刘慧，汤青，2015. 1985—2010 年中国省际人口迁移时空格局特征 [J]. 地理研究 (6)：1135-1148.

刘亚清，李林鹏，吴振信，2015. 投入产出表更新调整方法及应用研究 [J].

中国管理科学（S1）：706-710.

刘振东，李丽，2015. 上海流动人口的城市定居意愿及其影响因素 ［J］. 规划师，31（S1）：289-294.

彭国华，2015. 技术能力匹配、劳动力流动与中国地区差距 ［J］. 经济研究，50（1）：99-110.

戚伟，刘盛和，2015. 中国城市流动人口位序规模分布研究 ［J］. 地理研究（10）：177-189.

尚海洋，毛必文，2015. 流动人口对经济社会发展的影响：以甘肃省为例 ［J］. 西北人口，36（3）：123-128.

孙中伟，2015. 农民工大城市定居偏好与新型城镇化的推进路径研究 ［J］. 人口研究，39（5）：72-86.

唐宗力，2015. 农民进城务工的新趋势与落户意愿的新变化：来自安徽农村地区的调查 ［J］. 中国人口科学（5）：113-125，128.

童玉芬，王莹莹，2015. 中国流动人口的选择：为何北上广如此受青睐？：基于个体成本收益分析 ［J］. 人口研究（4）：49-56

易莹莹，凌迎兵，2015. 劳动力流动对西部地区经济增长效应的影响：以重庆市为例 ［J］. 经济问题探（8）：61-67.

柏培，张伯超，2016. 工资差异与劳动力流动对经济的影响：以上市公司行业结构和产出为视角 ［J］. 中国人口科学（2）：47-60，127.

侯燕飞，陈仲常，2016. 中国"人口流动—经济增长收敛谜题"：基于新古典内生经济增长模型的分析与检验 ［J］. 中国人口·资源与环境，26（9）：11-19.

林李月，朱宇，2016. 中国城市流动人口户籍迁移意愿的空间格局及影响因素：基于 2012 年全国流动人口动态监测调查数据 ［J］. 地理学报，71（10）：1696-1709.

刘会政，王立娜，2016. 劳动力流动对京津冀区域经济发展差距的影响 ［J］. 人口与经济（2）：10-20.

吕晓婷，2016. 中国区域经济发展收敛的空间计量分析 ［J］. 中国经贸（14）：74-75.

蒲英霞，韩洪凌，葛莹，等，2016. 中国省际人口迁移的多边效应机制分析 ［J］. 地理学报（2）：205-216.

姚嘉，张家滋，2016. 人力资本、技术创新与产业发展：基于浙江省县域数据的实证研究 ［J］. 当代财经（7）：100-107.

余珮，程阳，2016. 我国国家级高新技术园区创新效率的测度与区域比较研究：基于创新价值链视角 [J]. 当代财经（12）：3-15.

朱宇，林李月，2016. 中国人口迁移流动的时间过程及其空间效应研究：回顾与展望 [J]. 地理科学（6）：820-828.

曾永明，2017. 中国省际人口迁移的地缘效应与驱动机制：男女有别吗？[J]. 人口研究，40（5）：40-51.

段成荣，刘涛，吕利丹，2017. 当前我国人口流动形势及其影响研究 [J]. 山东社会科学（9）：63-69.

黄贤金，金雨泽，徐国良，等，2017. 胡焕庸亚线构想与长江经济带人口承载格局 [J]. 长江流域资源与环境（12）：1937-1944.

焦敬娟，王姣娥，程珂. 2017. 中国区域创新能力空间演化及其空间溢出效应 [J]. 经济地理（9）：8-11.

李红，欧晓静，2017. 人口流迁和生产率提升对经济收敛的影响：基于粤桂黔滇市域数据的分析 [J]. 城市问题（11）：45-54.

李晶晶，苗长虹，2017. 长江经济带人口流动对区域经济差异的影响 [J]. 地理学报，70（2）：197-212.

李婧，何宜丽，2017. 基于空间相关视角的知识溢出对区域创新绩效的影响研究：以省际数据为样本 [J]. 研究与发展管理（1）：42-54.

鲁元平，王品超，朱晓盼，2017. 城市化、空间溢出与技术创新：基于中国264个地级市的经验证据 [J]. 财经科学（11）：78-89.

孙向伟，陈斐，李峰，2017. 五大区区域经济增长收敛性的动态空间计量分析 [J]. 统计与决策（4）：99-104.

王英杰，2017. 大城市化会促进中国经济收敛吗？[J]. 现代经济探讨（7）：9-15，70.

杨富平，2017. 新内涵与新反响：流动人口居住证积分制的变迁 [J]. 人口与社会，33（4）：43-49.

杨舸，2017. 流动人口与城市相对贫困：现状、风险与政策 [J]. 经济与管理评论（1）：13-22.

杨雪，龚凯林，2017. 中部地区省际人口流出对流出地经济影响的实证分析 [J]. 人口学刊，39（5）：36-47.

李竞博，高瑷，原新，2018. 积分落户时代超大城市流动人口的永久迁移意愿 [J]. 人口与经济（1）：17-27.

侯慧丽，2018. 特大城市产业疏解政策下外来劳动力定居意愿的变化：以北京

市为例 [J]. 劳动经济研究, 6 (2)：109-127.

李庶民, 2018. 人才落户 [J]. 中国金融家 (6)：128.

鲁万波, 贾婧, 2018. 高速铁路、城市发展与区域经济发展不平等：来自中国的经验数据 [J]. 华东经济管理, 32 (2)：5-14.

马静, 邓宏兵, 张红, 2018. 空间知识溢出视角下中国城市创新产出空间格局 [J]. 经济地理, 38 (9)：96-104.

汪彦, 华钢, 曾刚, 2018. 人力资本对长三角城市群区域创新影响的实证研究：基于空间计量经济学模型 [J]. 南京社会科学 (5)：27-35.

肖璐, 蒋芮, 2018. 农民工城市落户"意愿—行为"转化路径及其机理研究 [J]. 人口与经济 (6)：89-100.

肖远飞, 罗叶, 2018. 我国省级产业发展中技术创新、人力资本的空间溢出效应研究 [J]. 科技管理研究, 38 (9)：118-124.

杨帆, 庄天慧, 2018. 父辈禀赋对新生代农民工相对贫困的影响及其异质性 [J]. 农村经济, 434 (12)：121-128.

杨菊华, 2018. 中国流动人口的城市逐梦 [M]. 北京：经济科学出版社.

张新, 周绍杰, 姚金伟, 2018. 居留决策、落户意愿与社会融合度：基于城乡流动人口的实证研究 [J]. 人文杂志 (4)：39-48.

章洵, 陈宁, 石人炳, 2018. 就业质量对农民工城市落户意愿影响及其代际差异 [J]. 湖南农业大学学报 (社会科学版), 19 (1)：61-66.

赵文哲, 边彩云, 董丽霞, 2018. 城镇化、城市房价与农村流动人口户籍迁移 [J]. 财经问题研究 (6)：122-130.

樊儒经, 张雯, 2019. 人力资本和流动人口对于区域经济增长差异的影响研究：基于2011—2015年度江浙沪地区数据的实证分析 [J]. 人口与发展, 25 (3)：14-26.

于涛, 2019. 中国的经济增长、收入差别变动与城市贫困：基于城市内部二元结构的分析 [J]. 财贸研究 (5)：1-12.

范宪伟, 2019. 流动人口健康状况、问题及对策 [J]. 宏观经济管理 (4)：42-47.

李昊, 张昭, 2019. 流动人口多维贫困的测量与分解研究 [J]. 经济问题探索 (5)：182-190.

梁海艳, 2019. 中国流动人口就业质量及其影响因素研究：基于2016年全国流动人口动态监测调查数据的分析 [J]. 人口与发展, 25 (4)：44-52.

刘华军, 贾文星, 彭莹, 等, 2019. 区域经济的空间溢出是否缩小了地区差距?：来自关系数据分析范式的经验证据 [J]. 经济与管理评论，35（1）：122-133.

乔晓春，2019. 户籍制度、城镇化与中国人口大流动 [J]. 人口与经济（5）：1-17.

孙婕，魏静，梁冬晗，2019. 重点群体落户意愿及影响因素差异化研究 [J]. 调研世界（2）：3-9.

汪子龙，王柱，於志文，等，2019. 多源数据跨国人口迁移预测. 浙江大学学报（工学版），53（9）：1759-1767.

王涛，苏雅，王晴晴，2019. 中国省际贸易矩阵的估计与应用 [J]. 统计研究，36（4）：62-72.

铁瑛，张明志，陈榕景，2019. 人口结构转型、人口红利演进与出口增长：来自中国城市层面的经验证据 [J]. 经济研究，54（5）：164-180.

徐国祥，陈海龙，2019. 中国省区间人口投入产出表编制方法创新及实证研究. 统计研究，36（4）：5-18.

杨帆，庄天慧，王卓，2019. 城市流动人口贫困识别与精准帮扶管理机制研究 [J]. 内蒙古社会科学（3）：51-57.

杨雪，樊洺均，2019. 新生代高学历流动人口的流向选择及影响机制 [J]. 人口学刊，41（6）：64-77.

王艳涛，崔成，2019. 人力资本结构与技术创新模式关系研究 [J]. 技术经济与管理研究（6）：30-35.

吴昊，赵阳，2019. 中国人口集聚对劳动生产率的非线性影响研究 [J]. 人口学刊，41（6）：78-88.

张志强，席强敏，2019. 新时代中国区域经济理论与实践研究的新进展：首届中国区域经济学者论坛综述 [J] 经济研究（4）：199-203.

周锐波，刘叶子，杨卓文，2019. 中国城市创新能力的时空演化及溢出效应 [J]. 经济地理（4）：85-92.

曹晓玲，2020. 人口流动对地区经济增长影响的测度分析 [D]. 保定：河北大学.

陈沁，朱宏飞，樊潇彦，2020. 中国的劳动力价格扭曲及其经济影响：基于流动人口动态监测数据的研究 [J]. 财经问题研究（1）：93-101.

贺艽斐，2020. 中国区域经济发展差异问题研究述评 [J]. 社会科学动态（2）：54-62.

林李月，朱宇，柯文前，2020. 城镇化中后期中国人口迁移流动形式的转变及

政策应对 [J]. 地理科学进展，39（12）：2054-2067.

刘成坤，赵昕东，2020. 不同年龄组流动人口劳动生产率的差异：基于2015年中国流动人口动态监测调查数据的分析 [J]. 人口与经济（2）：102-116.

任远，2020. 疫情防控中的特大城市人口流动性管制和人口数据应用 [J]. 南京社会科学（4）：1-6，31.

盛彦文，骆华松，等，2020. 中国东部沿海五大城市群创新效率、影响因素及空间溢出效应 [J]. 地理研究，39（2）：257-271.

王春杨，兰宗敏，张超，等，2020. 高铁建设、人力资本迁移与区域创新 [J]. 中国工业经济（12）：102-120.

王婷，程豪，王科斌，2020. 区域间劳动力流动、人口红利与全要素生产率增长：兼论新时代中国人口红利转型 [J]. 人口研究，44（2）：18-32.

王亚菲，王瑞，徐丽笑，2020. 流动人口消费的就业效应：基于多区域投入产出视角 [J]. 中国人口科学（2）：56-68，127.

张吉鹏，黄金，王军辉，等，2020. 城市落户门槛与劳动力回流 [J]. 经济研究，55（7）：175-190.

张利国，冷浪平，曾永明，2020. 长江经济带城市创新能力时空演变及驱动因素分析：基于流动人力资本视角 [J]. 当代财经（2）：14-26.

张天舒，2020. 从人口发展看地方经济：《中国东北地区人口发展研究》评介 [J]. 人口与经济（3）：142-144.

张颖莉，2020. 粤港澳大湾区人才集聚与空间分布格局研究 [J]. 探求（4）：69-78.

周玲，2020. 省际资本流动是否影响了地区间经济差距? [J]. 经济问题（3）：105-112.

周少甫，陈哲，2020. 人口流动对中国经济增长收敛性影响：基于空间溢出角度的研究 [J]. 云南财经大学学报，36（2）：49-59.

崔婷婷，陈宪，2021. 人口流动与城市创新能力：来自中国副省级及以上城市的证据 [J]. 科技管理研究，41（11）：23-30.

何雄浪，史世姣，2021. 人口流动对区域经济增长的影响：基于中国地级市面板数据的实证分析 [J]. 金融与经济（3）：63-70.

黄晓星，丁少芬，2021. 治理有效：城中村的治理失序与乡村治理重构 [J]. 广东社会科学（3）：210-223.

范剑勇，刘念，刘莹莹，2021. 地理距离、投入产出关系与产业集聚 [J]. 经济研究，56（10）：138-154.

古恒宇, 沈体雁, 2021. 中国高学历人才的空间演化特征及驱动因素 [J]. 地理学报, 76 (2): 326-340.

宁吉喆, 2021. 第七次全国人口普查主要数据情况 [J]. 中国统计 (5): 4-5.

宋昌耀, 李涛, 李国平, 2021. 地理距离对中国民营企业银行贷款的影响 [J]. 地理学报, 76 (8): 1835-1847.

闫东升, 王玥, 孙伟, 等, 2021. 区域经济增长驱动因素与空间溢出效应的对比研究 [J]. 地理研究, 40 (11): 3137-3153.

RAVENSTEIN E, 1889. The laws of migration [J]. Journal of the Royal Statistical Society, 52 (2): 241-305.

LEWIS W A, 1954. Economic development with unlimited supply of labor [J]. The Manchester School, 22 (2): 139-191.

SCHULTZ T W, 1961. Investment in human capital [J]. The American Economic Review: 1-17.

SHRYOCK H S, 1964. Population mobility within the United States [D]. Chicago: Community and Family Study Center, University of Chicago.

HARRIS J R, TODARO M P, 1970. Migration, unemployment and development: a two-sector analysis [J]. American Economic Review (1): 126-142.

L CURRY, 1972. A spatial analysis of gravity flows [J]. Regional Studies (2): 131-147.

CLAYTON C, 1977. The structure of interstate and interregional migration: 1965-1970 [J]. Annals of Regional Science, 11 (1): 109-122.

GRILICHES ZVI, 1979. Issues in assessing the contribution of research and development to productivity growth [J]. The Bell Journal of Economics, 10 (1): 92-116.

GRIFFITH D A, JONES K G, 1980. Explorations into the relationship between spatial structure and spatial interaction [J]. Environment and Planning (A2): 187-201.

WILLEKENS F, 1983. Log-linear modelling of spatial interaction [J]. Papers in Regional Science, 52 (1): 187-205.

PLANE D A, 1984. A systemic demographic efficiency analysis of U.S. interstate population exchange, 1935—1980 [J]. Economic Geography, 60 (4): 294-312.

NAIR P S, 1985. Estimation of period-specific gross migration flows from limited data: bi-proportional adjustment approach [J]. Demography, 22 (1): 133-142.

ANSELIN L, 1988. Spatial econometrics: methods and models [M]. Berlin, Heidelberg: Springer.

FLOWERDEW R, LOVETT A, 1988. Fitting constrained Poisson regression models to interurban migration flows [J]. Geographical Analysis, 20 (4): 288-307.

ROMER P M, 1989. Human capital and growth: theory and evidence [R]. Cambrige: National Bureau of Economic Research.

BARRO R J, SALA-I-MARTIN X, 1990. Economic growth and convergence across The United States [J]. Cambrige: National Bureau of Economic Research.

PAUL KRUGMAN, 1991. Increasing returns and economic geography [J]. Journal of Political Economy, 99 (3): 483-499.

KRUGMAN P R, 1991. First Nature, second nature, and metropolitan location [J]. NBER Working Papers, 33 (2): 129-144.

BARRO R T, SALA-I-MARTIN X, 1993. Regional growth and migration: a Japan-United States comparison [J]. 6 (4): 312-346.

MOWERY D C, ROSENBERG N, 1993. The Influence of market demand upon Innovation: a critical review of some recent empirical studies [J]. Research Policy, 8 (2): 102-153

MORRISON A R, 1994. Capital market imperfections, labor market disequilibrium and migration: a theoretical and Economic Inquiry [J]. Economic Inquiry, 32 (2): 290-302.

ISLAM N, 1995. Growth empirics: a panel data approach [J]. Quarterly Journal of Economics, 110 (2): 1127-1170.

ANSELIN L, 1996. The Moran Scatterplot as an ESDA Tool to Assess Local Instability in Spatial Association [M] //FISCHER M, SCHOLTEN H J. Spatial analytical perspectives on GIS. London: Taylor and Francis: 111-125.

RAZIN A, YUEN C, 1997. Income convergence within an economic union: the role of factor mobility and coordination [J]. Journal of Public Economics, 66 (2): 225-245.

TAYLOR A M, WILLIAMSON J G, 1997. Convergence in the age of mass migration [J]. European Review of Economic History, 1 (1): 27-63.

LUCAS R E, 1998. On the mechanics of economic development [J]. Econometric Society Monographs, (29): 61-70.

KOGUT A B, 1999. Localization of knowledge and the mobility of engineers in regional networks [J]. Management Science, 45 (7): 905- 917.

SHEN J, 1999. Modelling regional migration in China: estimation and decomposition [J]. Environment and Planning A, 31 (7): 1223-1238.

SHIOJI E, 2001. Composition effect of migration and regional growth in Japan [J]. Journal of the Japanese and International Economies, 15 (1): 1-49.

TODARO M P, 2001. A Model for labor migration and urban unemployment in less developed countries [J]. American Economic Review, 59 (1): 138-148.

KELLER W. 2002. Geographic localization of international technology diffusion [J]. The American Economic Review, 92 (1): 120-14

MILLER S., UPADHYAY M, 2002. Total factor productivity and the convergence hypothesis [J]. Journal of Macroeconomics: (24): 267-286.

ROGERS A, WILLEKENS F, LITTLE J, et al., 2002. Describing migration spatial structure [J]. Papers in Regional Science (81): 29-48.

TIEFELSDORF M, 2003. Misspecific ations in interaction model distance decay relations: a spatial structure effect [J]. Journal of Geographical Systems (1): 25- 50.

ROBERT J BARRO, XAVIER SALA-I-MARTIN, 2004. Economic growth [M]. 2nd ed. London: The MIT press: 383-398.

Cheung K, Ping L, 2004. Spillover effects of FDI on innovation in China: evidence from the provincial data [J]. China Economic Review, 15 (1): 25-44.

ANSELIN, L, RAYMOND FLORAX R J G M, SERGIO J R, 2004. Advances in spatial econometrics [M]. Berlin, Heidelberg: Springer.

ROSINA M, STEFANO U, RAFFAELE P, 2005. Spatial spillovers and innovation activity in European regions [J]. Environment and Planning A, 37 (10): 1793- 1812.

RAYMER J, BONAGUIDI A, VALENTINI A, 2006. Describing and projecting the age and spatial structures of interregional migration in Italy [J]. Population, Space and Place (12): 371-388.

RAYMER, JAMES, 2007. The estimation of international migration flows: a general technique focused on the origin-destination association structure [J]. Environment & Planning A, 39 (4): 985-995.

LESAGE J P, PACE R K, 2008. Spatial econometric modeling of origin-destination flows [J]. Journal of Regional Science, 48 (5): 941-967.

MALCOLM O A, 2008. Simulating the spatial distribution of population and emissions to 2100 [J]. Environmental Resource Economic, (39): 199-221.

KELLEY PACE R, LESAGE J P, 2008. A spatial Hausman test [J]. Economics Letters, 101 (3): 282-284.

JAMESLESAGE, KELLY PACE, 2009. Introduction to spatial econometrics [M]. Boca Raton: CRC Press.

GRIFFITH D A, 2009. Modeling spatial autocorrelation in spatial interaction data: empirical evidence from 2002 Germany journey-to-work flows [J]. Journal of Geographical Systems (2): 117-140.

LESAGE J, PACE R K, 2009. Introduction to spatial econometrics [M]. New York: The CRC Press.

MITZE T, 2010. Network dependency in migration flows: a space-time analysis for Germany since re-unification [J]. Ruhr Economic Papers (205): 3-38.

RAYMER J, 2010. A general framework for estimating population movements [M] //Salzmann T, Edmonston B, Raymer J. Demographic aspects of migration: 73-96.

STILLWELL J, DUKE-WILLIAMS O, DENNETT A, 2010. Technologies for migration and commuting analysis: spatial interaction data applications [R]. Hershey PA: IGI Global.

TAYLOR J E, LOPEZ-FELDMAN A, 2010. Does migration make rural households more productive? Evidence from Mexico [J]. Journal of Development Studies, 46 (1): 68-90.

POROJAN A, 2011. Trade flows and spatial effects: the gravity model revisited [J]. Open Economies Review (3): 265-280.

PORTER M E, 2011. Competitive advantage of nations: creating and sustaining superior performance [M]. New York: Simon and Schuster.

SHANG Q, POON J P H, YUE Q, 2012. The role of regional knowledge spillovers on China's innovation [J]. China Economic Review, 23 (4): 1164- 1175.

ELHORST J P, 2012. Dynamic spatial panels: models, methods and inferences [J]. Journal of Geographical Systems, 14 (1): 5-28.

SHEN J F, 2012. Changing patterns and determinants of interprovincial migration in China 1985—2000 [J]. Population, Space and Place (3): 384-402.

AGRESTI A, 2013. Categorical data analysis [M]. Hoboken: John Wiley & Sons, Inc..

LI Y, LIU H, TANG Q, 2014. Interprovincial Migration in China 1985—2005: AGravity Modeling Approach [J]. Chinese Journal of Population Resources & Environment (2): 146-156.

LIU Y, SHEN J, 2014. Spatial patterns and determinants of skilled internal migration in China, 2000—2005 [J]. Papers in regional science, 93 (4): 749-771.

LIU Y, STILLWELL J, SHEN J, et al., 2014. Interprovincial migration, regional development and state policy in China, 1985—2010 [J]. Applied Spatial Analysis and Policy (1): 47-70.

STILLWELL J, DARAS K, BELL M, et al., 2014. The IMAGE studio: a tool for internal migration analysis and modelling [J]. Applied Spatial Analysis and Policy, 7 (1): 5-23.

ABEL G J, SANDER N, 2014. Quantifying global international migration flows [J]. Science, 343 (6178): 1520-1522.

BELL M, CHARLES-EDWARDS E, UEFFING P, et al., 2015. Internal migration and development: comparing migration intensities around the world [J]. Population and Development Review, 41 (1): 33-58.

SHEN J, 2016. Error analysis of regional migration modeling [J]. Annals of the American Association of Geographers, 106 (6): 1253-1267.

BERNARD A, BELL M, CHARLES-EDWARDS E, 2016. Internal migration age patterns and the transition to adulthood: Australia and Great Britain compared [J]. Journal of Population Research, 33 (2): 1-24.

RAYMER J, BIDDLE N, CAMPBELL P, 2017. Analyzing and projecting indigenous migration inaustralia [J]. Applied Spatial Analysis & Policy, 10 (2): 211-232.

LU H, YUE A L, CHEN H, et al., 2018. Could smog pollution lead to the migration of local skilled workers? Evidence from the Jing-Jin-Ji region in China [J]. Resources, Conservation and Recycling (1): 177-187.

QIN Y, ZHU H J, 2018. Run away? Air pollution and emigration interests in China [J]. Journal of Population Economics (1): 235-266.

ADUKIA A, ASHER S, NOVOSAD P, 2020. Educational investment responses to economic opportunity: evidence from Indian road construction [J]. American Economic Journal: Applied Economics (1): 348-376.

YANG Z F, ZENG Z Q, WANG K, et al., 2020. Modified SEIR and AI prediction of the epidemics trend of COVID-19 in China under public health interventions [J]. Journal of Thoracic Disease (3): 165-174.

后记

本书系国家自然科学基金"邻里效应对流动人口相对贫困的影响机制治理策略研究"（72064018）和教育部人文社会科学基金"长江经济带流动人口时空格局演变及其对区域均衡发展的作用机制研究"（18YJC790006）资助成果。感谢国家自然科学基金委员会和教育部社科规划司提供的宝贵研究机会和支持。将研究中的主要成果出版成书，是对项目资助的反馈，也期许能够对学界相关议题研究有所启发。本书系近段时期内项目团队围绕中国人口流动和流动人口研究的集体智慧结晶，全书能够成稿，获得了许多师生的支持。如今得以出版，非常感谢同事、同行和学生的支持及贡献。特别感谢骆泽平、汪瑶瑶、钟子康、吴琼、徐飞和杨敏几位研究生在第三章、第七章、第八章中数据收集、统计分析和图表制作等方面的贡献，张利国教授、冷浪平博士在第八章中机制分析的贡献，杨成钢教授在第九章中理论指导的贡献，本科生彭纪涛在第十章中数据处理和实证分析的贡献。

本书不敢妄说做了多大的学术贡献，不过在研究体系、研究视角、研究方法等方面的新意，还是具有一定的学术推进意义，特别是对空间人口学研究做出了一定探究，对人口流动研究把握了其本质内核：人口过程与空间过程。首先，本书对国内人口流动中的某些议题做了新的尝试，比如对于中国人口迁移流的空间研究，该议题本身在国外具有较为成熟的研究体系，但在国内研究几乎是空白状态，本书将人口迁移流空间结构的描述、模型化表达和预测的"标准程式"整合：采用乘法分量模型、对数线性模型和双边比例调整法分别来描述、模型化表达和预测我国人口迁移流空间结构特征。另外，基于人口流动独特的双重空间属性既是对研究的挑战，也是研究创新的来源，本书应用了空间 OD 模型进行创新性研究，解决了传统研究在双重空间自相关上的处理不足。其次，本书将人口经济学、经济地理学和空间计量经济学等多学科结合起来介入该议题的研究，这对目前国内人口流动方面的同类研究是一种研究范式的转变和创新努力。本书综合多学科的优势和特点，将人口、空间和经济社会三个基本要素融合，试图做到学科的大交叉研究，跨越多个学科，将研究议题综合化、全面化和立体化。

相较于人口生育研究、人口老龄化研究等，人口流动及其后果的重要性似乎有所"淹没"，而在低生育率和人口总量达峰并出现负增长、人口红利削弱的背景下，人口流动的重要性越发凸显。本书既是对人口流动及其后果研究一次较为全面的多维剖析，也是主动"激起"该议题研究的一次努力尝试。尽管如此，本书只是在人口流动领域的浅显研究，笔者才疏学浅、能力有限，书中难免有疏漏不足甚至偏颇错误之处，恳请读者批评指正。值得强调的是，本书参考了大量文献著作，因篇幅有限，本书并未一一列出，在此向原作者表示歉意和感谢。再次感谢国家自然科学基金委员会和教育部社会科学司的研究支持，也感谢笔者工作单位江西财经大学对本书出版的支持，感谢出版单位西南财经大学出版社的支持和辛勤付出。

曾永明

2023 年 5 月于南昌